U0896324

2015中国通信统计年度报告

Annual Report of
China's Communication
Industry Statistics in 2015

中华人民共和国工业和信息化部 编

人 民 邮 电 出 版 社
北 京

图书在版编目（CIP）数据

2015中国通信统计年度报告 / 中华人民共和国工业和信息化部编. -- 北京 : 人民邮电出版社, 2016.11
ISBN 978-7-115-43655-9

Ⅰ. ①2… Ⅱ. ①中… Ⅲ. ①邮电业－经济统计－研究报告－中国－2015 Ⅳ. ①F632

中国版本图书馆CIP数据核字(2016)第224940号

内 容 提 要

本书主要包括综述、统计数据和附录三个部分，综述部分主要包括中国电信业 2015 年发展综述、基础电信企业 2015 年发展综述和专题分析三个部分；统计数据主要包括公用通信网统计信息、增值电信业务统计信息、专用通信网统计信息、互联网统计信息和国际电信统计信息等内容；附录部分包括统计指标解释及《中华人民共和国 2015 年国民经济和社会发展统计公报》。

本书适合国内外基础电信企业、增值电信企业、电信设备制造企业、电信建设企业以及与电信相关的政府机关、非政府组织、投资机构、科研单位、大专院校、咨询机构等单位参考使用。

◆ 编　　　　中华人民共和国工业和信息化部
责任编辑　王建军　乔永真
责任印制　彭志环

◆ 人民邮电出版社出版发行　　北京市丰台区成寿寺路 11 号
邮编　100164　　电子邮件　315@ptpress.com.cn
网址　http://www.ptpress.com.cn
北京圣夫亚美印刷有限公司印刷

◆ 开本：787×1092　1/16　　彩插：8
印张：15.5　　2016 年 11 月第 1 版
字数：390 千字　　2016 年 11 月北京第 1 次印刷

定价：368.00 元

读者服务热线：(010) 81055488　印装质量热线：(010) 81055316
反盗版热线：(010) 81055315

编写说明

一、《2015中国通信年度报告》（以下简称“本报告”）通过大量翔实的统计数据、图表和分析报告，全面、系统地阐述了2015年中国通信业所取得的成就、经济运行情况、存在的问题和发展趋势。

二、本报告分为综述（统计分析）、统计数据和附录三个部分。综述部分包括2015年中国基础电信业发展综述、中国增值电信业发展综述、中国互联网发展综述、基础电信企业发展综述和《2015年全球电信运营业运行分析》《2015年互联网业务收入前百家企业发展报告》等专题分析报告；统计数据部分包括公用通信网统计信息、增值电信业务统计信息、专业通信网统计信息、互联网统计信息和国际电信统计信息五个方面；附录部分包括《中华人民共和国2015年国民经济和社会发展统计公报》及统计指标解释。

三、本报告中所引用的全国通信业统计数据为决策数据，不包括港、澳台地区。

四、本报告在编写过程中得到了部内相关司属、各省（区、市）通信管理局、各基础电信运营企业、中国信息通信研究院、部信息中心以及有关专家的大力支持，在此一并表示感谢！

五、由于编辑水平有限，文中难免存在疏漏之处，敬请各位读者谅解。具体由工业和信息化部运营监测协调局负责解释。

工业和信息化部运行监测协调局

二〇一六年八月

全国电信业务收入增长情况

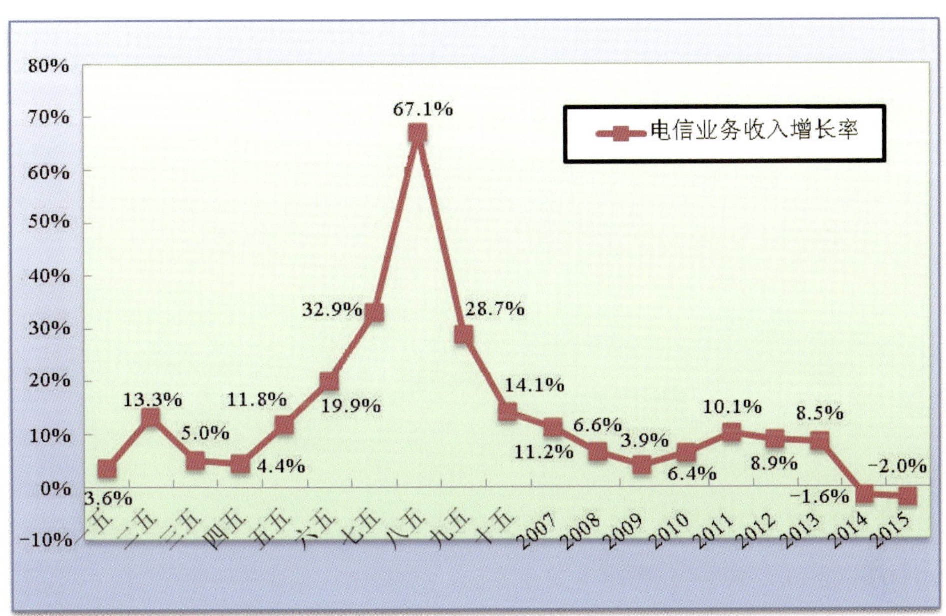

2011—2015 年电信业务收入和固定资产投资情况

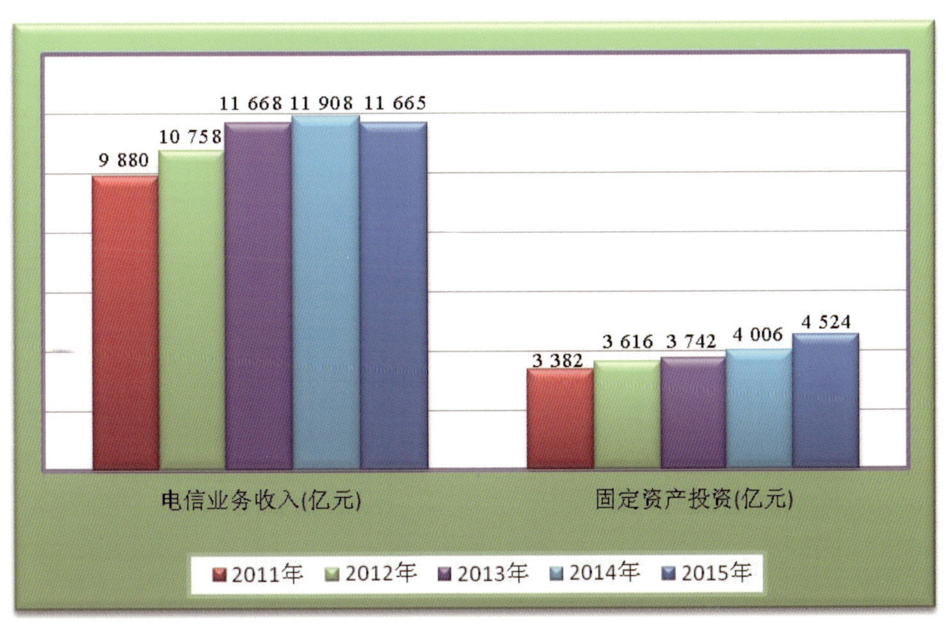

主要年份电信业务收入和投资东、中、西部所占比重

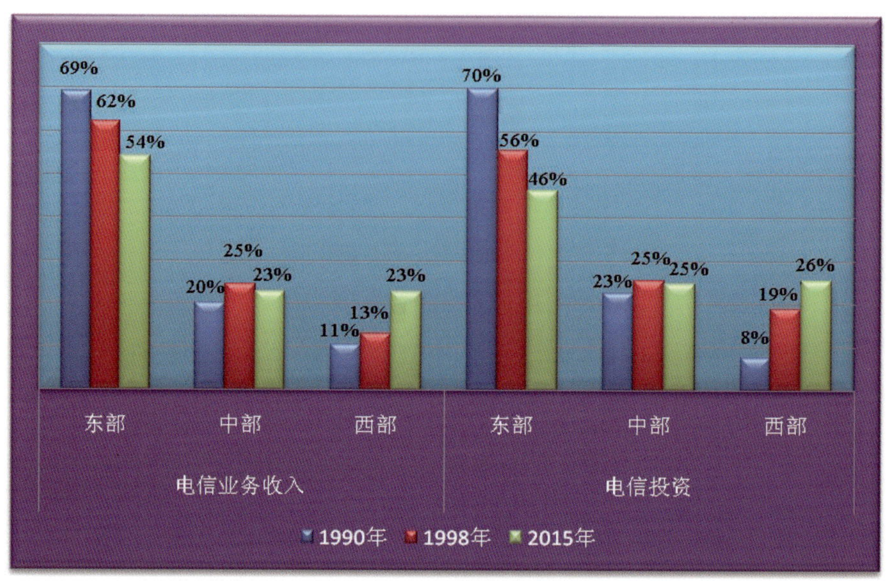

2014—2015 年电信投资结构比较

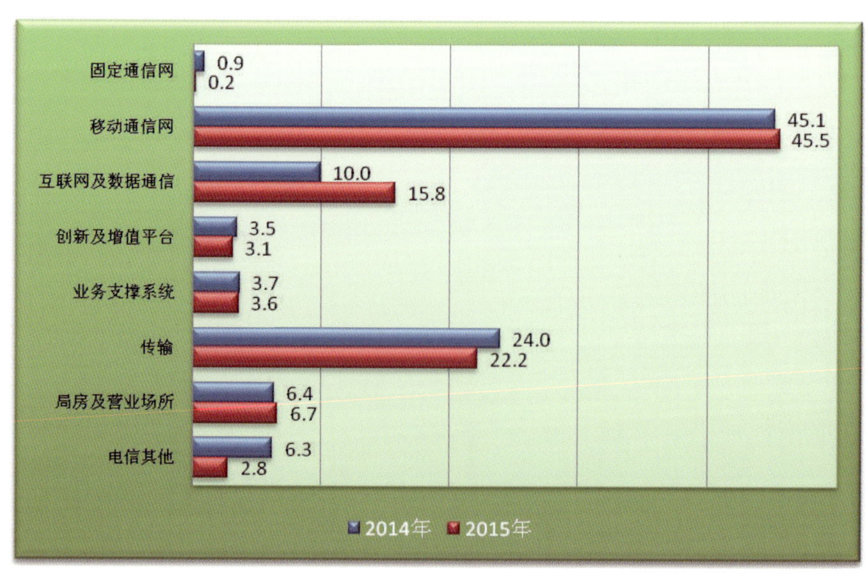

2011—2015 年电信收入结构（固定和移动）

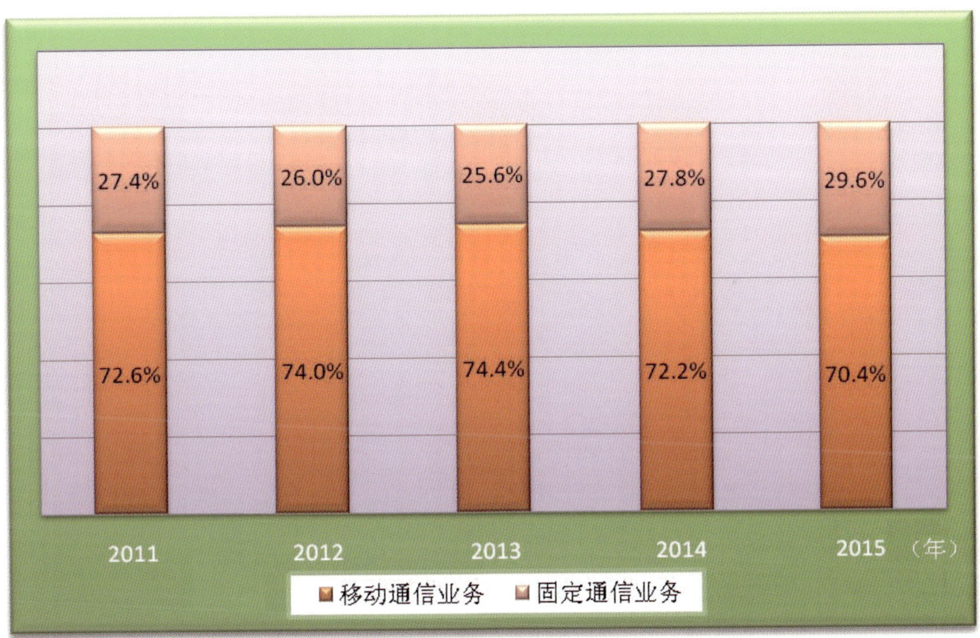

2009—2015 年电信收入结构（话音和非话音）

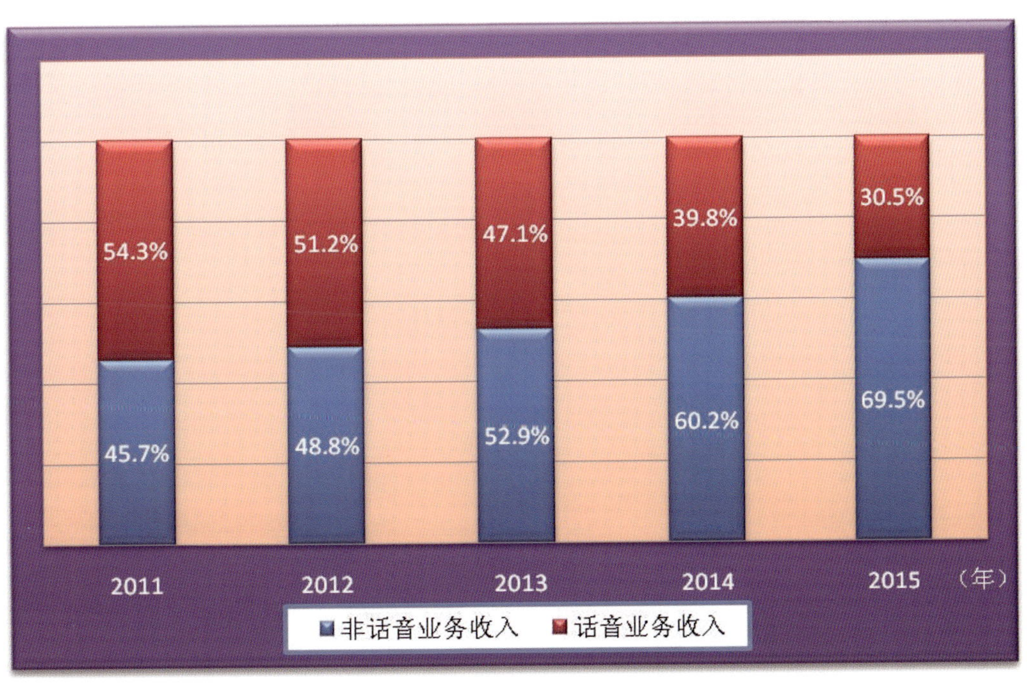

2011—2015 年电信运营企业收入结构

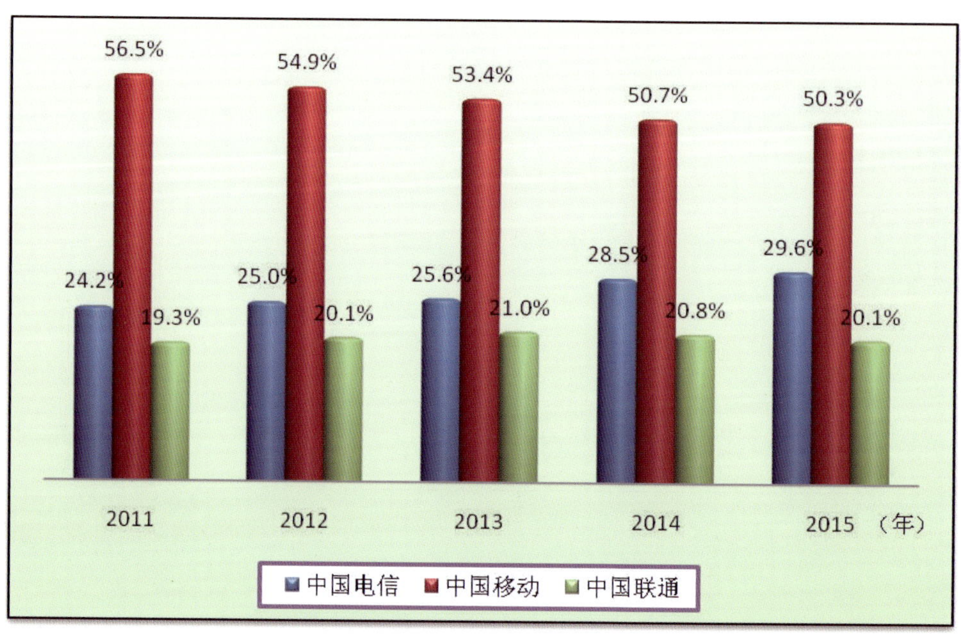

2011—2015 年电信运营企业投资结构

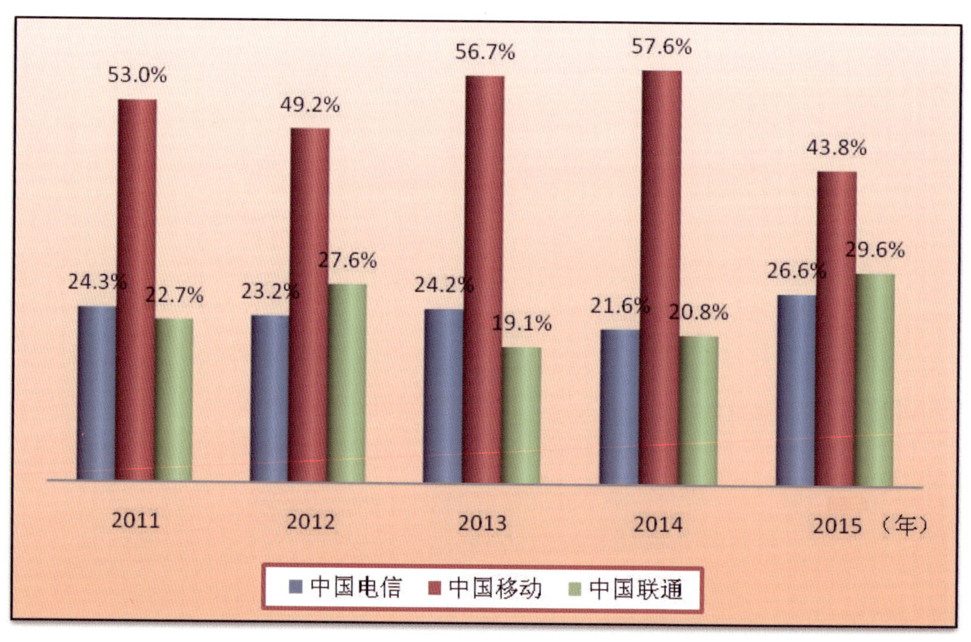

1949—2015 年固定电话、移动电话用户发展情况

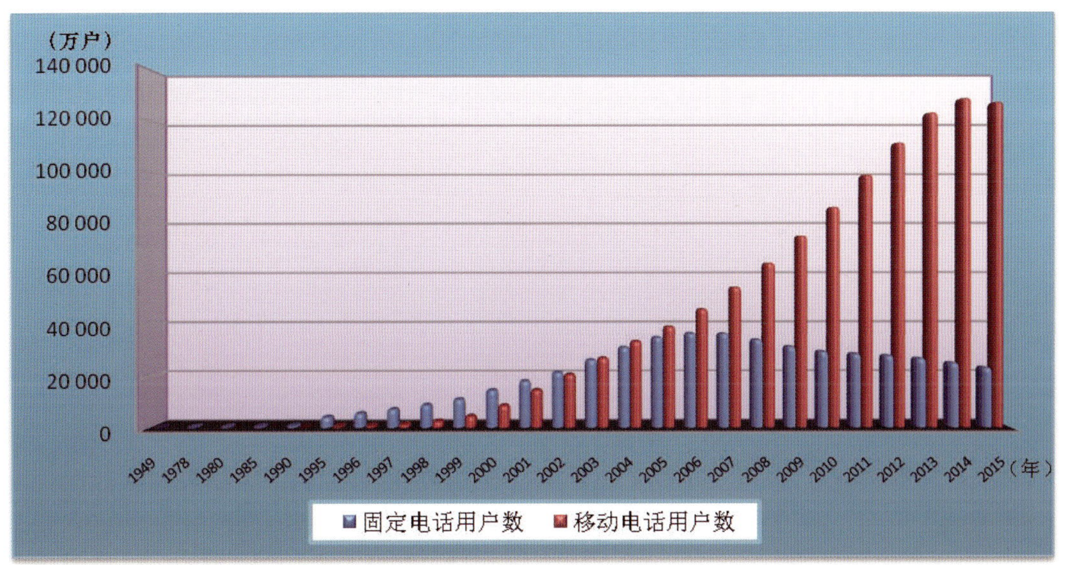

1949—2015 年固定电话、移动电话普及率

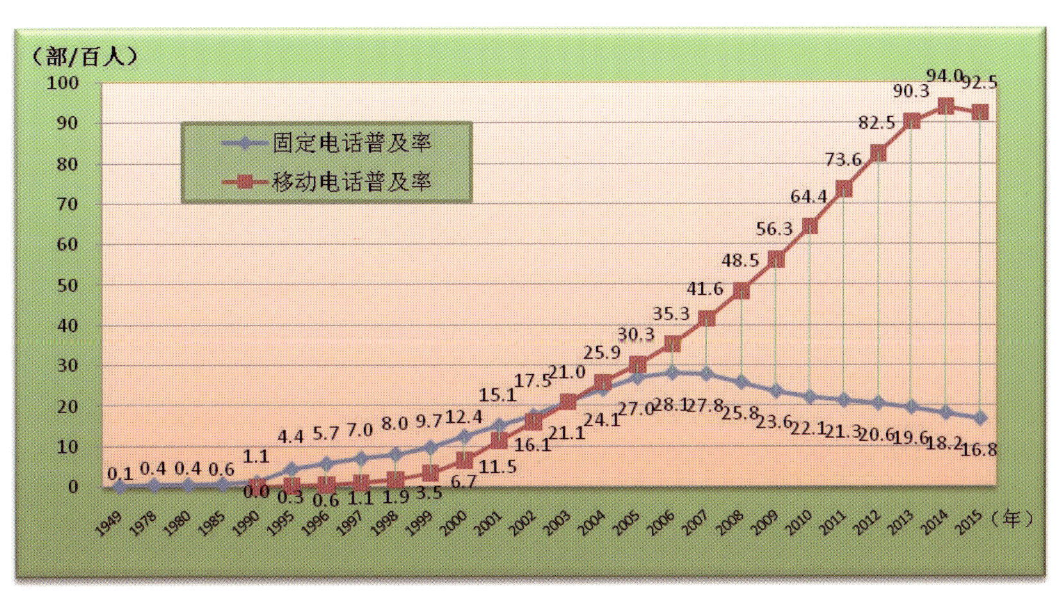

2011—2015 年移动宽带（3G/4G）移动电话用户发展情况

2002—2015 年（固定）互联网宽带接入用户发展情况

2011—2015年全国增值电信企业主要指标发展情况

2011—2015年全国增值电信企业收入规模及构成情况

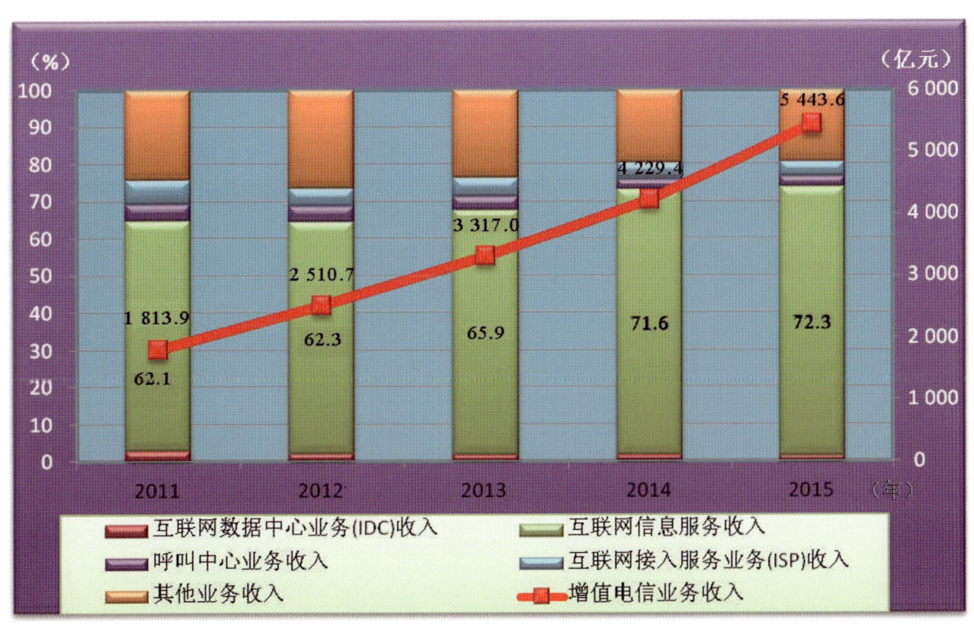

2000—2015 年互联网网民数和普及率

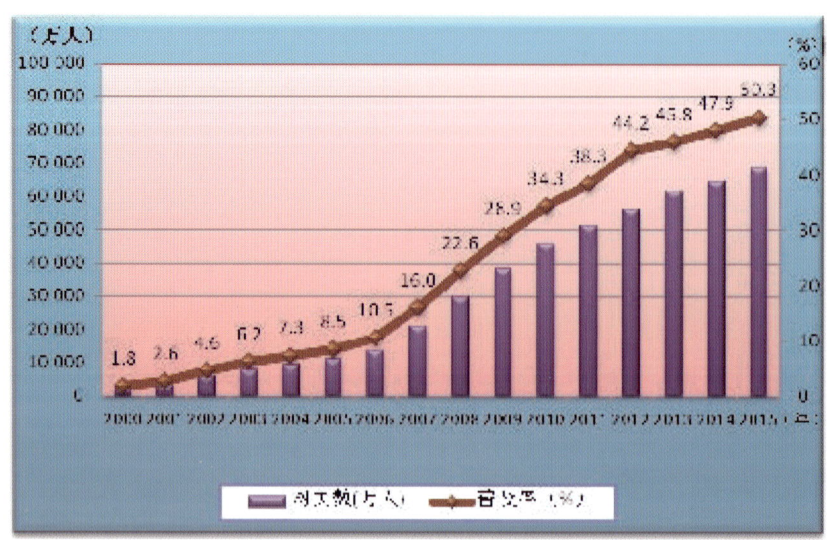

注：本图数据由中国互联网络信息中心（CNNIC）提供。

2015 年各省（自治区、直辖市）互联网网民数和普及率

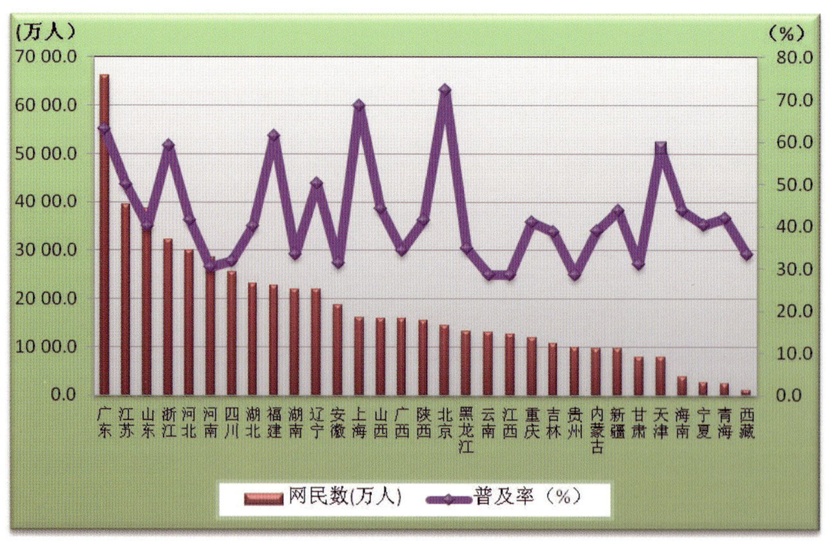

注：本图数据由中国互联网络信息中心（CNNIC）提供。

2007—2015 年全球（固定）电话主线、蜂窝移动电话用户、互联网网民数

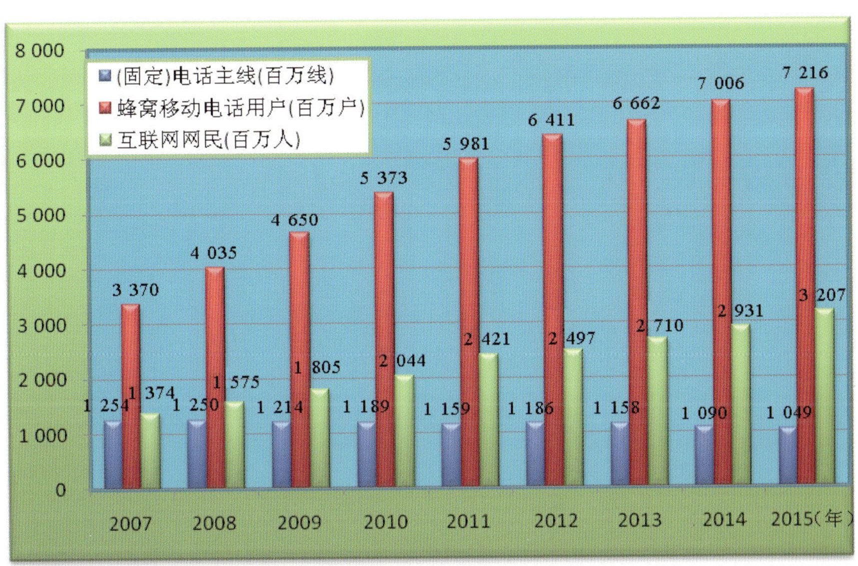

2007—2015 年全球每百人（固定）电话主线、蜂窝移动电话用户、互联网网民数

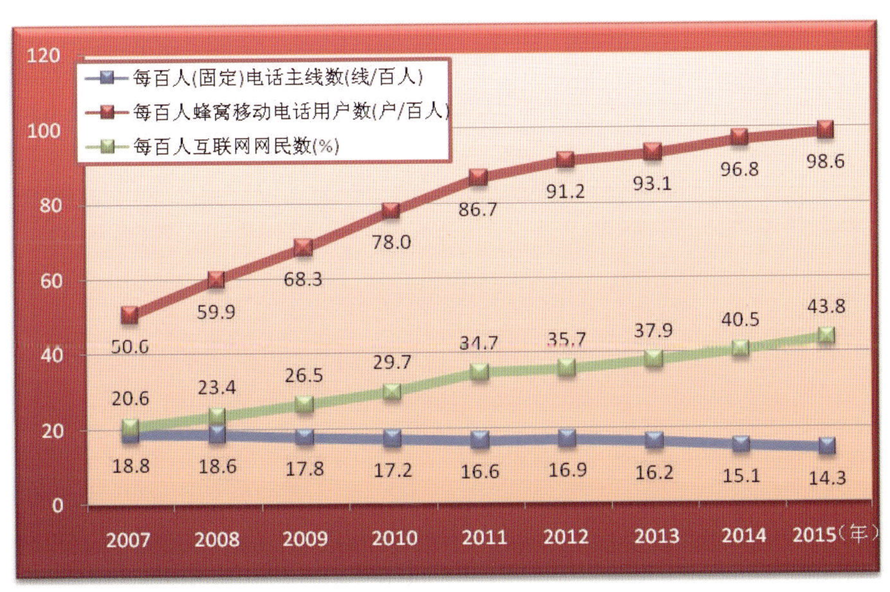

目　录

第一部分　综　述

中国电信业 2015 年发展综述 ······ 1

中国基础电信业 2015 年发展综述 ······ 3
中国增值电信业 2015 年发展综述 ······ 34
中国互联网 2015 年发展综述 ······ 39

基础电信企业 2015 年发展综述 ······ 51

中国电信集团公司 2015 年发展综述 ······ 53
中国移动通信集团公司 2015 年发展综述 ······ 72
中国联合网络通信集团有限公司 2015 年发展综述 ······ 94

专题分析 ······ 111

2015 年全球电信运营业运行分析 ······ 113
2015 年互联网业务收入前百家企业发展报告 ······ 120
2015 年我国移动通信转售业务发展情况总结 ······ 124

第二部分　统　计　数　据

公用通信网统计信息 ······ 133

1．综合报表
2011—2015 年电信业主要指标发展情况（一） ······ 135
2011—2015 年电信业主要指标发展情况（二） ······ 136
2015 年电信业务总量、收入、投资、增加值分省情况 ······ 137
2．电信用户发展
2011—2015 年电信用户发展情况 ······ 138
2015 年移动电话用户分省情况 ······ 139

2015 年固定电话用户分省情况 …… 140
2015 年互联网宽带接入用户分省情况 …… 141
2011—2015 年固定电话用户分省情况 …… 142
2011—2015 年移动电话用户分省情况 …… 143
2011—2015 年互联网宽带接入用户分省情况 …… 144
3．电信业务使用量
2011—2015 年电信业务使用量发展情况 …… 145
2015 年固定电话通话量分省情况 …… 146
2015 年移动电话通话量分省情况（一） …… 147
2015 年移动电话通话量分省情况（二） …… 148
2015 年移动互联网接入流量分省情况 …… 149
2015 年移动短信和彩信业务量分省情况 …… 150
2015 年互联互通业务量分省情况 …… 151
4．通信能力建设
2011—2015 年电信通信能力发展情况 …… 152
2015 年光缆线路长度分省情况 …… 153
2015 年光缆纤芯长度分省情况 …… 154
2015 年固定通信能力分省情况 …… 155
2015 年移动通信能力分省情况 …… 156
2015 年互联网宽带接入端口分省情况 …… 157
5．财务、投资、服务水平
2011—2015 年电信财务、投资、服务水平发展情况 …… 158
2015 年电信主要经济效益分省情况（一） …… 159
2015 年电信主要经济效益分省情况（二） …… 160
2015 年电信固定资产投资分省情况 …… 161
2015 年电信通信水平分省情况 …… 162
2011—2015 年固定电话普及率分省情况 …… 163
2011—2015 年移动电话普及率分省情况 …… 164
6．地（市）电信用户
2015 年地（市）电信用户发展情况 …… 165
增值电信业务统计信息 …… 175
2011—2015 年增值电信业务主要指标发展情况 …… 177
2015 年全国增值电信业务发展情况 …… 178

2015 年增值电信业务主要指标分省情况 …… 179

专用通信网统计信息 …… 181

2015 年专用通信网电信业务量分省情况 …… 183
2015 年专用通信网通信能力分省情况 …… 184
2015 年专用通信网基本情况分省情况 …… 185

互联网统计信息 …… 187

2011—2015 年互联网主要指标发展情况 …… 189
2015 年互联网主要指标分省情况 …… 190
2011—2015 年互联网网民数分省情况 …… 191
2011—2015 年互联网普及率分省情况 …… 192

国际电信统计信息（国际电联统计数据） …… 193

2011—2015 年全球电信业主要指标发展情况（一） …… 195
2011—2015 年全球电信业主要指标发展情况（二） …… 196
2011—2015 年主要国家和地区每百人电话主线数 …… 197
2011—2015 年主要国家和地区每百人移动电话用户数 …… 198
2011—2015 年主要国家和地区每百人互联网网民数 …… 199
2011—2015 年主要国家和地区固定电话主线运营数 …… 200
2011—2015 年主要国家和地区移动电话用户数 …… 201
2011—2015 年主要国家和地区固定（有线）互联网宽带接入用户数 …… 202
2011—2015 年主要国家和地区每百人固定宽带接入用户数 …… 203

第三部分　附　　录

统计指标解释 …… 207
中华人民共和国 2015 年国民经济和社会发展统计公报 …… 219

第一部分　综　述

中国电信业 2015 年发展综述

中国基础电信业2015年发展综述

一、综述

（一）电信业发展主要指标

2015年，我国电信业务总量达到23 346亿元，比2014年增长28.7%。固定数据及互联网业务总量达到2 974亿元，比2014年增长23.5%。全国电信业务收入累计完成11 665亿元，比2014年下降2.0%。

2015年全年电话用户数达到15.02亿户，较2014年减少3 313万户，同比下降2.2%。其中，移动电话用户减少1 469.6万户，总数达到12.71亿户，移动电话用户普及率达到92.5部/百人，比2014年下降1.5部/百人。固定电话用户总数2.31亿户，比2014年减少1 843.4万户，普及率下降至16.8部/百人。固定宽带接入用户继续保持平稳增长，2015年全年增加5 898.2万户，用户规模达到2.59亿户。

光纤宽带网络加速普及，全国新建光缆线路425万公里，光缆线路总长度达到2 486万公里，比2014年增长20.6%。固定互联网宽带接入端口达到5.77亿个，比2014年增长42.3%，其中FTTH/O端口达到3.42亿个，占比提升至59.3%。

（二）电信业发展主要特点

1．行业整体增势平稳，经济社会贡献突出

电信业务总量增长稳中有升。2015年，我国电信业务总量达到23 346亿元，同比增长28.7%。固定数据及互联网业务总量2 974亿元，同比增长23.5%；固定增值及其他业务总量698亿元，同比增长6.9%；移动话音业务总量6 621亿元，同比下降2.3%；移动数据及互联网业务总量9 913亿元，同比增长103.2%；移动增值及其他业务总量2 630亿元，同比下降8.0%。

两化融合水平不断提升。2015年，我国工业企业两化融合进一步深入发展，贯标企业超过2 000家，采用在线销售的企业比例达到32.6%，同比增加32%。重点行业信息化步入集成应用新阶段，主要行业关键工艺流程数控化率超过70%。随着两化融合发展，工业全周期、全环节产生深刻变革，消费端行业融合环节不断增多，开放性环节融合程度不断加深。

行业信息化发展不断提速。文化、教育、医疗卫生、社会保障、农业农村等重点领域信息化水平明显提高，电子政务和电子商务快速发展，国家电子政务网络基本建成，信息共享和业务协同框架基本建立。

基于共享经济的服务迅猛发展。在全球性的共享经济热潮下，我国共享经济服务生态快速发展，出行类和短租类共享服务规模不断增加。截至 2015 年年底，包括滴滴出行在内的智能出行平台活跃乘客规模达到 3 亿，司机规模达到 1 000 万，注册用户数月均增速达到 13%[1]；途家、小猪短租、住百家等在线短租平台接连完成新轮融资，用户规模和市场交易规模不断攀升。

引领经济社会发展作用凸显。随着两化融合深入发展，我国企业的设计模式向众包、众创转变，制造模式向协同化制造、大规模定制转变，服务模式向制造服务化转变，推动企业生产组织方式和商业模式变革。一方面，各类开放创新平台、工业云平台有效降低创新和创业成本，促进企业创新效率提升，催生一批创业型企业并创造大量就业机会；另一方面，电商、网站、IT 与软件开发、音视频等领域在此带动下快速发展，推动信息经济整体增长。

2. 用户增长规模下降，高速率迁移进程加快

用户规模有所下降。2015 年，全年电话用户数达到 15.02 亿户，较 2014 年减少 3 313 万户，同比下降 2.2%。其中，移动电话用户减少 1 469.6 万户，总数达到 12.71 亿户，移动电话用户普及率达 92.5 部 / 百人，比 2014 年下降 1.5 部 / 百人。

移动用户宽带化升级加速。2G、3G 用户加速向 4G 用户迁移，4G 用户规模达到 4.3 亿户，成为全球最大的 4G 用户市场。移动宽带用户（3G+4G）渗透率达到 55.5%，比 2014 年提高 10 个百分点。

光纤宽带用户占比持续提升。2015 年，固定宽带接入用户继续保持平稳增长，全年增加 5 898.2 万户，用户规模达到 2.59 亿户，增速达到 29.4%。其中，光纤用户突破 1 亿户，在宽带用户中占比达 59.3%，比 2014 年提高 25 个百分点。8Mbit/s 以上、20Mbit/s 以上宽带用户总数占宽带用户总数的比重分别达到 69.7% 和 31.2%，比 2014 年分别提高 29 和 21 个百分点，用户向宽带化升级的趋势更加明显。

融合业务用户发展显著。IPTV 用户新增 1 225.8 万户，达到 4 589.5 万户，同比增长 36.4%；物联网终端用户新增 2 198.8 万户，达到 6 536.5 万户，同比增长 50.7%。

网民规模不断壮大。我国网民规模达 6.88 亿人，全年共计新增网民 3 951 万人。互联网普及率为 50.3%，较 2014 年年底提升了 2.4 个百分点。手机网民规模达 6.2 亿，较 2014 年年底增加了 6 303 万人，网民中使用手机上网的人群占比提升至 90.1%，较 2014 年年底提升 4.3 个百分点。

3. 宽带基础设施加速发展，网络结构和布局不断完善

光纤宽带网络建设加速。传输技术和网络不断演进，骨干网全面进入 100G 时代，100G

1. 数据来源：滴滴研究院，中国智能出行 2015 大数据报告，2016 年 1 月。

波分复用设备从省际干线网向省内干线和城域网逐步部署。光纤宽带网络加速普及，全国新建光缆线路425万公里，光缆线路总长度达到2 486万公里，同比增长20.6%，比2014年同期提高3.4个百分点。2015年，固定互联网宽带接入端口达到5.77亿个，同比增长42.3%，其中FTTH/O端口达到3.42亿个，占比提升至59.3%。四川、上海、安徽、河南、河北、山东、山西、天津等省（直辖市）相继建成全光网省。超过80%城市家庭具备百兆接入能力，全国主要城市和其他城市的固定宽带用户平均接入速率分别达到23.4Mbit/s和19.1Mbit/s。

互联网网络架构持续优化。新增7个互联网骨干直联点的路由调整和全网优化工作取得重要进展，全国10个骨干直联点间均衡合理、互为备份的流量疏通格局基本形成。完成网间互联带宽扩容612Gbit/s，全国互联总带宽达到3 062Gbit/s，网间通信质量进一步提高。基础电信企业和互联网企业积极部署CDN网络，拓展海外覆盖。IDC发展加速，布局更为合理，目前我国数据中心约260个，总设计服务器规模约800万台，数据中心能效指标PUE值下降明显。

国际通信快速发展。新增呼和浩特区域性国际通信业务出入口局，阿图什和塔什库尔干2个信道出入口局，哈尔滨和南通2个互联网国际数据专用通道，乌鲁木齐、呼和浩特和昆明3个国际互联网转接点，新增5个海外POP点，国际通信架构更加完善。我国海陆缆总带宽和国际业务带宽已分别达到10.8Tbit/s和3.7Tbit/s。国内通信运营、设备制造企业首次参与跨大西洋通信海缆工程建设，亚洲内部、亚欧之间的国际互联网联系进一步增强。

4．4G网络取得跨越式发展，基础设施共建共享改革进一步深化

基础电信企业加速构建4G网络。2015年4G投资达到1 666亿元，我国已建成世界最大的4G网络，4G基站已占全球4G基站数量一半以上，4G网络覆盖质量在全球居前列。截至2015年年底，4G基站规模达到177.4万个，基本实现全国城市和县城的连续覆盖，以及发达乡镇、农村地区的热点覆盖。我国克服了VoLTE设备兼容性、用户体验一致性、参数配置复杂性等困难，迎来了VoLTE的商用。2015年，中国移动在浙江、江苏等省市进行商用，中国联通、中国电信也制订了VoLTE商用计划。

以铁塔为代表的网络共建共享新模式全面推进。2015年，铁塔公司承接3家基础电信企业的铁塔建设需求，并开展存量资产清查注入等工作，标志着以提升行业整体效益为目的，以铁塔为代表的基础设施共建共享改革得到了进一步深化。铁塔公司全年累计承接3家基础电信企业塔类建设需求总量超过58万座，已交付近49万个，站址共享率超过70%，通过存量共享和增量共建，节约行业投资超过500亿元，节约土地资源1万多亩。

5．电信市场进一步开放，竞争格局进一步优化

市场开放试点取得积极进展。截至2015年年底，移动转售企业累计发展用户达2 059万户，占我国移动电话用户数的1.6%，2015年以来移动转售净增用户数占全国净增移动用户数近一半，共有7家企业用户数超过百万。宽带接入网业务开放试点城市范围进一步扩大，已覆盖26个省61个城市。2015年，工业和信息化部共批复138家（次）试点企业，民间资本累计投资超过百亿元。

市场竞争格局进一步优化。移动通信转售和宽带接入网业务试点的开展，极大地促进了民间资本以多种模式进入基础电信领域。自贸区进一步放开外资准入和持股限制。企业产权制度改革持续推进，电信企业产权构成更加灵活多样。电信市场投资主体和竞争主体进一步多元化，“基于设施”的竞争模式向“基于业务”的竞争模式转变，市场竞争格局进一步优化。

6．互联网信息服务规模持续增长，应用性服务比重增大

互联网信息服务规模快速增长。2015 年，我国网民总体规模达到 6.88 亿，互联网普及率达到 50.3%，较 2014 年年底增长 2.4%；电子商务、娱乐、出行、金融等各类互联网应用用户规模均呈上升趋势，网上支付用户规模达到 4.16 亿，较 2014 年增长 46.9%，在总体网民规模中占比达到 60.5%[1]。企业市值规模显著增长，2015 年我国互联网上市企业总数为 88 家，市值达到 4.9 万亿元，全球互联网企业市值前 30 强中，我国占 10 席。

互联网行业平稳增长。2015 年第四季度，我国互联网行业一致指数为 110.7，环比上升 0.3 个点；先行指数为 107.9，环比上升 0.1 个点；滞后指数为 109.2，与上期基本持平。先行指数和一致指数都处于上升区间，但上升幅度较小。先行指数各季度保持持续增长态势，表明行业仍将保持稳定、持续发展。

应用性服务比重不断提升。2015 年，我国电子商务市场交易规模达到 16.2 万亿元，同比增长 21.2%。其中，中小企业 B2B 运营商平台收入超过 200 亿元，同比增长 6.9%；网络购物市场交易规模达到 3.8 万亿元，同比增长 37.2%，用户规模为 4.13 亿，同比增长 14.3%；本地生活服务 O2O 市场交易规模达到 3 352 亿元，同比增长 38.4%[2]。在《关于促进互联网金融健康发展的指导意见》等政策推动下，互联网理财服务用户规模达到 0.9 亿，同比增长 15%[3]。此外，2015 年我国民生类互联网信息服务持续升温，“互联网 + 教育”和“互联网 + 医疗健康”服务的投融资规模分别达到 72 亿元和 100 亿元[4]，线上和线下结合模式逐步完善。

7．信息消费带动作用明显，促进新常态下的经济转型升级

互联网发展拉动新兴消费增长。随着 O2O 模式不断发展，网上零售成为消费增长的最大亮点，2015 年我国网络购物用户规模达到 3.61 亿，网购在网民中的渗透率达到 55.7%；2015 年我国网上零售额达到 38 773 亿元，较 2014 年增长 33.3%，超过美国成为全球最大的网络零售市场。其中，实物商品网上零售额 32 424 亿元，增长 31.6%，占社会消费品零售总额的比重为 10.8%。2015 年，阿里巴巴电商平台交易额突破 3 万亿元，同比增长 27%。互联网尤

1．数据来源：CNNIC，第 37 次中国互联网络发展状况统计报告，2016 年 1 月。
2．数据来源：艾瑞咨询，2016 年 1 月。
3．数据来源：CNNIC，第 37 次中国互联网络发展状况统计报告，2016 年 1 月。
4．数据来源：中国信息通信研究院，2016 年 ICT 深度观察，2015 年 12 月。

其是移动互联网的快速发展，带动了互联网相关产品和服务快速增长，智能手机、可穿戴设备、数字电视以及各种内容服务等信息消费增长迅速。

信息消费推动经济发展方式转变。从发展模式来看，与传统的“高投入、低产出、高污染、低效率”发展模式相比，信息消费所驱动的经济社会发展模式能够有效地提高产品和服务的科技含量，赋予其更大的升值空间，使资源消耗趋于最少，符合信息经济发展的内在要求，有利于国民经济持续、快速、健康地发展。此外，信息消费所蕴含的信息通信技术已成为信息经济和社会发展的重要驱动力量，并加速向其他国民经济部门中扩散渗透，智能化制造、网络化生产、协同化研发等新生产模式不断提升经济发展的层次和水平。

二、基础电信业务发展分析

（一）电话用户发展情况

1. 移动电话普及率保持稳定

2015 年，全国电话用户总数 15.02 亿户。其中，移动电话用户总数 12.71 亿户，移动电话用户普及率达 92.5 部 / 百人；固定电话用户总数 2.31 亿户，普及率下降至 16.8 部 / 百人。2005—2015 年电话用户发展情况如图 1 所示。

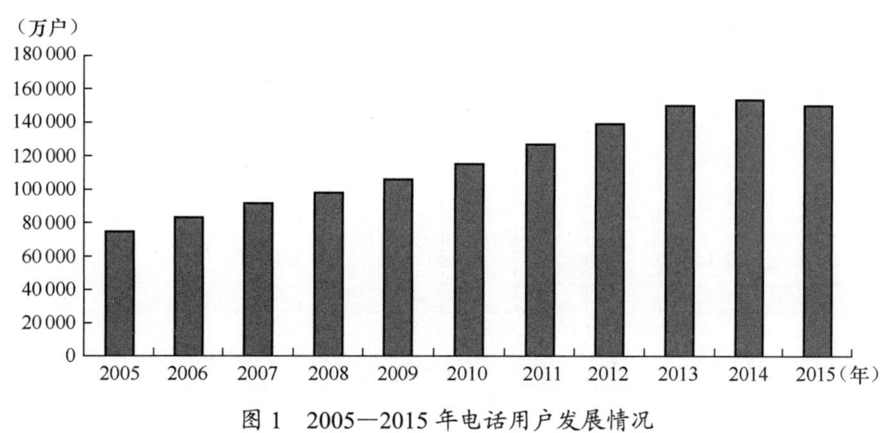

图 1　2005—2015 年电话用户发展情况

2. 2G、3G 用户加速向 4G 迁移

2015 年全年 2G 用户净减少 1.4 亿户，总数下降至 5.6 亿户；3G 用户全年净减 2.1 亿户，总数减少至 2.8 亿户，占移动用户的比重下滑至 21.7%；而 4G 用户自 7 月起连续 6 个月保持单月 2 500 万以上的增长，2015 年全年净增 3.3 亿户，累计近 4.3 亿户，占移动用户的比重提升至 33.9%。2010—2015 年新增移动电话用户如图 2 所示。

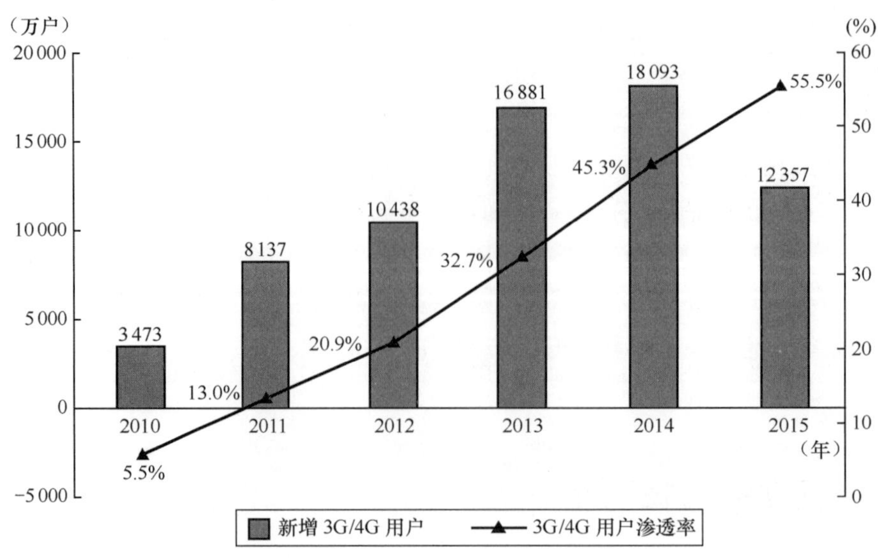

图 2　2010—2015 年新增移动电话用户

3．固定电话用户加速下降

2015 年，全国固定电话用户减少 1 843.3 万户，比 2014 年下降 7.4%，共计 2.31 亿户。其中，城市电话用户减少 307.2 万户，达到 1.7 亿户；农村电话用户减少 1 536.2 万户，达到 5 778.9 万户。2005—2015 年固定电话用户和无线市话用户如图 3 所示。

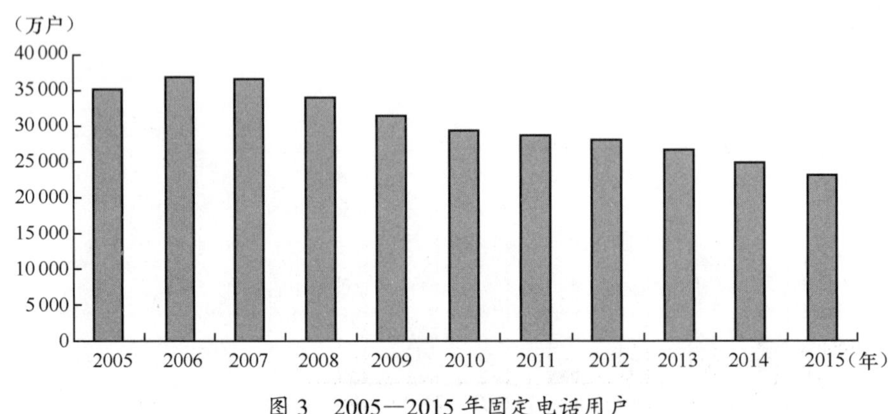

图 3　2005—2015 年固定电话用户

（二）通话量发展情况

1．移动通话总量进入峰值平台期，固定通话量继续快速下滑

2015 年，全国移动电话通话时长累计达到 57 648.9 亿分钟，比 2014 年下降 2.4%。固定电话通话量继续大幅下降，本地电话通话时长累计达到 2 251.1 亿分钟，比 2014 年下降 13.9%；固定长途电话通话时长累计 472.6 亿分钟，比 2014 年下降 10.9%。2005—2015 年移动电话通话时长增长情况如图 4 所示。

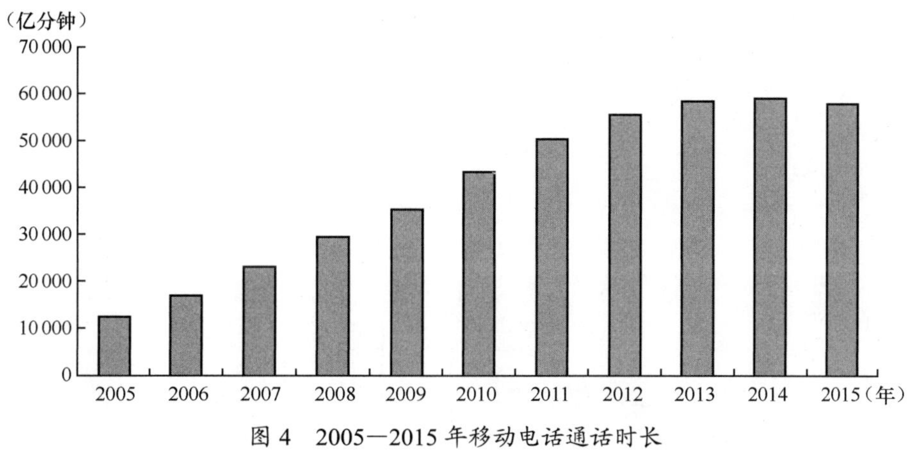

图 4　2005—2015 年移动电话通话时长

2．受移动互联网通信业务替代等因素影响，单用户话务量持续下降

2015 年，移动电话每用户每月通话时长为 378 分钟，连续 4 年下降，降幅达到 3.4%，与 2014 年相比降幅小幅缩小。固定电话每用户每月通话时长继续减少，2015 年为 98 分钟，降幅达到 2.7%，与 2014 年相比降幅大幅缩小。由于移动互联网类通信业务替代、多卡用户比例上升等多因素综合作用，单用户话务量的减少、运营企业从话音经营向流量经营的转变将成为大势所趋。2005—2015 年移动与固定电话 MOU 如图 5 所示。

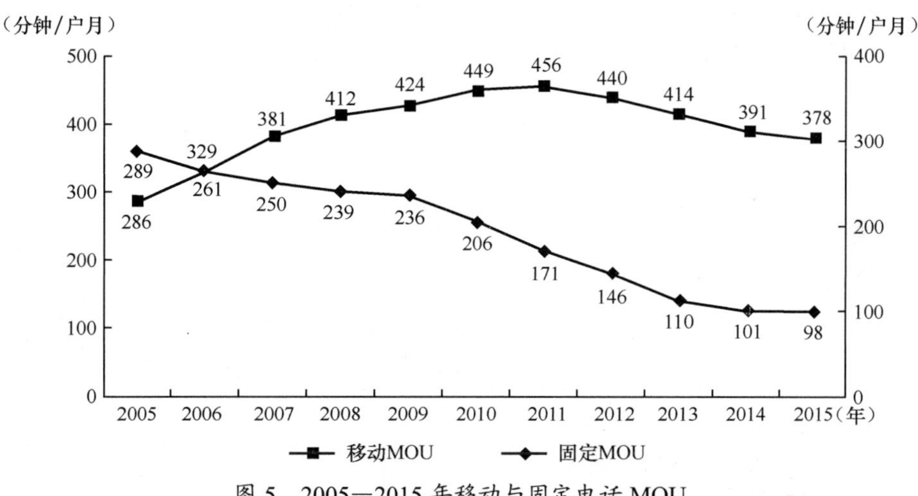

图 5　2005—2015 年移动与固定电话 MOU

（三）互联网接入业务发展情况[1]

1．固定宽带用户数增速大幅提升，用户接入速率明显提升

固定宽带用户数增速大幅提升。在宽带普及提速的推动下，我国固定宽带用户总数持续提升。

1．本节中除互联网接入用户、移动互联网流量，其余数据来源于 CNNIC《中国互联网络发展状况统计报告（2016.1）》。

2015 年年末固定宽带用户累计达 2.6 亿户，同比增长 28.2%。2005—2015 年（固定）互联网宽带接入用户发展情况如图 6 所示。

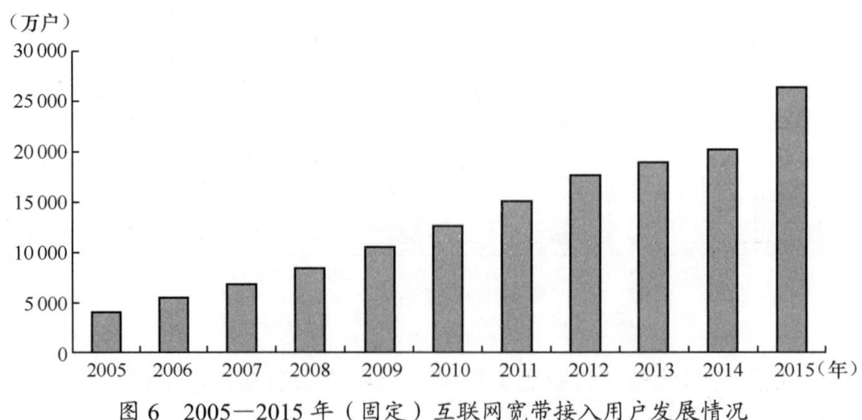

图 6　2005—2015 年（固定）互联网宽带接入用户发展情况

FTTH 渐成宽带发展主流。2015 年我国宽带用户接入速率得到明显提升。从宽带接入方式来看，FTTH/O 用户达到 14 833.7 万户，比 2014 年年末增长 117.1%，用户占比提升至 57.2%。4M 以上宽带用户占比达到 97%，比 2014 年年末分别提高 8.7 个百分点。8M 以上宽带用户占比达到 69.7%，比 2014 年年末提高 28.8 个百分点。

2．互联网普及率继续稳步提升，移动互联网用户增速创新高

2015 年，我国互联网网民规模达到 6.88 亿，全年共计新增网民 3 951 万人。互联网普及率为 50.3%，较 2014 年年末提升 2.4 个百分点。2011—2015 年互联网网民人数及普及率发展情况如图 7 所示。

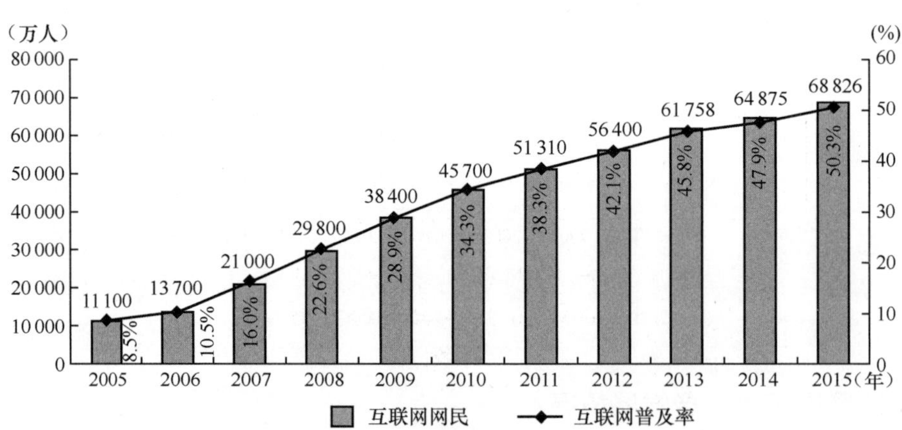

图 7　2005—2015 年互联网网民人数及普及率发展情况

移动互联网用户继续呈现增长态势，全年净增 8 925 万户，年末总数达到 9.64 亿户，同比增长 10.2%。2011—2015 年移动互联网用户发展情况如图 8 所示。

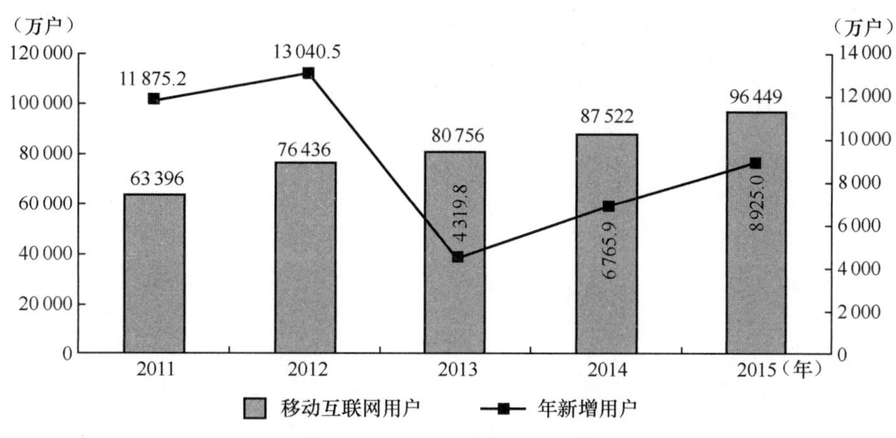

图 8　2011—2015 年移动互联网用户发展情况

3．手机网民保持稳定增长，即时通信地位进一步稳固

2015 年，我国手机网民规模达到 6.20 亿人，较 2014 年年末增加 6 303 万人。网民中使用手机上网的人群占比由 2014 年年末的 85.8% 提升至 90.1%，手机网民规模继续保持稳定增长。在移动互联网的推动下，个人互联网应用发展整体呈现上升态势。即时通信作为网民第一大上网应用，在高使用率水平的基础上继续攀升；微博、电子邮件等其他交流沟通类应用使用率持续走低；博客社交性退化，媒体功能凸显，使用率呈现回升态势；电子商务类应用依然保持快速发展，手机旅行预订应用表现突出。2007—2015 年手机网民人数增长情况如图 9 所示。

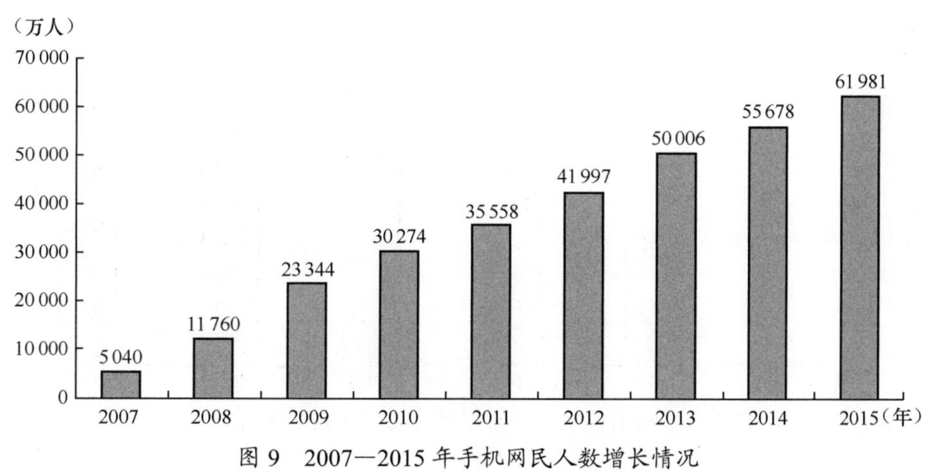

图 9　2007—2015 年手机网民人数增长情况

4．移动互联网流量加速增长，手机上网流量继续保持爆发式增长

随着 4G 对数据流量的拉动作用不断显现，移动互联网接入流量呈现加速增长的态势。2015 年共完成 41.9 亿 GB，同比大幅增长 103%。月户均接入流量突破 380MB，增长 85.4%。其中，

手机上网流量继续保持爆发式增长态势，总量达 37.6 亿 GB，同比增速高达 109.9%，在移动互联网总流量中的比重扩大至 89.8%，比 2014 年提高 3 个百分点。2011—2015 年我国移动互联网流量发展情况如图 10 所示。

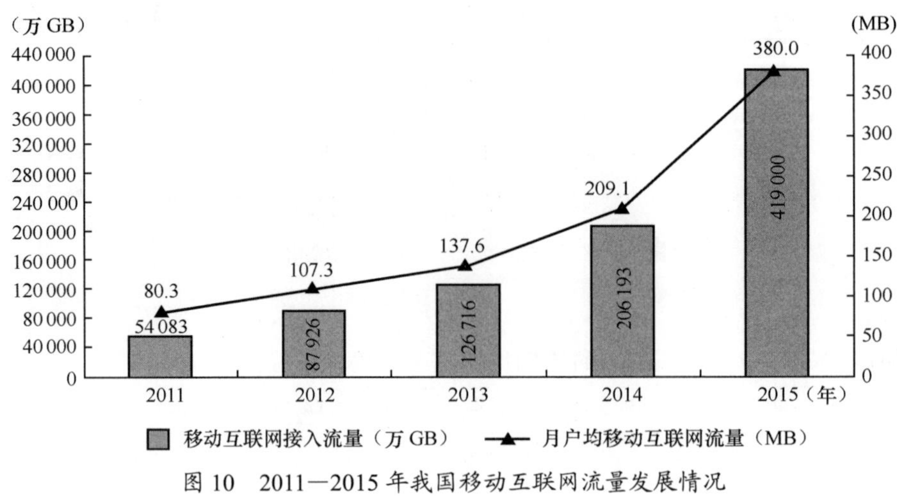

图 10　2011—2015 年我国移动互联网流量发展情况

5. IPv6 地址增长放缓，基础设施升级改造稳步推进

2015 年，我国 IPv6 地址数量达到 20 594 块 /32，较 2014 年增长 9.6%。网络基础设施 IPv6 升级改造稳步推进，运营商骨干网和 20 多个城市网络完成 IPv6 改造，支持 IPv6 的网站和应用逐步上线。2010—2015 年我国 IPv6 地址数量发展情况如图 11 所示。

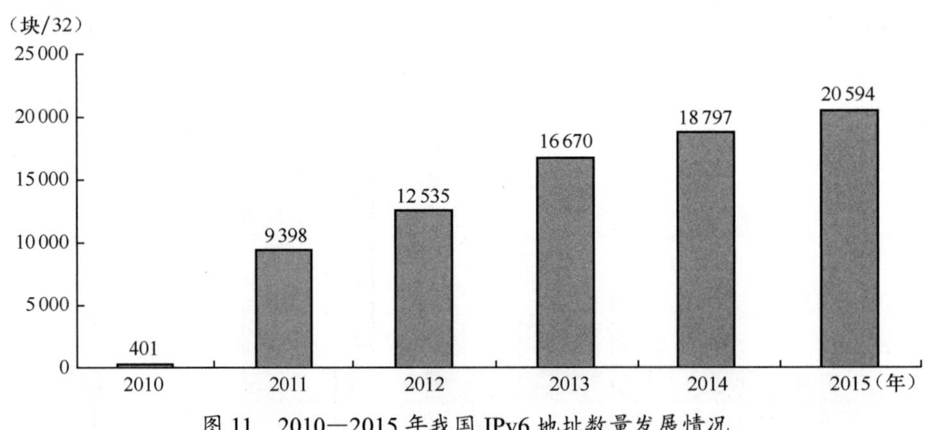

图 11　2010—2015 年我国 IPv6 地址数量发展情况

（四）基础企业增值业务发展情况

1. 增值业务收入下降，降幅大于电信业务收入增速

2015 年，电信业务收入规模 11 665 亿元，同比下降 2.0%，基础企业增值业务收入规模

1 909 亿元，同比下降 4.7%，降幅大于电信业务收入 2.5 个百分点。基础企业增值业务收入占电信业务收入的比重较 2014 年下降 0.4 个百分点，为 16.4%。2011—2015 年基础企业的增值业务收入发展情况如图 12 所示。

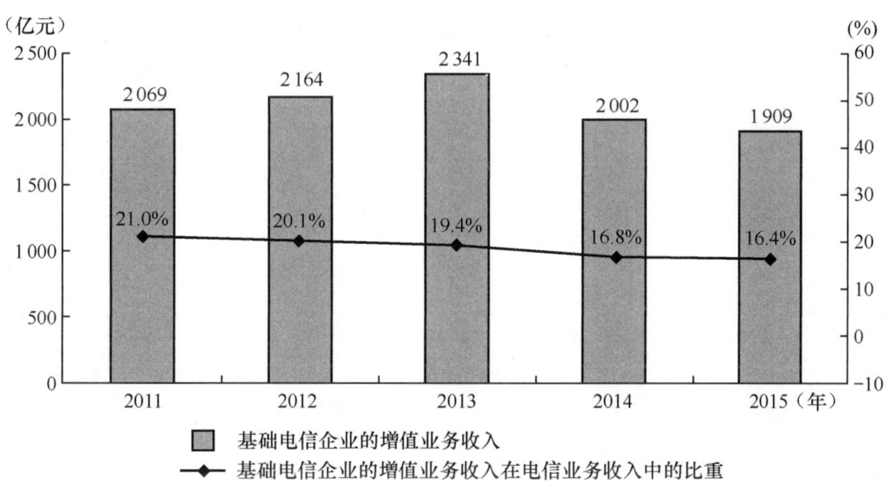

图 12　2011—2015 年基础企业的增值业务收入发展情况

2．移动增值业务收入增速下滑，固定增值业务收入大幅增长

2015 年，基础企业的移动增值业务收入继续下滑，规模达到 1 525 亿元，比 2014 年下降 9.2%。固定增值业务收入规模达到 383.3 亿元，比 2014 年增长 18.9%。2011—2015 年基础企业的移动和固定增值业务收入如图 13 所示。

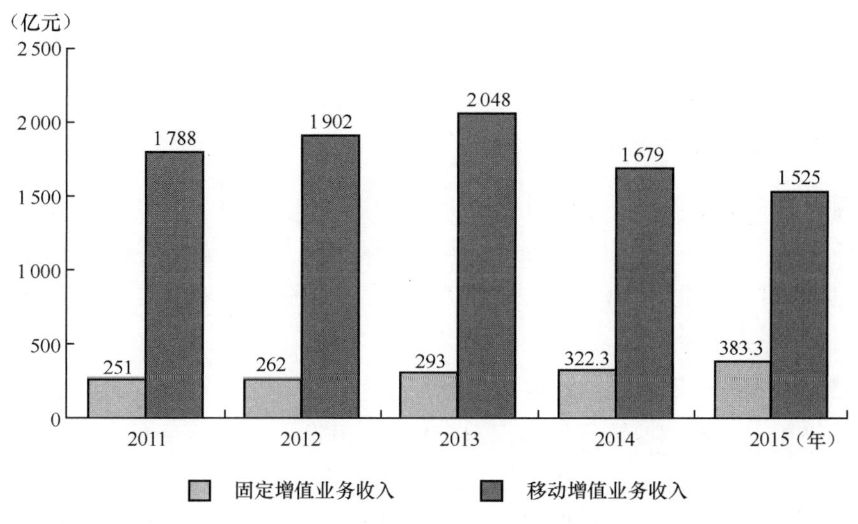

图 13　2011—2015 年基础企业的移动和固定增值业务收入

3. 移动短信收入下滑速度加快，非移动短信收入占比略有下降

2015 年，OTT 业务仍对短信业务产生巨大冲击，由移动用户主动发起的点对点短信量加剧下滑，全年累计 2 706 亿条，比 2014 年下降 23.2%，降幅同比扩大了 4.9 个百分点。在基础企业移动增值业务中，移动短信业务收入下滑趋势更加明显，收入规模比 2014 年减少 61.0 亿元，下降到 419.0 亿元，移动短信收入呈现持续负增长态势。以手机电视等为代表的新兴移动增值业务收入规模也出现了下滑的趋势，手机电视业务收入比 2014 年下降 18.1%。2015 年，在基础企业移动增值业务中，非移动短信业务收入在移动增值业务所占比重由 2014 年的 74% 下降到 73%。2010—2015 年基础企业的非短信增值业务在移动增值中的比重如图 14 所示。

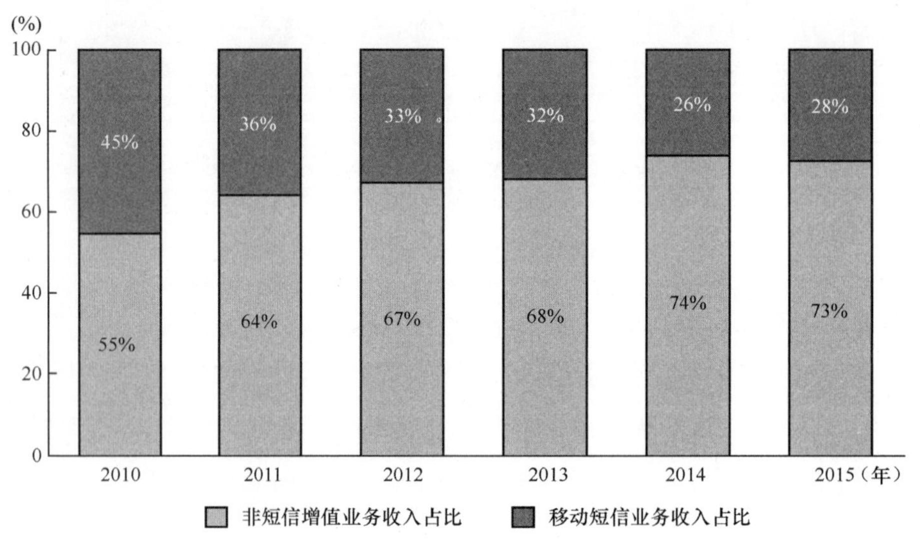

图 14 2010—2015 年基础企业的非短信增值业务在移动增值中的比重

（五）移动转售业务发展情况

1. 绝大部分转售企业正式开通业务

截至 2015 年年末，42 家获得试点批文的转售企业中，共 39 家企业正式开通业务。从品牌策略上看，现阶段转售企业采用的品牌策略有两类：新品牌策略和延伸品牌策略。在实践中，转售企业以延伸品牌策略为主。

2. 移动通信转售用户发展呈加速增长态势

截至 2015 年年末，移动通信转售用户总数达到 2 059 万户。从单月净增来看，自 2015 年 3 月起，移动通信转售业务连续 10 个月每月净增用户超过 100 万户，其中 10—12 月每月净增甚至超过 200 万户。自 2015 年 5 月以来连续 7 个月转售用户净增占全国移动用户净增比例持续维持在 40% 以上，全年移动转售净增用户占全国净增移动用户数的 48.5%。随着放号企业数量和业务开通范围的不断增加，转售用户发展呈加速态势。

三、电信网络能力分析

（一）固定及移动电话网规模分析

1. 固定电话网容量大幅下降，移动电话网扩容增速有所提升

2015 年，局用交换机容量大幅下降，较 2014 年下降 14 070.7 万门，比 2014 年下降 34.7%。移动交换机容量同比增长 3.3%，达到 21.2 亿户。2004—2015 年局用及移动电话交换机容量如图 15 所示。

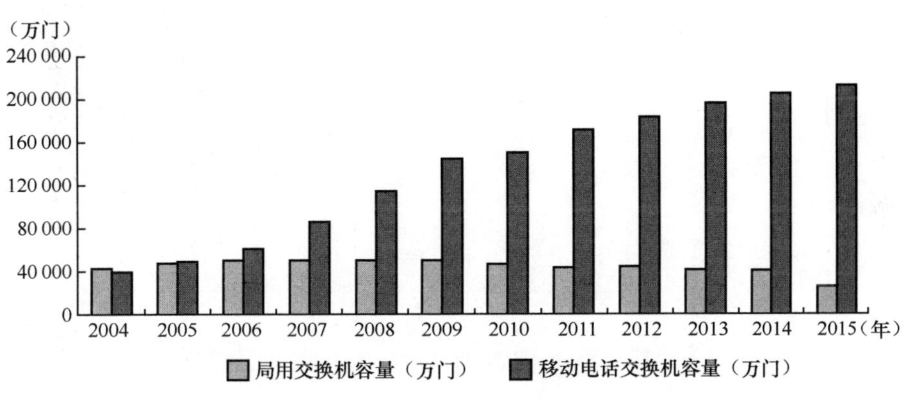

图 15　2004—2015 年局用及移动电话交换机容量

2. 局用交换机实装率大幅提高，移动交换机实装率小幅下降

在设备利用率方面，2015 年局用交换机容量下降，实装率则提高到 87.3%，较 2014 年大幅提高 25.7 个百分点。移动交换机由于扩容，而用户发展落后于扩容速度，实装率小幅下降至 58.3%。2006—2015 年局用及移动电话交换机实装率如图 16 所示。

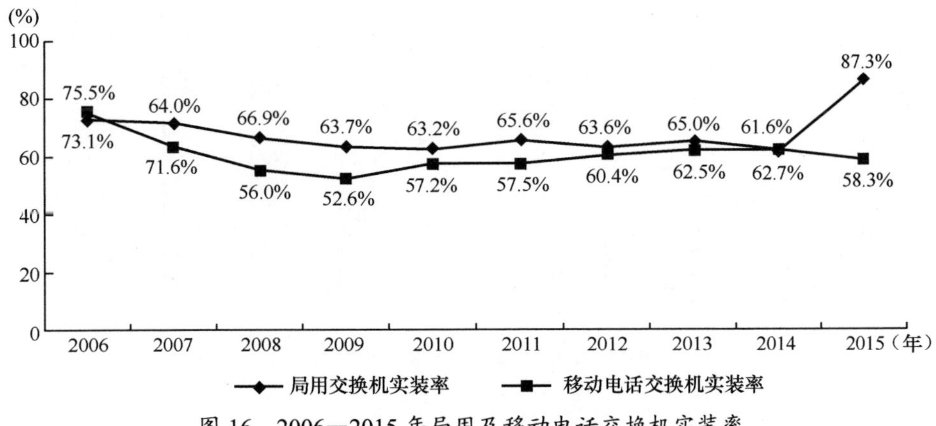

图 16　2006—2015 年局用及移动电话交换机实装率

（二）数据通信网规模分析

1．互联网规模跃上新台阶，高速率宽带接入能力显著提升

2015 年，在“宽带中国专项行动”“提速降费”等的推动下，互联网规模和能力显著提升。互联网宽带接入端口数量迅速攀升至 57 709.4 万个，增速达 42.3%。同时，高速率宽带接入能力显著提高。2015 年，我国 FTTH/O 端口达 34 197.4 万个，同比增长 108.7%。2004—2015 年宽带接入网端口数量如图 17 所示。

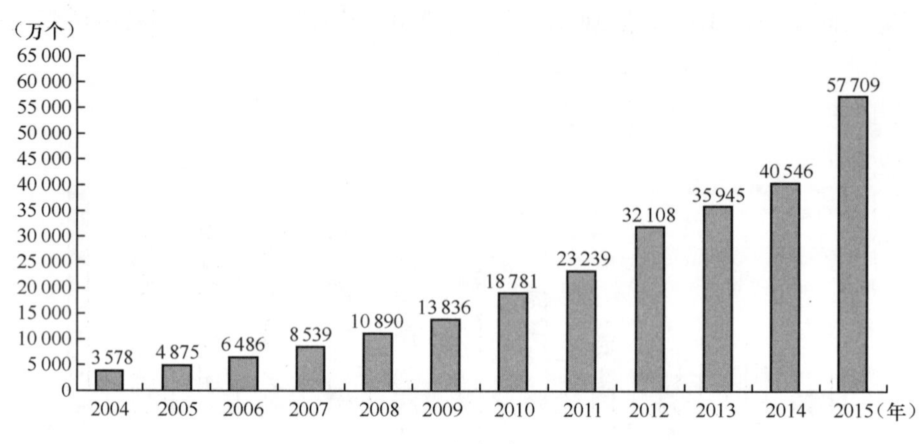

图 17　2004—2015 年宽带接入网端口数量

2．国际出口带宽大幅增长

2015 年，我国国际出口带宽大幅增长，年底增长至 5 392 116Mbit/s，较 2014 年大幅增长 30.9%。2007—2015 年国际出口带宽如图 18 所示。

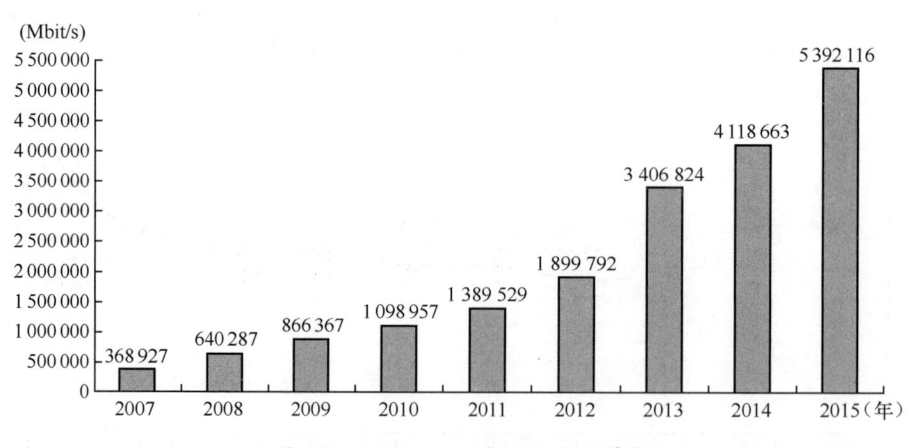

图 18　2007—2015 年国际出口带宽

（三）传输网规模分析

1．传输网规模再创新高，增速保持平稳

2015 年，全国新建光缆线路 425.1 万公里，光缆线路总长度达到 2 486 万公里，比 2014 年增长 20.6%。2002—2015 年光缆线路总长度如图 19 所示。

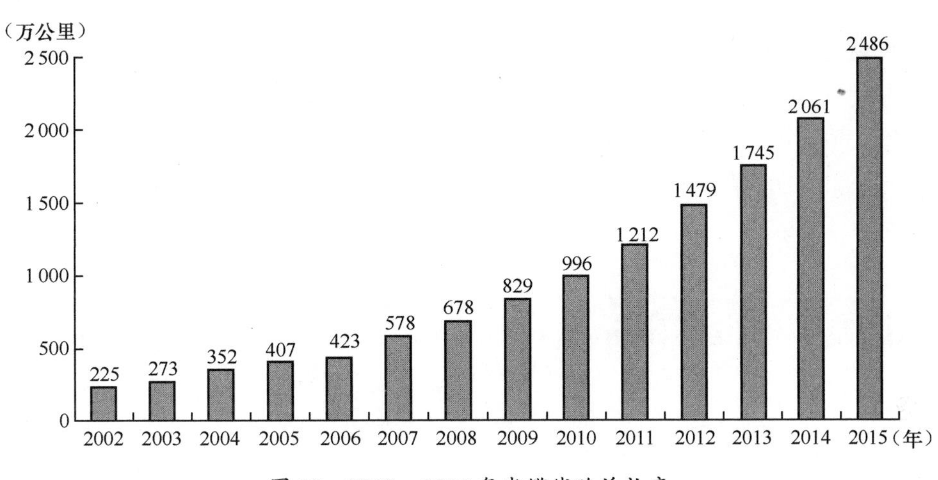

图 19　2002—2015 年光缆线路总长度

2．接入网光缆和本地中继光缆保持快增长，长途光缆继续扩容

2015 年，全国新建光缆仍以接入网光缆和本地中继光缆为主。在新建光缆线路中，接入网光缆、本地网中继光缆和长途光缆线路所占比重分别为 49.4%、46.7% 和 3.9%。总的来看，接入网光缆和本地中继光缆保持快增长，比 2014 年分别增长 26.6% 和 16.4%，新建接入网光缆和本地中继光缆长度分别为 258.2 万公里和 163.2 万公里；长途光缆继续扩容，比 2014 年增长 4%，新建长途光缆长度 3.7 万公里。2002—2015 年各种光缆线路长度如图 20 所示。

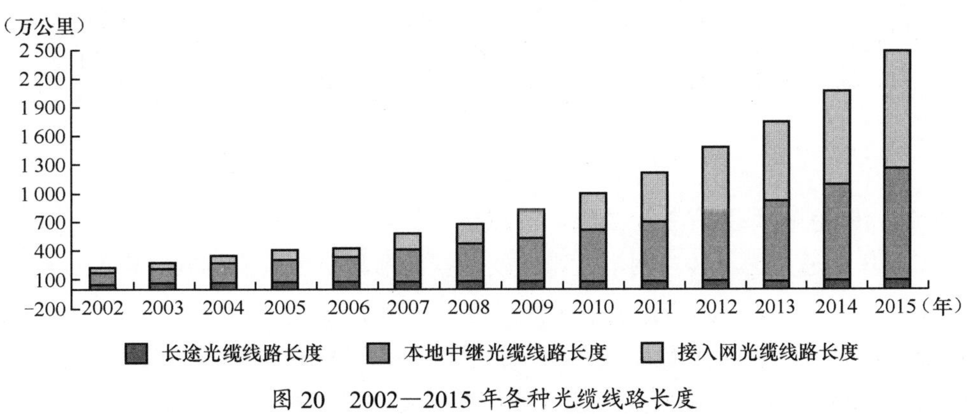

图 20　2002—2015 年各种光缆线路长度

（四）4G 网络规模分析

1. 4G 跨越式发展，建成全球最大规模的 4G 网络

基础电信企业加速构建 4G 网络，全行业移动通信网络建设重点大幅向 4G 转移。截至 2015 年年末，4G 基站规模已超过 3G 基站，达到 177.4 万个；3G/4G 基站数合计占比约 70%。已经覆盖到全国 300 多个主要城市，基本实现县级以上城市和发达乡镇覆盖。

2. 4G 网络建设模式改革全面推进

在 4G 网络快速部署的同时，网络建设模式改革也全面推进。2015 年，铁塔公司完成了从新建铁塔基站配套到收购全部存量铁塔的角色转变，并引进了新股东国新控股，网络基础设施的共建共享和集中化运营将推动电信业由网络竞争走向业务竞争，由重资产运营逐渐向轻资产运营转变。

四、电信固定资产投资分析

（一）电信业投资概况

1. 固定资产投资规模稳步增长，增速创历史新高

在“提速降费”和“宽带中国”等政策带动下，2015 年电信业固定资产投资规模创历史新高，投资总额达 4 524 亿元，同比增长 13.0%。2001—2015 年电信投资总额如图 21 所示。

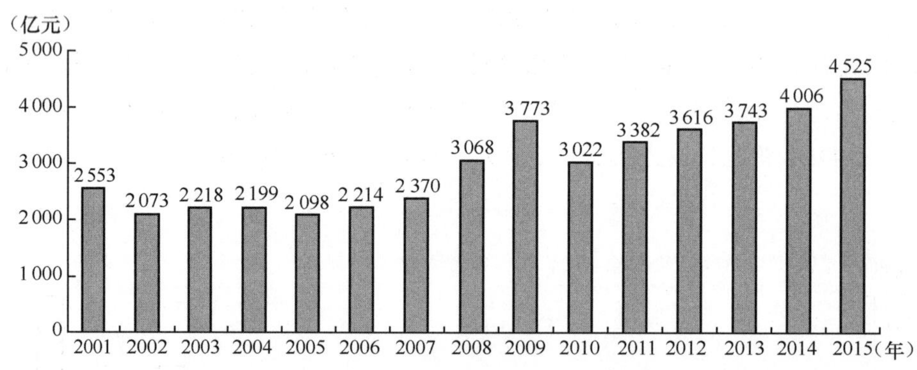

图 21　2001—2015 年电信投资总额

2. 移动、传输和互联网是投资重点，热点集中于宽带接入和 4G

2015 年，移动通信网、传输网、互联网及数据通信投资分别占到固定资产投资的 45.5%、22.2%、15.8%。其中，互联网及数据通信投资额为 716.3 亿元，较 2014 年上升了 79.0 个百分点；互联网宽带接入成为新的投资重点，占互联网及数据通信投资的 48.0%，投资额为 343.8 亿元，比 2014 年增长 794.3%。传输投资额为 1 006.1 亿元，同比增长 4.7%；移动通信投资额为 2 057.0 亿元，比 2014 年增长 13.8%；其中 4G 投资稳步增长，2015 年 4G 投资额为 1 666.2 亿元，

较 2014 年增长 30.9%。

（二）电信业投资效果分析

1. 投资有效支撑行业转型升级

2015 年，4G 投资的稳定增长有效推动了移动用户结构优化及用户升级。4G 移动电话用户增加 3.3 亿户，达到 4.3 亿户，较 2014 年增长 342.4%，渗透率达 33.9%，渗透率提高了 26.7 个百分点。同时，随着“宽带乡村”“电信普遍服务”等一系列“宽带中国”战略政策的加速推进，传输及互联网投资有效带动互联网带宽接入用户快速增长，宽带提速效果显著。基础电信企业互联网宽带接入用户净增 5 898.2 万户，总数达到 2.6 亿户，比 2014 年增长 29.4%。光纤入户稳步推进，FTTH/O 用户净增 8 002.1 万户，用户总量达 1.5 亿户，比 2014 年增长 117.1%，占宽带用户总数的比重达到 57.2%，宽带提速效果明显。合理的投资有效地支撑了通信行业的转型升级。2015 年通信业主要通信能力指标增长情况如表 1 所示。

表 1　2015 年通信业主要通信能力指标增长情况

指标名称	单位	2015 年年末达到	比 2014 年年末净增	比 2014 年年末增长(%)
光缆线路长度	公里	24 863 348	4 250 819	20.6
其中：长途光缆线路长度	公里	965 283	36 885	4.0
局用交换机容量	万门	26 446.5	–14 070.7	–34.7
其中：接入网设备容量	万门	17 541.1	–8 341.1	–32.2
移动电话交换机容量	万户	218 150.0	13 125.1	6.4
互联网宽带接入端口	万个	57 709.4	17 163.3	42.3

2. 投资收入比上升

从投入产出水平来看，2015 年我国电信行业固定资产投资收入比为 38.8%，较 2014 年上升了 5.1 个百分点，这主要得益于在“提速降费”“电信普遍服务”“宽带乡村”等一系列政策的作用。2001—2015 年电信投资收入比如图 22 所示。

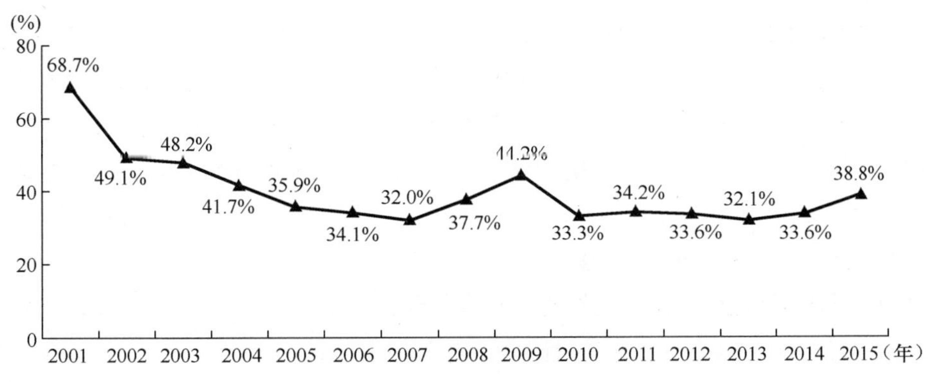

图 22　2001—2015 年电信投资收入比

五、电信业经营效益分析

（一）收入增长情况

1. 电信业务总量与收入增速差距达到 2009 年以来最高值

2015 年，电信业务收入完成 11 665.2 亿元，比 2014 年下降 2.0%，比 2014 年回落 3.9 个百分点。电信业务总量完成 23 346.3 亿元，比 2014 年增长 16.1%。电信业务总量与电信业务收入增长的剪刀差由 2014 年年底的 12.5 个百分点继续拉大至 26.7 个百分点，为 2009 年以来最高值。2001—2015 年电信业务收入和增长率如图 23 所示。

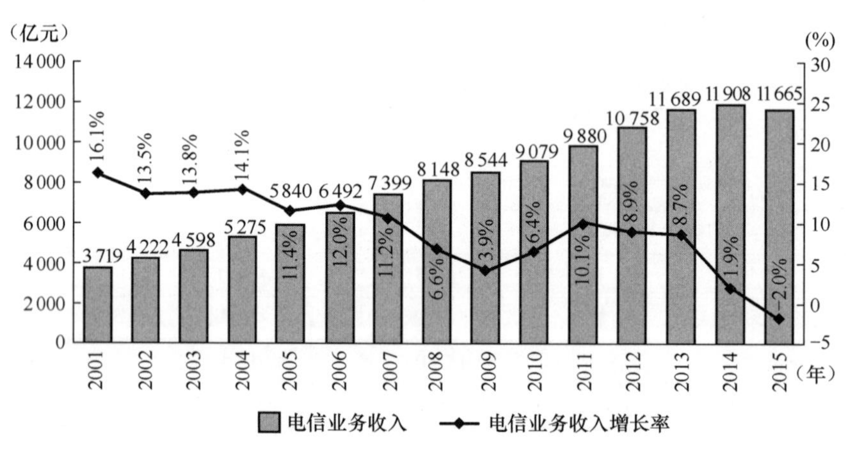

图 23 2001—2015 年电信业务收入和增长率

2. 行业转型步伐加快，数据业务持续高速增长

2015 年，行业发展对话音业务的依赖大幅减弱，非话音业务收入占比由 2014 年的 58.2% 提高至 69.5%；移动数据及互联网业务收入对收入占电信业务收入的比重从 2014 年的 23.5% 提高至 26.9%。移动宽带（3G/4G）用户加快发展，高速率宽带用户占比提升明显。移动宽带用户在移动用户中的渗透率达到 55.5%，比 2014 年提高 10.2 个百分点；8Mbit/s 以上宽带用户占比达到 69.7%，光纤接入（FTTH/O）用户占宽带用户的比重突破 50%，达到 57.2%。融合业务发展渐成规模，截至 12 月末，IPTV 用户达 4 589.5 万户。2007—2015 年非话音业务收入占比情况如图 24 所示。

3. 移动数据业务牵引行业收入增长

移动数据业务对电信业务收入增长的贡献率创新高。2015 年移动数据及互联网收入继续高速增长，累计达到 3 132.4 亿元，按可比口径计算同比增长 27.2%，比 2014 年提高 3 个百分点，有效弥补了话音业务收入的增速下滑。2009—2015 年移动互联网业务收入发展情况如图 25 所示。

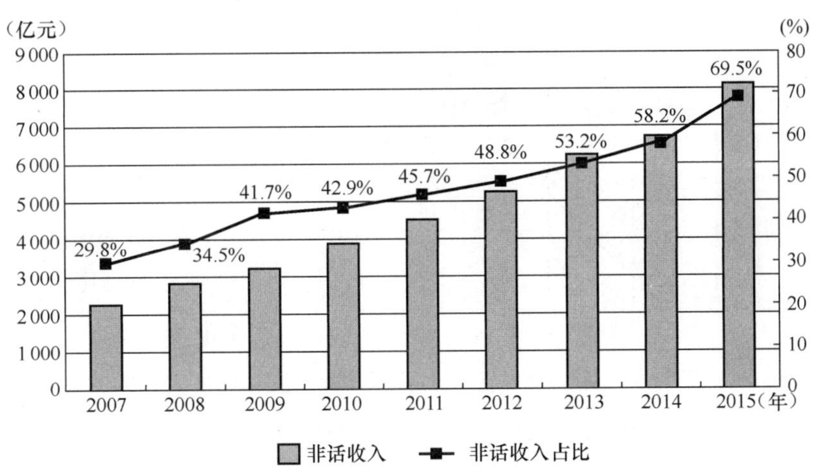

图 24　2007—2015 年非话音业务收入占比情况

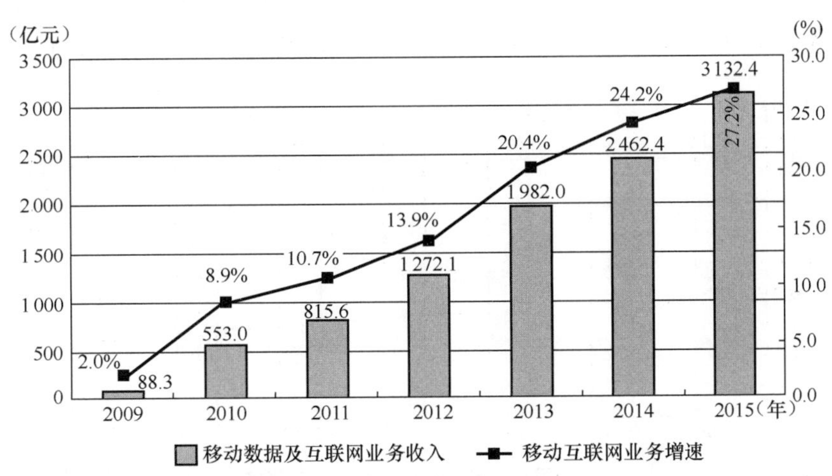

图 25　2009—2015 年移动互联网业务收入发展情况

（二）利润增长情况

1．电信业务成本费用持续上升

2015 年，电信业务成本、管理费用分别较 2014 年提高了 6.7% 和 6.8%，为继续落实国资委要求基础电信运营商压降营销费用等因素的影响，电信运营商积极压降营销费用，营业费用下降 20.3%。在此情况下，2015 年的电信行业利润总额略有下降，较 2014 年下降 0.3%。2008—2015 年电信行业成本费用和行业利润总额如图 26 所示。

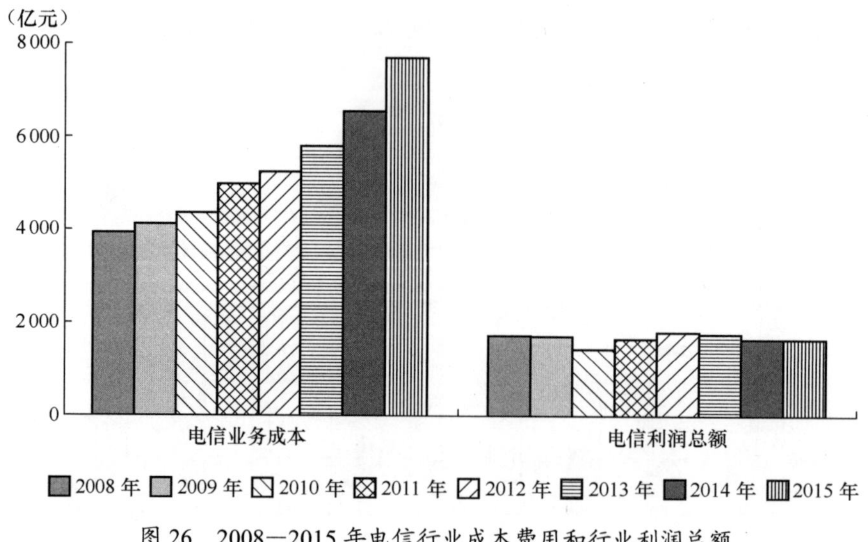

图 26　2008—2015 年电信行业成本费用和行业利润总额

2．行业利润率下降

2015 年以来，各类基础电信传统业务收入增长均明显减缓，新的业务增长点尚未形成规模，电信行业利润率为 12.7%，较 2014 年下降 1.6 个百分点。2009—2015 年电信利润情况如图 27 所示。

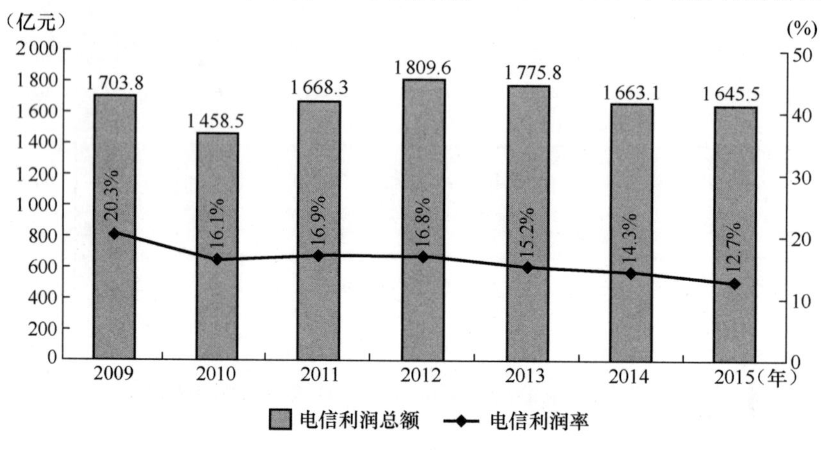

图 27　2009—2015 年电信利润情况

六、电信业地域发展分析

（一）区域收入和消费差距分析

1. 东中西部收入增速均有所下降，区域收入份额差距进一步缩小

东、中、西部地区分别实现电信业务收入 6 324.0 亿元、2 671.7 和 2 764.7 亿元，可比口径收入分别增长 1.3%、2.7% 和 3.6%。区域间收入占比差距缩小，东部地区收入份额较去年同期

下降 0.4 个百分点，而中、西部则分别提升 0.1 和 0.3 个百分点。2014—2015 年东、中、西部地区收入占比变化情况如图 28 所示。

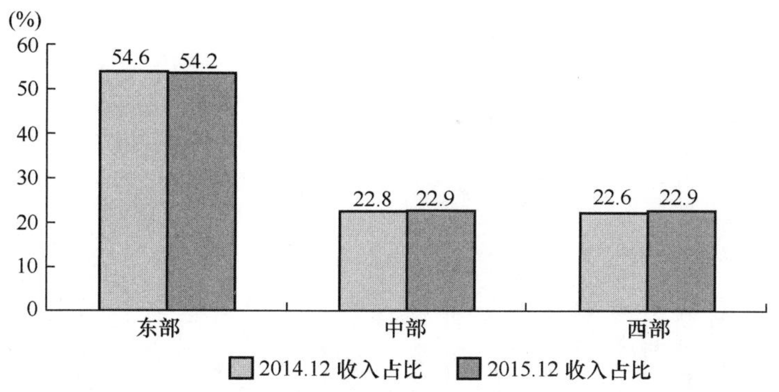

图 28 2014—2015 年东、中、西部地区收入占比变化情况

2. 中部地区移动数据业务 ARPU 增速最快

2015 年，东、中、西部分别实现移动数据及互联网业务收入 1 599.0 亿元、769.4 亿元和 754.8 亿元，占比分别为 51.2%、24.6% 和 24.2%，相比 2014 年，东部和西部分别下降 1 和 0.1 个百分点，中部地区占比提高 1.1 个百分点。东、中、西部地区移动数据 ARPU 值（每用户平均收入）分别达到 29.1 元、28.4 元和 27.0 元，同比分别增长 8.3%、10.5% 和 8.4%。各省移动数据及互联网业务 ARPU 值差异较大，最大值为最小值的 2.2 倍。全国共有 10 个省的移动数据及互联网业务 ARPU 值超过 30 元。而排名最后 7 位的省份 ARPU 值低于 25 元。西藏、甘肃、上海、北京和河南的 ARPU 值相比 2014 年年末增长均在 20% 以上。2015 年各省移动数据及互联网业务 ARPU 发展情况如图 29 所示。

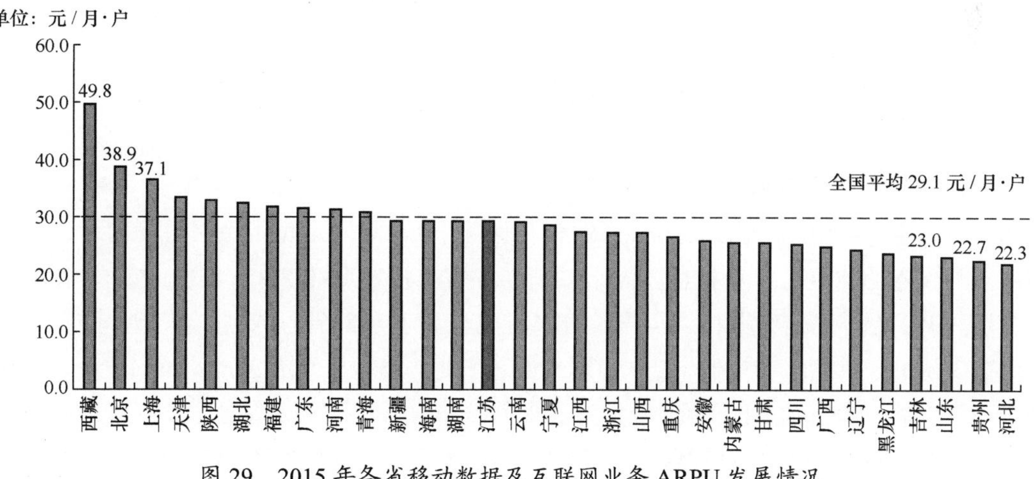

图 29 2015 年各省移动数据及互联网业务 ARPU 发展情况

3. 东部地区月户均移动互联网接入流量突破 400MB

东、中、西部月户均移动互联网接入流量分别达到 413.8MB、372.7MB 和 357.3MB，比

2014 年分别增长 89.7%、91.1% 和 90.0%。各省月户均移动互联网接入流量差异较大，排名前五位的省份均超过 500MB；排名前十四位的省份均超过 400MB；排名后六位的省份不足 300MB。2015 年各省月户均移动互联网接入流量发展情况如图 30 所示。

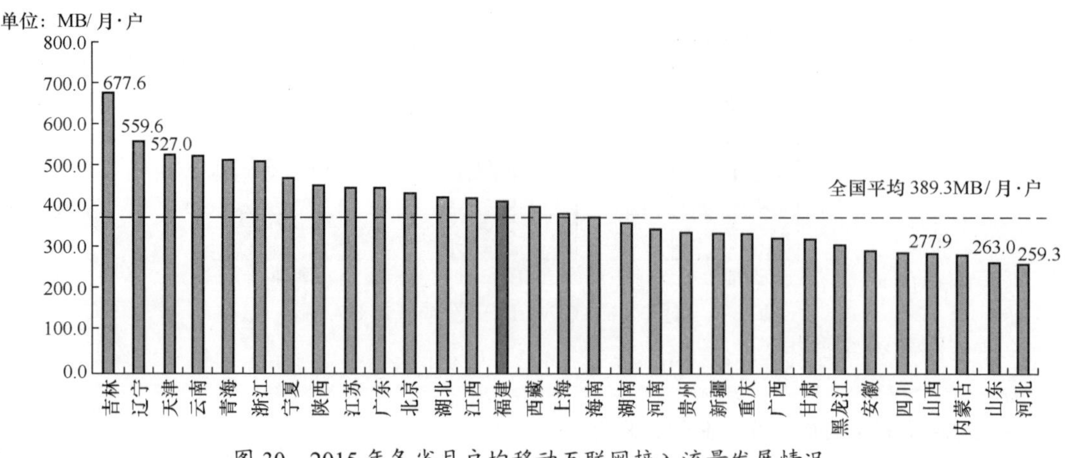

图 30　2015 年各省月户均移动互联网接入流量发展情况

4. 东部沿海发达地区移动通信转售业务发展较快

从移动通信转售业务地域发展情况来看，经济发展水平较高的地区转售业务发展速度相对较快。截至 2015 年年末，移动通信转售用户规模最大的前五个省份或直辖市分别为广东、浙江、江苏、北京和山东，其用户数之和占全国移动通信转售用户数的 50% 左右。

（二）区域基础设施水平分析

1. 高速率城市宽带用户和农村宽带用户快速增长，增速放缓

2015 年，城市宽带接入用户净增 4 372.5 万户，总数达 1.95 亿户，同比增长 28.8%。用户结构加速升级，20Mbit/s 以上的城市用户达到 7 534.3 万户，相比 2014 年年末净增 5 539.0 万户，同比增长 277.6%，创出新高，占城市宽带用户的比重加速提升至 38.5%。农村宽带用户总数达 6 398.4 万户，同比增长 31.3%。

2. 固定宽带资费区域差异、城乡差异大

2015 年上半年全国有监测数据的 329 个本地网 [1] 中，从固定宽带上网月平均价格占居民月平均可支配收入的比重看，农村显著高于城镇，各省农村普遍在 5% ～ 13% 之间，各省城镇普遍在 2% ～ 3% 之间；进一步看，西部省份农村明显高于东部省份农村，东部省份农村这一数值普遍在 3% ～ 6% 之间，中部省份农村这一数值普遍在 5% ～ 7% 之间，西部省份农村这一数值则普遍在 7% ～ 16% 之间（新疆最高为 22%）；但东中西省份城镇这一数值差异很小，基本均在 1% ～ 4% 的区间内。2015 年上半年各省固定宽带上网月户均资费占居民月均可支配收入比重如图 31 所示。

1．全国 331 个本地网。

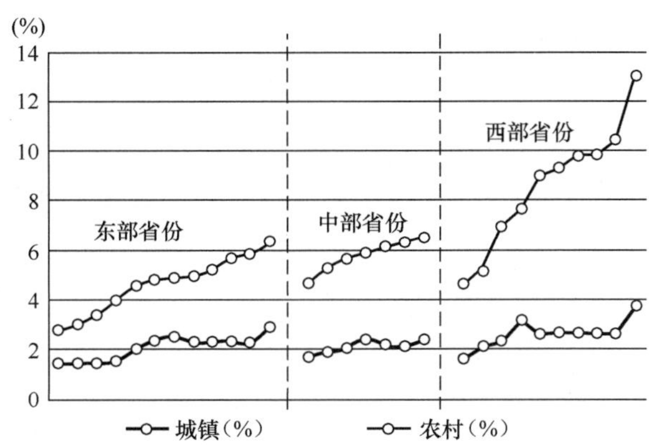

图 31　2015 年上半年各省固定宽带上网月户均资费占居民月均可支配收入比重

3. 全光网建设全面推开，开启全光网时代

2015 年，四川、上海、安徽、河南、河北、山东、山西、天津等省（直辖市）相继建成全光网省，超过 80% 城市家庭具备百兆接入能力。随着铜线退网、光纤网络建设的持续推进，“全光网”建设由点及面全面推开，我国将全面迈入全光网时代。

七、各省电信业发展情况对比分析

（一）各省电信业务发展情况对比

1. 各省电话普及率差异度上升

2015 年，除四川、青海固定电话普及率略有上升，其他省份均有不同程度下降（见图 32）。其中，浙江降幅最大，下降 3.2 个百分点。各省固定电话普及率差异度有所上升，从 2014 年的 0.394 3 上升到 0.407 5。2015 年各省固定电话普及率分层情况如表 2 所示。

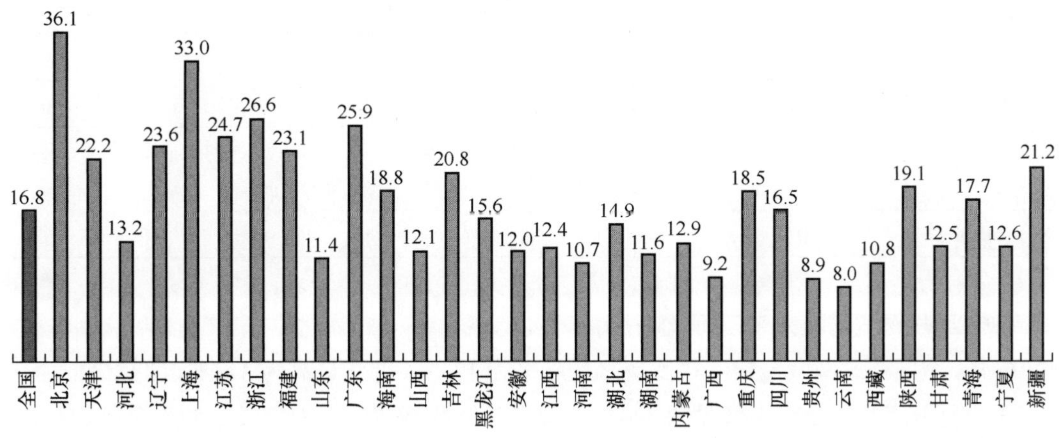

图 32　2015 年各省固定电话普及率（单位：部 / 百人）

表 2　2015 年各省固定电话普及率分层情况

普及率水平	省份
>30部/百人	北京、上海
20～30部/百人	天津、辽宁、江苏、浙江、福建、广东、吉林、新疆
10～20部/百人	河北、山东、海南、山西、黑龙江、安徽、江西、河南、湖北、湖南、内蒙古、重庆、四川、西藏、陕西、甘肃、青海、宁夏
<10部/百人	广西、贵州、云南

2015 年，除山东、江西、广西、重庆、四川、贵州、甘肃 7 省移动电话普及率上升，其他省份均有不同程度下降，其中内蒙古降幅最高，为 10.5 个百分点（见图 33）。各省移动电话普及率差异度有所下降，从 2014 年的 0.260 3 下降到 0.248 1。2015 年各省移动电话普及率分层情况如表 3 所示。

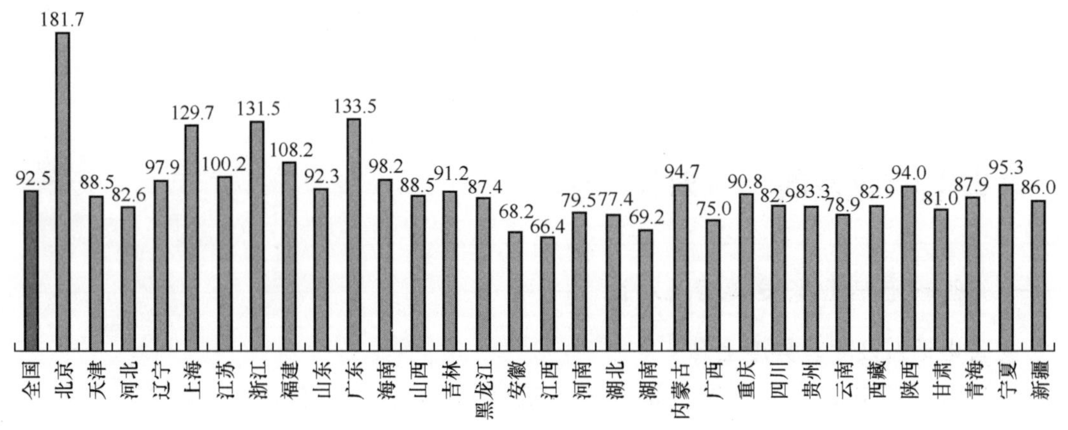

图 33　2015 年各省移动电话普及率（单位：部 / 百人）

表 3　2015 年各省移动电话普及率分层情况

普及率水平	省份
>100部/百人	北京、上海、江苏、浙江、福建、广东
80～100部/百人	天津、河北、辽宁、山东、海南、山西、吉林、黑龙江、内蒙古、重庆、四川、贵州、西藏、陕西、甘肃、青海、宁夏、新疆
80～60部/百人	安徽、江西、河南、湖北、湖南、广西、云南

2. 各省互联网宽带接入普及率均有所提升

2015 年，全国互联网宽带接入普及率平均水平为 18.9%，浙江最高为 34.4%，西藏最低为 9.1%，相差 25.3 个百分点，差距较大（见图 34）。东部省份互联网宽带接入普及率领跑全国，在位于全国平均水平之上的 10 个省份中占据 8 个，其中，北京、上海、江苏、浙江、福建、山东、广东

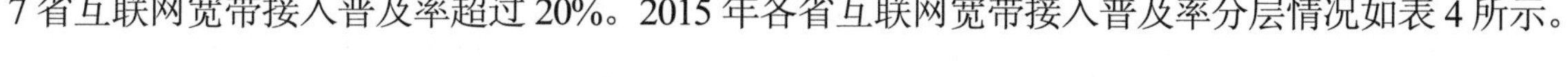
7 省互联网宽带接入普及率超过 20%。2015 年各省互联网宽带接入普及率分层情况如表 4 所示。

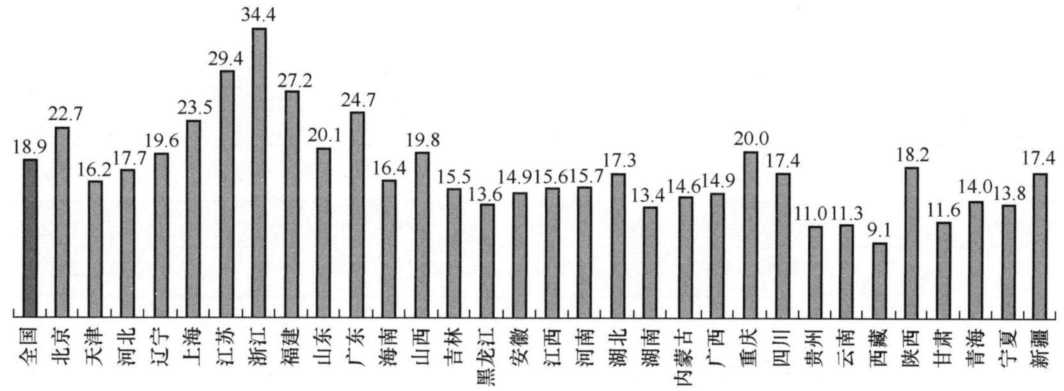

图 34　2015 年各省互联网宽带接入普及率（单位：%）

表 4　2015 年各省互联网宽带接入普及率分层情况

普及率水平	省份
>20%	北京、上海、江苏、浙江、福建、山东、广东
10%～20%	高于全国平均水平（18.9%）：辽宁、山西、重庆 低于全国平均水平（18.9%）：天津、河北、海南、吉林、黑龙江、安徽、江西、河南、湖北、湖南、内蒙古、广西、四川、贵州、云南、陕西、甘肃、青海、宁夏、新疆
<10%	西藏

3. 各省收入格局

截至 2015 年年底，全国电信业务收入市场集中度指数为 3 885，基本与 2014 年持平。全国除河北、山西、吉林、辽宁、黑龙江、海南、上海、天津、陕西、新疆 10 省的收入市场集中度指数下降外，其余所有 21 省份的收入集中指数均有上升。从分省集中度指数看，青海、北京、上海 3 个省份的市场集中度低于全国平均水平，收入市场发展更为均衡，云南收入市场集中度指数最高（见表 5）。从各省收入市场格局改善幅度看，仅河北、山西、吉林、辽宁、黑龙江、海南 6 个省份市场格局改善相对明显（见表 6）。

表 5　2015 年 31 省收入市场集中度分层划分

指标区间	省份
0＜指标≤3 900	青海、北京、上海（3个）
3 900＜指标≤4 200	新疆、天津、陕西、湖北、吉林、河北、广东、重庆（8个）
4 200＜指标≤4 500	福建、黑龙江、江苏、宁夏、湖南、辽宁、海南、浙江、山东、安徽、广西、山西、四川、内蒙古（14个）
＞4 500	甘肃、西藏、贵州、河南、江西、云南（6个）

表 6 2015 年 31 省收入市场格局改善程度分层

指标区间	省份
指标＜–2%	河北（1个）
–2%＜指标≤–1%	山西、吉林、辽宁、黑龙江、海南（5个）
–1%＜指标≤0	上海、天津、陕西、新疆（4个）
＞0	福建、北京、内蒙古、重庆、广东、湖南、山东、江苏、四川、河南、湖北、西藏、江西、宁夏、浙江、青海、安徽、广西、云南、贵州、甘肃（21个）

4. 各省移动用户市场格局情况

2015 年，云南、江西、贵州、广东等 12 省份移动用户市场集中度指数高于全国均值，与 2014 年情况相当。广东、浙江、青海、辽宁等 17 省的移动用户市场集中度比 2014 年不降反升，竞争加剧的省比 2014 年增加 5 个省。其余 14 个省份移动用户市场集中度比 2014 年同比下降。2015 年分省移动用户集中度指数及变化如图 35 所示。

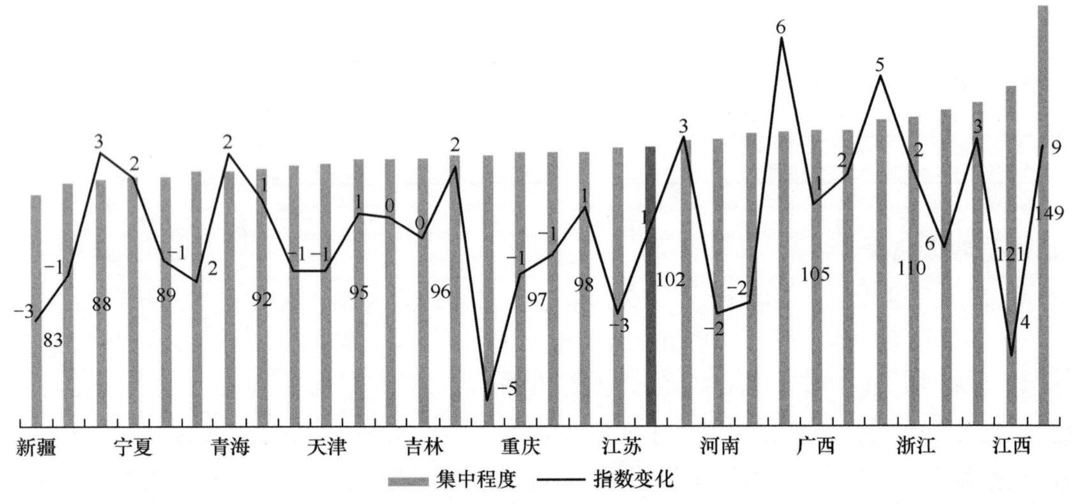

注：集中程度为本省集中度与全国集中度的比值，集中程度大于 100% 即为此省与全国比市场更为不均衡，指数变化为 2015 年集中度指数相对 2014 年集中度指数变化程度。

图 35 2015 年分省移动用户集中度指数及变化（%）

5. 各省移动宽带用户市场格局情况

2015 年，除北京和四川两省外，其余 29 省的移动宽带（3G+4G）用户市场集中度指数普遍上升，其中浙江、黑龙江、内蒙古、安徽、辽宁 5 省的集中度指数同比升高超过 10%，提高幅度最高为浙江，集中度指数同比上升高达 17%。2015 年基础电信企业全省移动宽带（3G+4G）用户份额如图 36 所示。

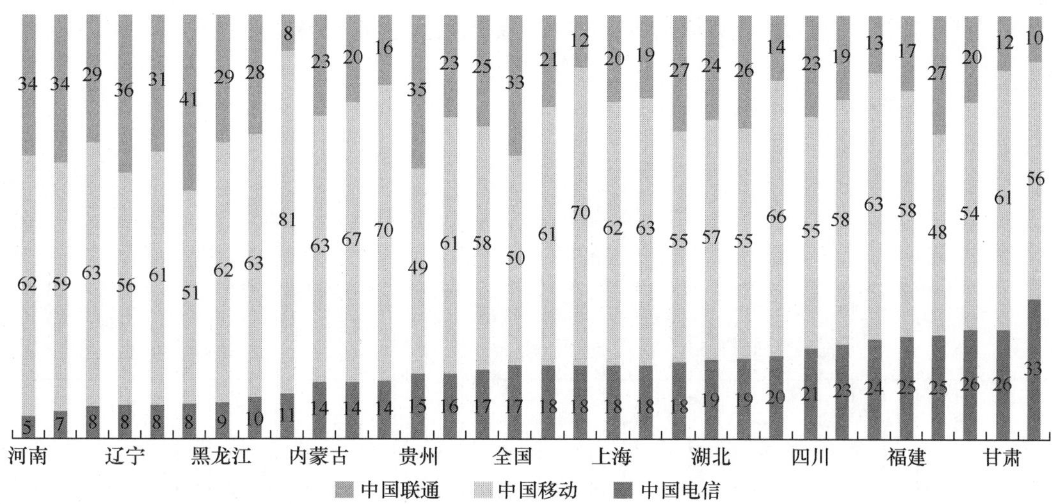

注：指数变化，指 2015 年指数相比 2014 年指数变化情况。

图 36　2015 年基础电信企业分省移动宽带（3G + 4G）用户份额（单位：%）

（二）各省电信业经济贡献和投资效益对比

1. 各省电信业对当地经济的直接贡献差异不大

2015 年，各省电信业电信增加值占 GDP 的比重均在 0.52% ～ 1.38% 之间，其中北京、上海、广东、海南、山西、安徽、江西、重庆、贵州、云南、陕西、甘肃、青海、宁夏、新疆 15 个省、自治区、直辖市的占比高于全国的平均水平（见图 37）。

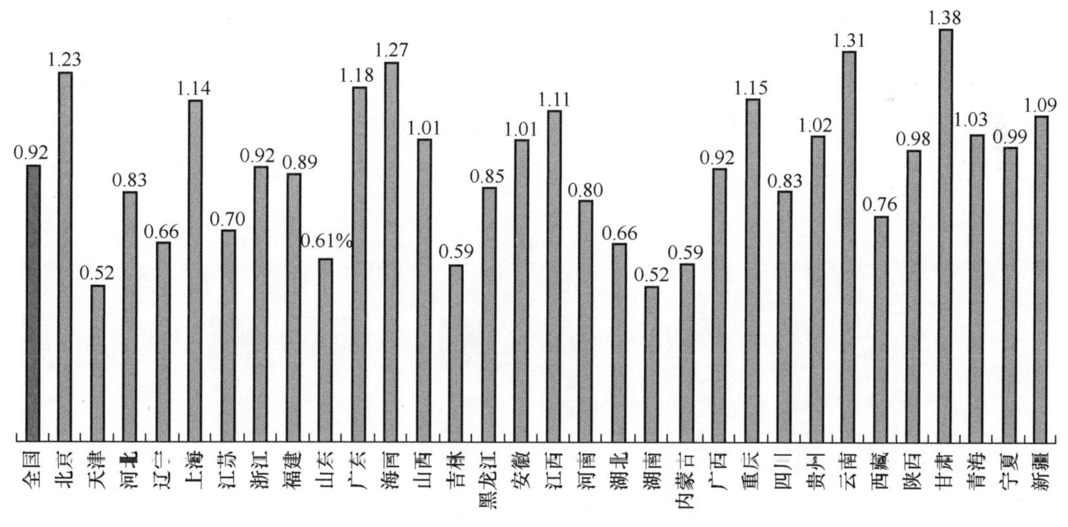

图 37　2015 年各省电信增加值占 GDP 的比重（单位：%）

2. 各省电信业投资收入比平均水平有所上升

电信固定资产投资占电信业务收入的比例体现了电信投资力度和投入产出水平。31 个省、自治区、直辖市中仅云南、西藏、青海 3 省份投资收入比出现了下降。中西部投资收入比处于较高水平，其中，中部的山西和黑龙江，西部的青海、宁夏、新疆，5 省区投资收入比超过 50%（见图 38）。

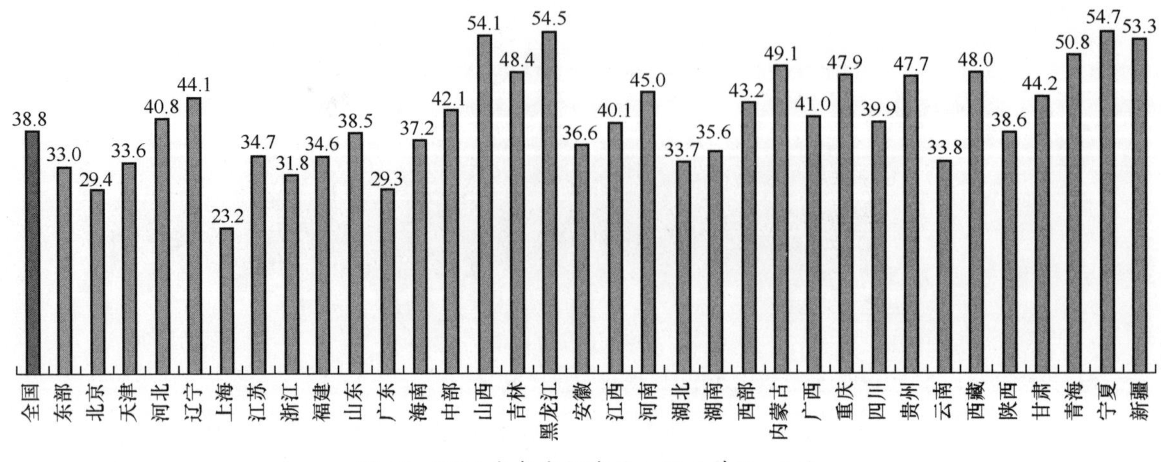

图 38　2015 年各省投资收入比（单位：%）

八、基础电信企业发展情况对比分析

（一）用户发展对比分析

1．移动电话市场格局小幅调整

2015 年，中国移动、中国联通市场份额分别比 2014 年下降 0.8、1.4 个百分点，中国电信提升 2.2 个百分点，移动电话市场仍保持中国移动独大态势。2010—2015 年基础电信企业移动电话用户市场份额如图 39 所示。

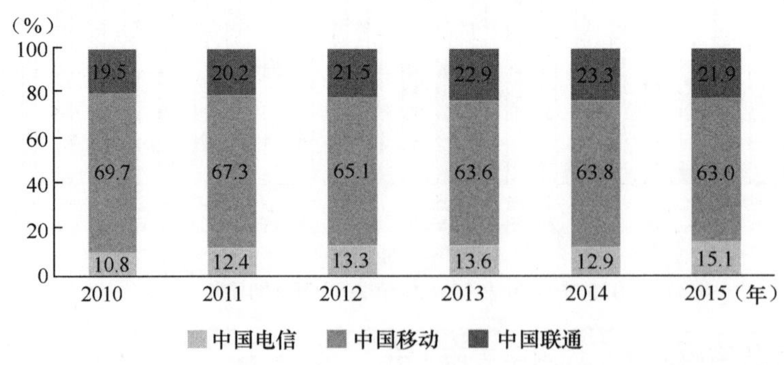

图 39　2010—2015 年基础电信企业移动电话用户市场份额

4G 方面，2015 年下半年，中国电信、中国联通相继发布内涵接近的“4G+”战略，积极拓展 4G 市场，4G 用户快速增长。中国联通、中国电信用户快速增长，市场份额分别为 10.6% 和 14.1%。中国移动 4G 用户市场份额为 75.3%，较其在移动电话市场份额更大，优势更明显（见图 40）。

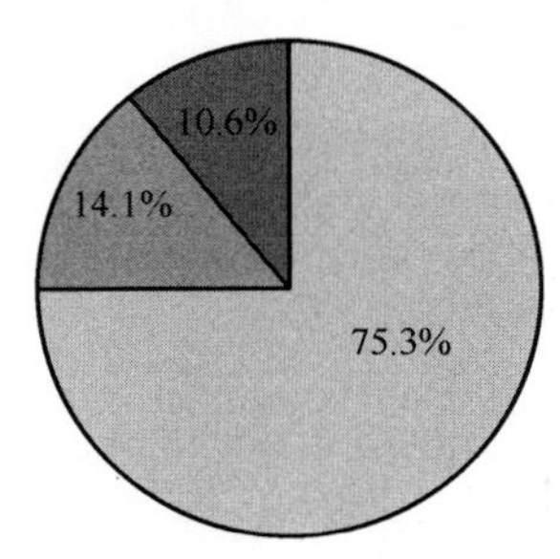

图 40　2015 年基础电信企业 4G 用户市场份额

2. 宽带用户市场格局调整明显

宽带用户市场上，市场集中度不断缓慢下降。中国电信、中国联通宽带用户市场份额下降，2015 年均下降 13.8、3.8 个百分点，中国移动上升 17.5 个百分点。2009—2015 年基础电信企业宽带接入市场份额如图 41 所示。

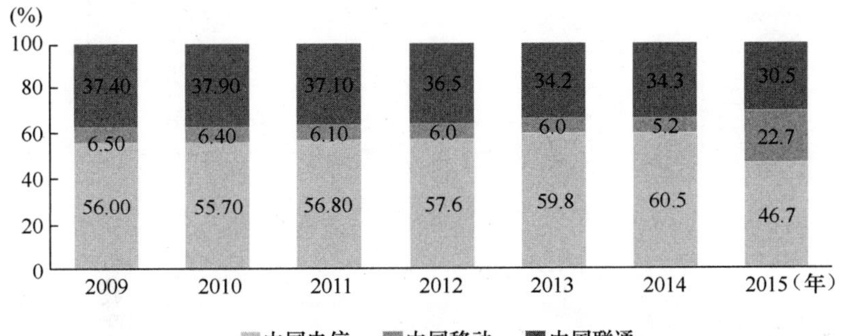

图 41　2009—2015 年基础电信企业宽带接入市场份额

（二）经营效益对比分析

1. 业务收入市场份额集中度略有上升

2015 年，中国电信收入市场份额继续上升，较 2014 年增长 0.6 个百分点，达到 26.4%。中国联通收入市场份额下降，较 2014 年下降 0.9 个百分点。中国移动收入市场份额小幅提升，较 2014 年提高 0.3 个百分点。2011—2015 年基础电信企业收入市场份额如图 42 所示。

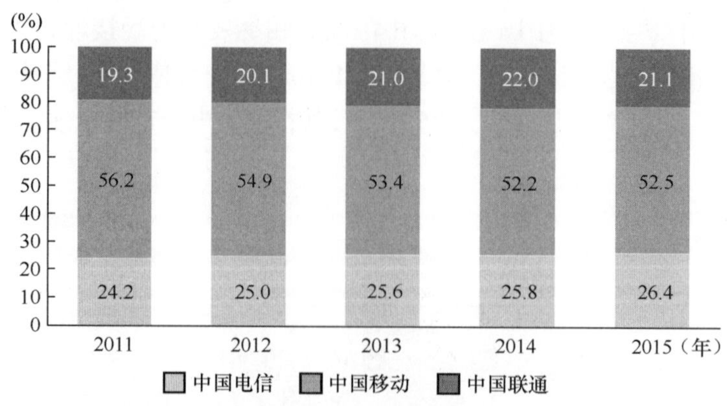

图 42　2011—2015 年基础电信企业收入市场份额

2．利润市场集中度小幅下降，但集中度仍然较高

2015 年，中国移动、中国联通的利润市场份额小幅下降，较 2014 年分别下降 0.6 和 0.9 个百分点，中国电信利润市场份额略有提高，增加了 1.6 个百分点至 14.4%。虽然中国移动利润市场份额持续下降，但市场集中度仍较高。2011—2015 年三家运营商利润占比情况如图 43 所示。

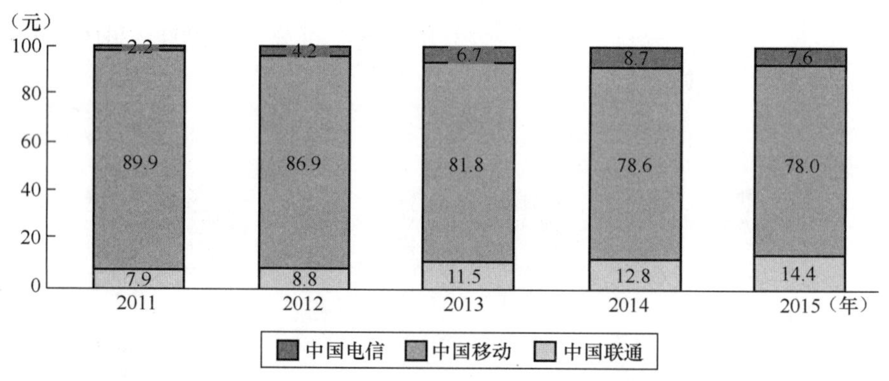

图 43　2011—2015 年三家运营商利润占比情况

3．大部分运营商主流业务 ARPU 呈下降趋势

在移动电话用户 ARPU 方面，中国移动和中国电信 ARPU 明显下降，但中国移动的移动电话用户 ARPU 依然高于中国电信和中国联通，中国电信 ARPU 小幅上升。2015 年，中国移动和中国联通移动用户 ARPU 值持续下降，降幅分别为 5.0 元 / 月户、3.3 元 / 月户，中国电信小幅增加了 0.1 元 / 月户。2013—2015 年基础电信企业移动电话用户 ARPU 对比分析如图 44 所示。

在互联网宽带接入用户的 ARPU 值方面，中国电信持续下滑，较 2014 年小幅下降 1.6 元 / 月户；中国移动下降 6.5 元 / 月户至 32.0 元 / 月户；中国联通 ARPU 值保持小幅上涨，增长 1.4 元 / 月户至 63.6 元 / 月户。虽然中国电信互联网宽带接入用户 ARPU 持续下滑，但其在互联网宽带接入领域的优势依旧明显高于中国移动和中国联通。2010—2015 年基础电信企业有线宽带 ARPU

对比分析如图 45 所示。

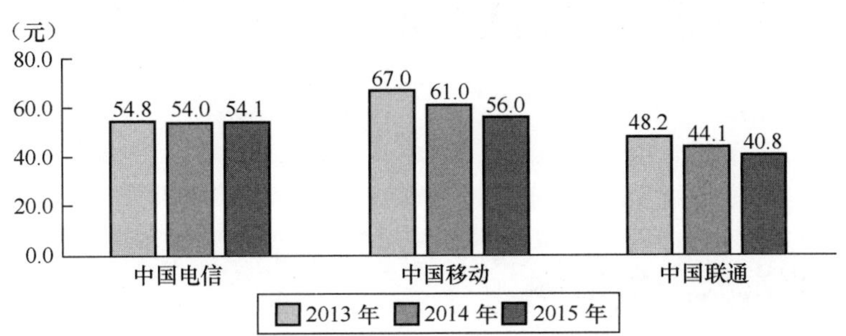

图 44　2013—2015 年基础电信企业移动电话用户 ARPU 对比分析

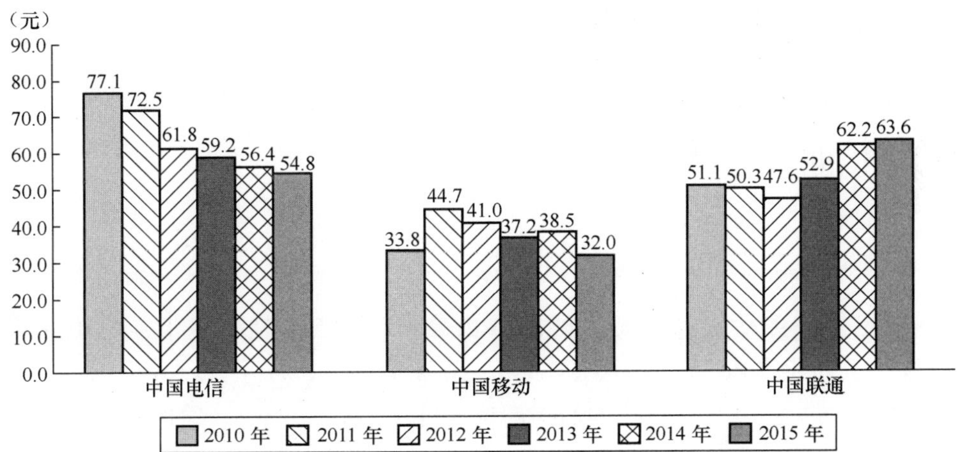

图 45　2010—2015 年基础电信企业有线宽带 ARPU 对比分析

中国增值电信业 2015 年发展综述

一、增值电信业发展主要指标

2015 年，全国增值电信企业完成增值电信业务[1]收入实现 5 444 亿元，同比增长 28.7%。增值电信企业数量达到 26 388 个，增值电信业务从业人员总数达 28 万人，同比增长 5.2%。增值电信企业互联网接入宽带用户总数达 2 257 万。

二、增值电信业务主要特点

（一）增值电信业务发展保持较高增速

我国增值电信业务继续显示出良好的增长势头。2015 年增值电信业务收入增速达到 28.7%，收入占全行业收入[2]比重为 31.8%，比 2014 年（26.2%）提高 5.6 个百分点，在整个电信业新增的 971 亿元 (基础企业 -242.8+ 增值企业 1 214) 收入中，增值企业收入增长贡献 125%，比 2014 年（79.2%）提高 45.8 个百分点，对电信业贡献稳步上升，成为促进行业发展的重要引擎。增值电信企业和基础电信企业收入对比情况如图 1 所示。

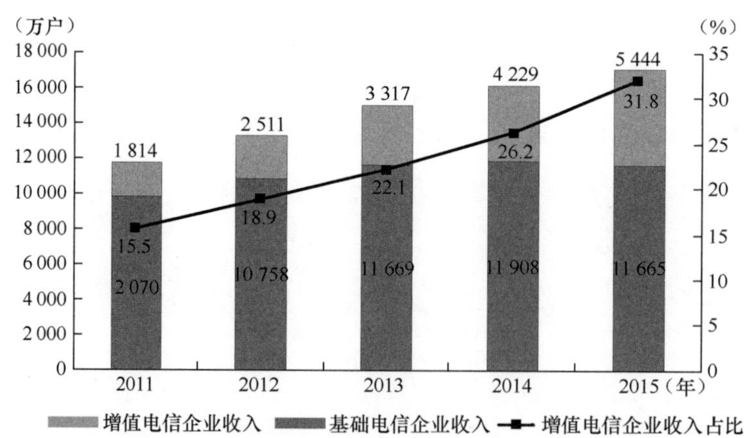

图 1　增值电信企业和基础电信企业收入对比情况

1．不含基础电信企业的增值电信业务，下同。

2．按包含基础电信企业与增值电信企业收入在内的全口径计算。

（二）八成市场主体为民营企业

2015 年增值电信市场经营主体数量增加 2 186 家，企业数量达到 26 388 家。民营控股企业数量为 21 346 家，占企业总数的 80.9%，比 2014 年（83.4%）下降 2.5 个百分点。国有控股企业数量为 2 186 家，占企业总数的 8.3%，比 2014 年（占 8.6%）下降 0.3 个百分点。国有控股和民营控股增值电信企业数量对比情况如图 2 所示。

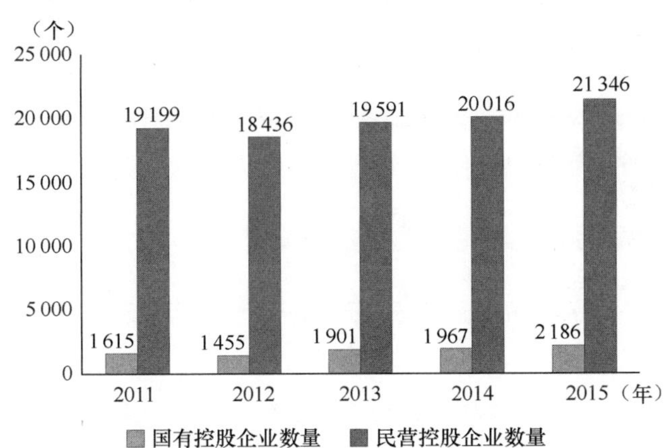

图 2　国有控股和民营控股增值电信企业数量对比情况

（三）规模以上企业占比超四分之一

2015 年，7 189 家规模以上（增值业务年收入 300 万元以上）增值电信企业实现增值电信业务收入 5 349 亿元。规模以上增值电信企业数量占行业企业数量的 27.2%，增值电信业务收入占行业收入的 98.3%。其中，营业收入 1 000 万元至 10 亿元之间的企业达 5 344 家，占规模以上企业总数的 74.3%，实现增值电信业务收入 2 211 亿元；营业收入 10 亿元及以上的企业 189 家，占规模以上企业总数的 2.7%，实现增值电信业收入 3 034 亿元。

（四）增值电信业务的直接从业人数小幅增加

2015 年年末，我国增值电信企业中直接从事增值业务的从业人员数比上年末增加 4.2 万人，总数达到 85 万人，同比增长 5.2%，比 2014 年年末提高 9 个百分点。增值企业整体从业人员总数 346 万人，同比下降 3.9%。2011—2015 年增值电信企业从业人数及其增长率如图 3 所示。

（五）互联网信息服务业务从业人员接近半数

从业人员的业务分布看，2015 年互联网信息服务业务人员最多，总数达到 40 万人，占比 47%；其次是从事呼叫中心人员，总数达到 22.2 万人，比 2014 年增长 6.9%。此外，从事互联网接入服务和互联网数据中心服务的人员数分别达到 9.6 万人和 3.9 万人。

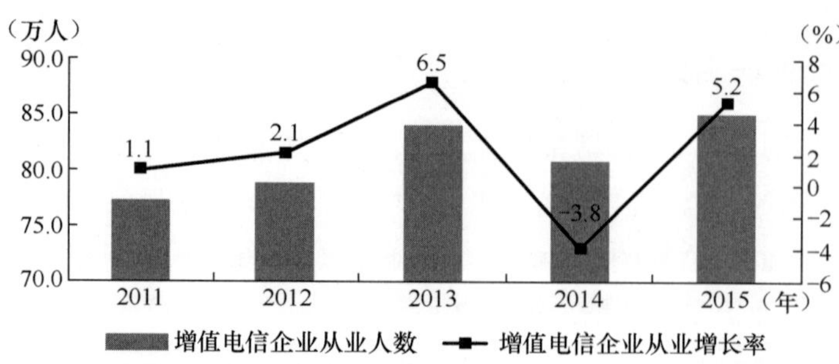

图 3　2011—2015 年增值电信企业从业人数及其增长率

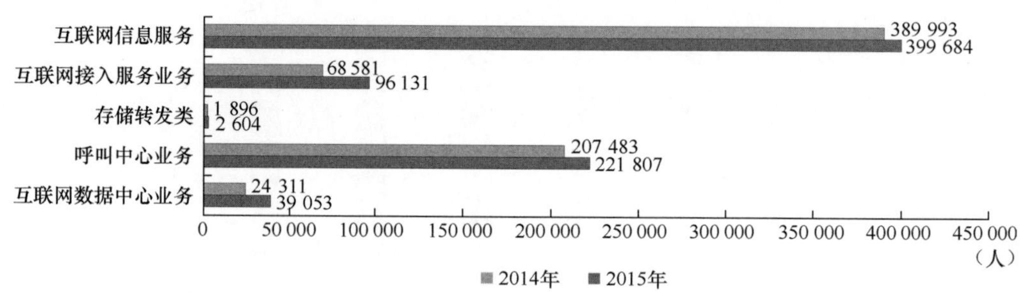

图 4　2012—2015 年各业务从业人员统计

（六）增值电信企业在增值业务市场份额逐年攀升

增值电信业务市场规模持续快速增长，增值电信企业在增值电信业务市场份额快速提升。2015年，整体增值电信业务市场收入为 7 352 亿元（含基础电信企业的增值业务收入），其中，增值企业收入占比为 74%，比 2014 年提高 9.7 个百分点。2009—2015 年增值电信业务市场构成情况如图 5 所示。

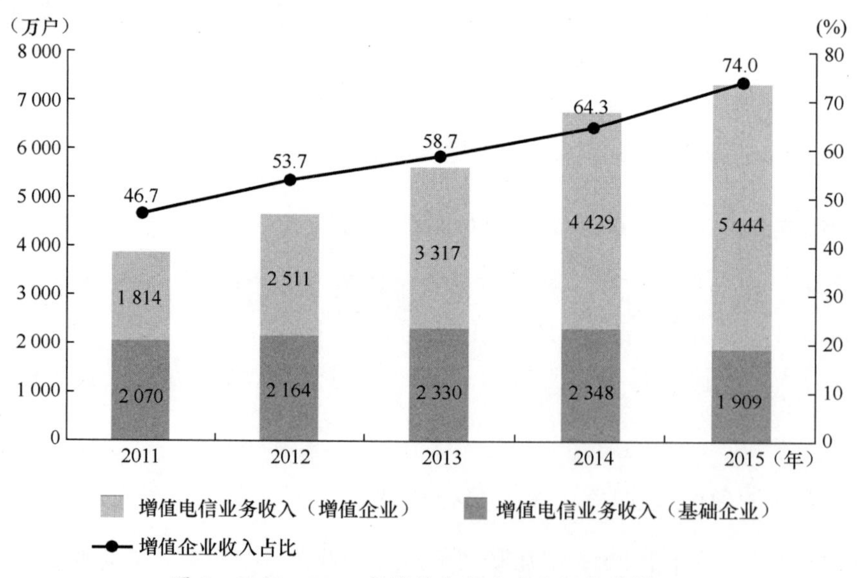

图 5　2009—2015 年增值电信业务市场构成情况

（七）信息服务收入占比仍超七成

2015 年，信息服务业务收入在增值电信业务收入的占比为 72.3%，比 2014 年下降 9.5 个百分点。互联网接入服务、呼叫中心、互联网数据中心业务分别占到总收入的 4.1%、2.7% 和 1.5%。2014—2015 年不同业务收入对比情况如图 6 所示。

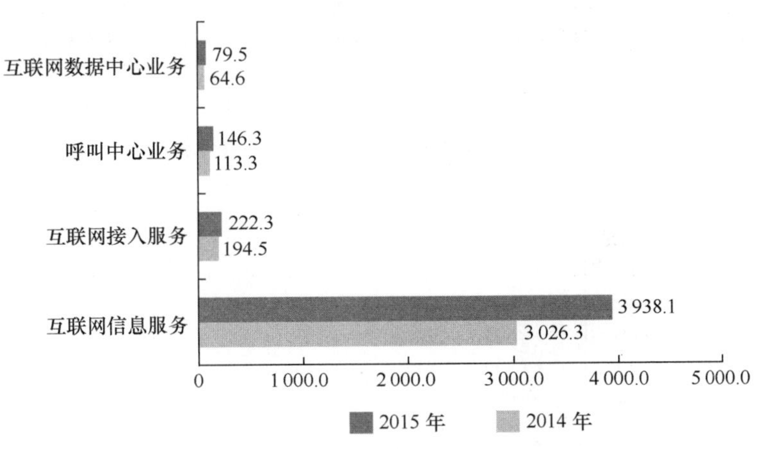

图 6 2014—2015 年不同业务收入对比情况

（八）互联网接入服务业务保持两位数增长

2015 年，实现互联网接入服务业务收入约 222 亿元，同比增长 14.3%；占全部增值业务收入的 5.3%，比上年提高 0.7 个百分点。实现互联网数据中心业务收入约 79.5 亿元，同比增长 23.1%；占全部增值业务收入的 1.9%，比上年提高 0.4 个百分点。实现呼叫中心业务收入约 146 亿元，同比增长 29.1%；占全部增值业务收入的 3.5%，比上年提高 0.8 个百分点。

（九）东部地区增值企业数量占比仍近七成

从企业数量分布看，东部地区增值企业拥有量与中部、西部差距有所减小。2015 年，全国增值企业共 26388 家，其中东部 11 省增值电信企业数量达到 18446 家，占比虽比 2014 年下降了 1.1 个百分点，但仍高达 69.9%。中部 8 省企业数量为 4787 家，比 2014 年增加 794 家，占比达到 18.1%。西部地区增值企业达到 3155 家，占企业总数的 12%，比上年增加 199 家企业。2014—2015 年东中西部企业个数对比情况如图 7 所示。

（十）区域聚集特点显著

增值业务区域聚集特点显著，北京、上海、广东、浙江、江苏等经济发达地区是增值业务主要聚集地，有 57% 增值企业集中在这 5 个省份，贡献了全行业 89% 的增值电信业务收入。2015 年全国排名前五地区的增值电信业务收入和企业个数情况如图 8 所示。

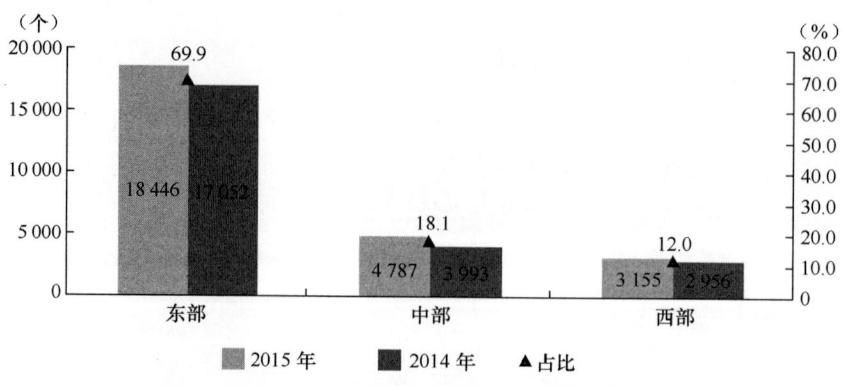

图 7 2014—2015 年东中西部企业个数对比情况

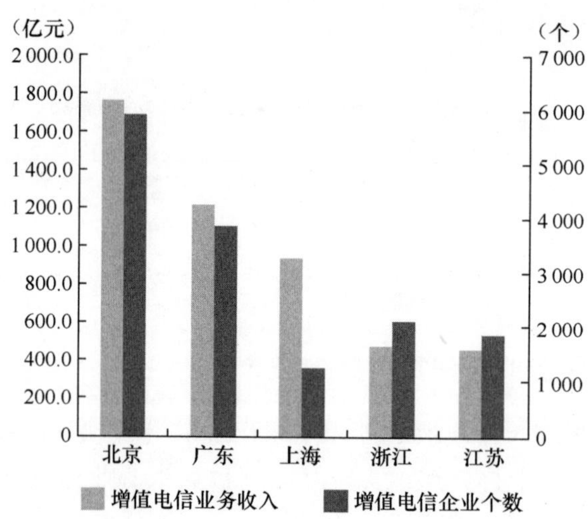

图 8 2015 年全国排名前五地区的增值电信业务收入和企业个数情况

中国互联网 2015 年发展综述

一、我国互联网发展概况

2015 年，我国网民数量保持了较快增长状态。根据中国互联网络信息中心（CNNIC）发布的《第 37 次中国互联网络发展状况统计报告》显示，2015 年年末，我国网民规模达到 6.88 亿，较 2014 年年末新增网民 3 951 万人，增长率为 6.1%, 较 2014 年提升 1.1 个百分点，增速有所提升。我国互联网普及率达到了 50.3%，较 2014 年底提高 2.4 个百分点。手机网民较传统互联网网民数增幅更大，成为拉动网民总数攀升的主要动力。2015 年年末，手机网民规模达 6.20 亿，较 2014 年年末增加 6 303 万人，手机网民在全部网民中的占比从 2014 年年末的 85.8% 提升至 90.1%。

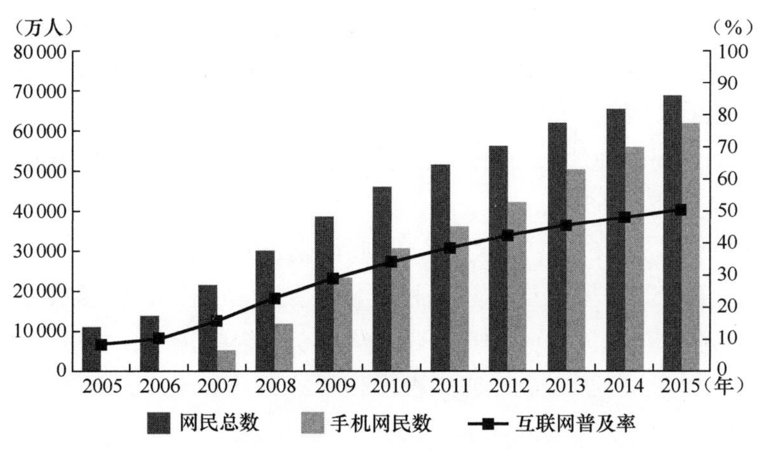

数据来源：CNNIC

图 1　我国互联网网民数及互联网普及率

在互联网基础资源方面，2015 年年末，我国 IPv4 地址数量已达到 3.37 亿，较 2014 年增加 453 万个；拥有 IPv6 地址 20 594 块 /32，比 2014 年增长 9.6%。IPv6 的发展可以有效解决 IPv4 时代地址资源枯竭问题，在支撑物联网、云计算等新兴互联网应用方面能够起到积极作用。2015 年，我国加大互联网领域的安全治理力度，网路整体质量得以提高，网站数量已连续 4 年稳步回升，达到 423 万个。域名总数上升至为 3 102 万个，较 2014 年增长 50.6%。其中，“.COM”

域名数量为 1 100 万个，占我国域名总数的比重由 2014 年的 38.6% 下降至 35.5%；“.CN”域名为 1 636 万个，占比由 2014 年的 53.8% 下降至 52.8%；“. 中国”域名总数达到 35.3 万。网页数量规模达到 2 123 亿个，比 2014 年增长 11.8%。互联网上的内容趋于精简，每个网站的平均网页数达到 5.02 万个，较 2014 年减少 11.5%。

在互联网基础设施建设方面，2015 年，全国光缆线路长度净增 441.3 万公里，达到 2 487.3 万公里。基础电信企业互联网宽带接入端口净增 7 320.1 万个，达到 47 425.5 万个。我国国际出口带宽达到 5 392 116 Mbit/s，增长 30.9%。基础电信运营商围绕“宽带中国”战略，推进“光进铜退”“提速降费”“宽带应用水平大幅提升”“移动互联网广泛渗透”等公共政策，大大提升信息基础设施水平。互联网宽带接入端口“光进铜退”趋势更加明显，光纤接入（FTTH/O）端口比 2014 年净增 10 634 万个，达到 2.69 亿个，占互联网接入端口的比重由 2014 年的 40.6% 提升至 56.7%。2015 年，基础电信企业新增移动通信基站 127 万个，是 2014 年同期净增数的 1.3 倍，总数达466.8万个。移动网络服务质量和覆盖范围继续提升。WLAN 网络热点覆盖继续推进，新减少 WLAN 公共运营接入点（AP）9.1 万个，总数达到 595.4 万个。

2015 年，我国网络和信息安全形势总体平稳。CNCERT 发布的《2015 年我国互联网网络安全态势报告》显示，我国不断完善网络安全保障措施，网络安全防护水平进一步提升。CNCERT 协调处置涉及基础电信企业的漏洞事件 2 530 起，较去年同期增长 60.3%。我国境内木马僵尸网络控制服务器 4.1 万余个，较 2014 年下降 34.1%，大量木马和僵尸网络控制端向境外迁移，境外木马僵尸网络控制服务器 6.4 万余个，较 2014 年大幅增长 51.8%，占全部控制端数量的 61.2%，我国木马和僵尸网络治理工作成效明显。DDoS 攻击仍然是我国互联网面临的严重安全威胁之一。安全漏洞信息共享工作持续推进，“Juniper Networks ScreenOS 后门”“Java 反序列化远程代码执行”“Redis 未授权执行”“HTTP.sys 远程代码执行”和“Ghost”幽灵等漏洞展现了基础应用和通用软硬件面临的高危风险。CNCERT 通报处置基础电信企业漏洞风险事件 2 530 起，较 2014 年增长 60.3%。

2015 年 7 月 31 日，CNCERT 会同中国互联网协会网络与信息安全工作委员会发起了互联网网络安全威胁治理专项行动，共同打击地下黑色产业链，共筑安全生态环境。2015 年，CNCERT 发现移动互联网恶意程序下载链接 30 万余条，同比增长 7.2%；涉及的传播源域名 4 万余个、IP 地址近 2 万个，恶意程序传播次数达 8 384 万余次，较 2014 年增长了 9.8%。主流移动应用商店安全状况明显好转，大量移动恶意程序的传播渠道转移到网盘或广告平台等网站。2015 年 CNCERT 累计向 302 家应用商店、云盘、网盘或广告宣传网站等平台通报恶意 APP 事件 1.7 万余起，要求对通报的恶意 APP 进行下架，2015 年全年下架率达 97.2%。

网络仿冒事件数量暴涨。针对我国境内网站的仿冒页面（URL 链接）18 万余个，较 2014 年增长 85.7%。由于我国加大了对网页仿冒的打击力度，大量的网页仿冒站点迁移到境外。在针对我国境内网站的仿冒站点中，83.2% 位于境外，其中位于香港的 IP 地址承载的仿冒页面最多，达 6 万余个。

二、我国互联网发展主要特点

（一）“互联网 +”战略得到空前重视

2015 年 3 月 5 日上午十二届全国人大三次会议上，李克强总理在《政府工作报告》中首次提出要“制定‘互联网＋’行动计划，推动移动互联网、云计算、大数据、物联网等与现代制造业结合，促进电子商务、工业互联网和互联网金融健康发展”。7 月 4 日国务院印发《关于积极推进“互联网 +”行动的指导意见》，使“互联网 +”成为全局性的经济政策。“互联网 +”鼓励产业创新、促进跨界融合，通过对原有行业的“升级换代”，从而释放出新的增长点。在“互联网 +”发展的方向，“互联网 + 制造”是重中之重。5 月 8 日《中国制造 2025》由国务院公布，标志着以德国工业 4.0、美国工业互联网和中国制造 2025 为代表的“互联网 + 制造”，成为 2015 年世界经济发展的一个主流化的选择。9 月 26 日国务院印发《关于加快构建大众创业万众创新支撑平台的指导意见》，11 月 3 日新华社受权发布《中共中央关于制定国民经济和社会发展第十三个五年规划的建议》。十八届五中全会明确提出实施网络强国战略，实施“互联网 +”行动计划，发展分享经济，实施国家大数据战略。互联网发展得到前所未有的重视。

（二）大数据、云计算和物联网等新兴业态蓬勃发展

大数据加速互联网产业变革，新技术驱动互联网产业发展。2015 年，我国大数据市场规模达到 115.9 亿元，增速达 38%。2015 年被称为“大数据元年”，《促进大数据发展行动纲要》顶层设计出炉，交易体系逐渐形成，各种大数据应用“生根开花”。2015 年 4 月，全国首家大数据交易所在贵阳成立并完成首批大数据交易。贵阳大数据交易所的投入运营，率先推动了数据互联共享方面的探索，对大数据分析、挖掘和应用等相关产业的发展，具有重要意义。十八届五中全会正式提出了国家大数据战略，百度、腾讯、阿里、中国电信等企业也已经从日渐成熟的大数据市场中看到商机，开始加速其在大数据领域的布局。2015 年以来，云计算方面的相关政策不断。年初，国务院发布了《国务院关于促进云计算创新发展培育信息产业新业态的意见》，明确了我国云计算产业的发展目标、主要任务和保障措施。7 月，国务院又发布了《关于积极推进“互联网 +”行动的指导意见》，提出到 2025 年，“互联网 +”成为经济社会创新发展的重要驱动力量。11 月，工业和信息化部印发《云计算综合标准化体系建设指南》。云计算等技术的进步同样在推动产业发展，云服务可降低中小企业的计算和存储成本。2015 年云计算带动上下游的产业规模超 3 500 亿元，云计算已成为信息技术产业新的增长点和支撑新时期经济社会发展的重要基础。一系列技术的成熟催化着万物互联、智慧城市等产业的前行，2015 年，中国物联网产业继续保持了强劲的发展势头，整体市场规模达到 7 500 亿元，我国已经形成了具有特色的以北京—天津、上海—无锡、深圳—广州、重庆—成都为核心的四大物联网产业集群，

同时在交通、安全、医疗健康、车联网、节能等应用领域涌现出一批龙头企业，物联网第三方运营服务平台逐渐崛起，产业发展模式逐渐清晰。

（三）互联网应用服务引领信息经济发展

随着我国“互联网 +”深入推进，诸多互联网企业不断由线上向线下渗透，从网络经济向实体经济扩展。O2O 进入传统零售业、房地产业，产业重心向线下转移。随着电商交易进入稳定期，对零售业的冲击开始减弱；同时，实体渠道也在积极探索电商转型，进一步模糊线上与线下商务服务界限。以互联、无缝、多屏为核心的全渠道营销成为趋势，给消费者带来更多更好的购物体验。阿里巴巴与苏宁、京东与永辉超市等分别展开不同形式的合作，将企业资源整合 O2O 化，实现业务平台开放和企业价值闭环。电子商务跨境布局，促进全球消费资源优化。到 2015 年年底，跨境电商进口试点城市已达 10 个，跨境电商已经成为中国进出口贸易的重要组成部分，成为打造开放型经济的重要引擎。借助专业的跨境电商平台和遍布全球的物流体系，中国产品沿着“一带一路”不断延伸。移动端网络购物首超 PC 端，电子商务发展步入新阶段。2015 年天猫“双 11”全球狂欢节全天交易额达到 912.17 亿元人民币，其中移动端交易额占比 68%。“双 11”期间，各家主流电商移动端的支付比例为 60%~80%，移动端首超 PC 端，表明移动端正式成为与 PC 并驾齐驱的电商主流渠道。互联网金融创新服务面向实体经济，数据分析促进产业纵深发展。互联网金融创新产品和服务不断推出；大数据技术推进个人征信业务市场化，网络征信和信用评价体系建设加快。分享经济成为拉动经济增长的“新路子”。2015 年，分享经济以网络约租车的发展为代表，并向餐饮、房屋出租、家政服务等领域扩散，开创了互联网经济的新业态。

（四）互联网行业优化调整市场格局并积极布局海外市场

当前，互联网行业市场格局在深度调整，受行业发展规律、外部竞争压力和风险资本驱动等多重因素影响，同质化的互联网巨头从“相杀”走向“相爱”，2015 年以来，行业巨头合并数量创历史之最。交通出行领域，滴滴与快的合并成为国内最大的移动出行服务企业，企业估值高达 165 亿美元；分类信息领域，58 同城与赶集网合并，深化了在 O2O 方向上的战略布局；电商团购领域，美团和大众点评合并，使其在团购领域占据 80% 以上市场份额，且在餐饮、娱乐等生活服务 O2O 领域快速成长为巨头，此外携程与去哪儿等合并事件对各自垂直细分领域的市场格局均产生重要影响。互联网企业加快强强联合，能够有效整合行业资源，提高市场竞争力。同时，国内市场主体加强对外投资，并积极扩展海外市场。2015 年，阿里巴巴购买了美国母婴用品类电商 Zulily 股份，并以 20.6 亿港元收购香港《南华早报》及其他相关媒体资产，还联合和富士康、软银等投资了印度电商平台 Snapdeal；腾讯 5 000 万美元投资加拿大初创企业 Kik，并先后投资或收购 Glu Mobile、Pocket Gems 和 Riot Games 等国外游戏厂商；滴滴快的等三家国内企业联合投资打车应用 Grabtaxi 公司。通过扩展海外市场，实现资源共享，强化自身优势，成为当前中国互联网企业发展的一个趋势。

（五）积极推进网络安全法治建设与网络空间治理

2015 年 7 月，第十二届全国人大常委会第十五次会议初次审议了《中华人民共和国网络安全法（草案）》（以下简称《草案》），并面向社会公开征求意见。《草案》的制定为维护我国网络安全提供了保障和依据，进一步完善了我国的互联网法律体系。8 月，第十二届全国人大常委会第十六次会议表决通过了刑法修正案（九），明确了网络服务提供者履行信息网络安全管理的义务，加大了对信息网络犯罪的刑罚力度，进一步加强了对公民个人信息的保护。同时，主管部门出台文件，确保新兴业态有序发展。2015 年 4 月，国家版权局发布《关于规范网络转载版权秩序的通知》，推动建立健全版权合作机制，规范网络转载版权秩序。为规范支付服务市场秩序，促进网络支付业务健康发展，2015 年 12 月，中国人民银行发布《非银行支付机构网络支付业务管理办法》。国家工商总局也多次下发文件，对网络商品和网络服务质量进行规范。另外，2015 年，中国政府参与全球网络空间治理的力度进一步加大，多次在国际场合阐述中国互联网治理的立场和主张并积极开展合作。在 2015 年 12 月召开的第二届世界互联网大会上，习近平总书记提出推进全球互联网治理体系变革的四项原则和共同构建网络空间命运共同体的五点主张。这是中国对参与全球网络空间治理最全面、最系统的一次阐述，将对推动全球网络空间治理结构的良性变革产生深刻的影响。

三、我国互联网发展趋势分析

（一）基础设施进一步提升，促进网络强国建设

目前，我国已基本建成宽带、融合、泛在、安全的下一代国家信息基础设施，提升对“互联网 +”的支撑能力，促进中国制造 2025 的实施和网络强国的建设。2015 上半年，我国互联网普及率已达 48.8%，2016 年我国互联网普及率将突破 50%。高速光纤网络光网覆盖范围更广，20Mbit/s 及以上接入速率成为高速宽带的发展重点。在农村及偏远地区宽带电信普遍服务补偿机制的引领下，农村互联网的普及率与接入速率将有显著提高，农村与城市“数字鸿沟”进一步缩小。高速移动网络加快普及，提速降费持续推进。随着 4G 网络城乡覆盖范围的进一步扩大，以及运营商提速降费政策的进一步推进，2016 年 4G 移动互联网仍旧会维持高速发展的态势，有望新增加 2 亿 ~3 亿 4G 新用户。同时，移动互联网接入流量也将继续保持翻倍增长的态势，移动互联网对信息社会的支撑能力将进一步增强。5G 技术试验将全面启动，为下一代移动互联网奠定基础。

（二）互联网技术发展，带动产业互联网的发展

随着移动终端多样化的发展，智能终端如可穿戴设备的兴起，以及云计算和大数据的处理

能力提升，互联网逐渐从改变消费者的个体行为习惯，发展到改变企业的运作管理方式与服务模式，互联网时代开始“从小 C 时代”逐步过渡到“大 B 时代”。在这场变革中，有三项关键技术加速了产业互联网时代的到来。首先渗透与普及率较高的智能终端，智能手机与平板电脑等智能终端的迅速兴起，使人们每日虚拟化的时间进一步拉长，而如谷歌眼镜、智能手环的发展，更是使智能设备贯穿每日的 24 小时，这就意味着来自个人的大量信息将全天候不间断的向信息中心传递数据。拥有大量数据后，高效运作的云计算能力将对这些数据进行有效处理，通过关联性分析得出相匹配的数据，从而发挥其大数据的重要作用；而不断升级的宽带网络将在大数据的信息传递中扮演重要角色，在企业方面，将助力产业互联网时代的生产资料“大数据”的快速传输。在消费者方面，将提升服务体验，增加服务形式。新的计算及计算技术与应用将以更低成本的传感器、数据存储和更快的数据分析能力，推动产业互联网时代的大举到来。另外，大数据交易相关标准逐步出台，市场交易转向活跃。大数据交易标准、技术标准、安全标准、应用标准等相应制定完成，大数据流通交易环节中的关键问题有望得以解决。在国家大数据战略的推动下，以大数据交易所为平台的大数据市场交易逐渐繁荣，可能会有里程碑意义的数据交易案例产生。物联网推动城市生活智能化，平台入口之争愈发激烈。智能家居产品、个人可穿戴智能设备进一步普及，城市基础设施将广泛相连推动智慧城市建设，以智能手机为核心的物联网将会加速融入生活。物联网市场的发展也将带动传感器、闪存市场的活跃，而各个企业也将围绕物联网入口的平台展开激烈竞争。云计算 2.0 时代下数据资源成为核心资产。从注重底层技术到关注数据资源，云计算技术的发展使得云计算服务提供商会更加注重数据资源的聚集，并通过数据聚合而产生大数据利息，降低用户使用云计算的成本，从而推动云计算的普及。

（三）产业互联网时代到来，加速改造传统企业管理服务模式

传统的工业、农业和服务业与互联网融合，寻求全新的管理与服务模式，为用户提供更好的服务体验，产生不局限于流量的更高价值的产业形态，如新型的生产制造体系、销售物流体系和融资体系。工业互联网加速改造制造业，助推中国向制造强国转型。互联网 + 工业的软硬一体化将造就新的工业体系，智慧工业将成为工业互联网的重要部分。工业生产模式产生改变，两化融合日益加深，信息物理系统（CPS）产业化标准化，智能制造将逐步成为新型生产方式，生产性服务业得到快速发展，加快从制造大国转向制造强国，重塑中国制造的全球优势。互联网创新成果与能源系统逐步融合，智能电网加速发展。随着“互联网 +”、能源互联网等战略措施的推进，互联网的新技术会加快升级现有的发电系统、输电系统、配电系统，夯实智能电网的基础性地位。工业园区和企业开展分布式绿色智能微电网建设，智能电网用输变电及用户端设备获得发展，智能电网成套装备产业化。现代信息技术与农业融合加快，“互联网 +”改变农业传统生产经营格局。生产方面，智慧农业逐渐普及，农业的自动化水平稳步提高；流通方面，通过互联网解决信息不对称问题，农业通过与互联网的结合将生产者和消费者直接连接起来，从而有效解决盲目生产的问题，实现农村生产营销一体化。

互联网企业加速与地方政府合作建设，电商纷纷向村县扩展，将新信息新商品新资金带入农村。分享经济影响范围快速扩展，信用服务体系初步建立。“共享、协作”的理念大大普及，可分享的东西将从现有的出行、餐饮、酒店租赁迅速扩展到医疗、教育、家政等与人们日常生活密切相连的各个服务领域，同时分享经济中的信用体系、服务体系完成初步构建，分享经济的发展将进一步改变人们的生活。移动互联网促进“互联网 + 健康”向个性化服务演进。移动互联网的快速发展，将使互联网 + 健康的服务更加定制化。移动健康类 APP 将会逐渐覆盖远程预约、远程医疗、慢病监控等服务，并逐渐改变现有的医疗健康服务模式。借助大数据技术完成健康数据的采集、管理和分析技术，从而实现个性化健康管理与医疗服务。移动支付业务形态向金融生态圈演变。移动支付的比例将会进一步提升，快速变革传统的消费习惯。尤其在一线城市，随着移动支付终端数量更加广泛的布局，无现金生活或成为可能。通过引入大数据分析，移动支付和移动金融的界限会越来越模糊，而伴随着移动支付可信生态圈格局初步形成，移动支付开始从原有的单一支付应用向多元化的移动应用发展。“互联网 +”服务商开始出现。“互联网 +”的兴起会衍生一批在政府与企业之间的第三方服务企业，即“互联网 +”服务商。服务商通过帮助从事线上线下双方的对接工作，收取双方对接成功后的服务费用及各种增值服务费用。

（四）“发展分享经济”影响全局发展

十八届五中全会提出“发展分享经济”。“必须牢固树立并切实贯彻创新、协调、绿色、开放、共享的发展理念。这是关系我国发展全局的一场深刻变革”。分享经济是伴随开放源代码、云计算等互联网开放技术的发展而兴起的，以生产资料和生活资源的使用而非拥有为特征，通过以租代买等模式创新，实现互通有无，人人参与、协同消费，充分利用知识资产与闲置资源的新型经济形态。2016 年分享经济方面的新亮点将包括：（1）以租代买模式兴起，但包括约租车在内的分享经济模式如何落地，还有待新旧利益方在最大公约数基础上协商解决；（2）分享平台 +APP 成为“互联网 +”新业态潮流；（3）协同消费开始被城市年轻人逐渐接受；（4）公私合作的 PPP 模式在“互联网 +”领域展开探索。总的来看，发展分享经济将成为 2016 年以及未来相当长时期内中国互联网发展的一个主旋律。中国主导发展分享经济，将对信息社会发展产生深远影响。

（五）网络安全产业前景广阔，网络治理开创新局面

随着“互联网 +”与传统工业融合逐步加深，接入到网络中的设备、信息将会面临新的安全风险。保障工业系统安全的设备、技术和服务的需求将会大幅增长，自主可控的技术将取得进展。主动安全防御受到重视，智能化防御手段保障网络安全。充分利用大数据分析技术与人工智能技术的结合，实现对不安全行为或恶意攻击的自动预警，并融入机器学习技术，提高未知威胁的识别能力，形成被动防御与主动识别相结合的网络安全防护体系，从而确保关键基础设施的安全。工业系统网络与信息安全问题愈发受到重视，专用设备技术将快速发

展。同时，以网络安全法为代表的网络安全立法进程将进一步加快。针对保障网络产品和服务安全、网络数据安全、网络信息安全等，做出明确规定；在网络运营者采取数据分类、重要数据备份和加密等措施，防止网络数据被窃取或者篡改等方面，明确网络运营者处置违法信息的义务。另外，互联网立体治理体系的构建初步形成。标准协商机制逐步形成，网络技术标准在实际应用中达成共识；政府、行业组织、企业之间的多方协作治理机制逐渐完善；法律体系建设不断推进，个人、企业网络行为的法律边界更加清晰，隐私信息、敏感数据保护体系更加健全。

四、国际互联网发展情况

据国际电信联盟（ITU）发布的数据显示，2015 年全球网民数量达 32.07 亿人，互联网普及率达到 43.8%。在全球各地区中，亚太地区的网民数量最多，达到 15.57 亿人，占全球网民总数的 48.6%；美洲地区的网民数量居第二位，达到 6.13 亿人，占全球网民的 19.1%；欧洲名列第三，网民数量达 4.79 亿人，占全球网民的 14.9%。

在网民规模增长速度方面，非洲、亚太地区和阿拉伯国家的网民数量增速较快，这几个地区 2015 年的网民数量增长率分别为 17.7%、11.4% 和 11.2%。欧洲增长速度仅为 2.6%，但其互联网普及率属全球最高，达到 76.3%。全球各地区互联网网民数如表 1 所示。

表 1　全球各地区互联网网民数

（单位：百万人）

	2010年	2014年	2015年	2015年增长率（%）	5年复合增长率（%）
全球	2 019.0	2 931.1	3 207.1	9.42	9.70
非洲	79.3	178.0	209.5	17.69	21.45
阿拉伯国家	85.5	133.6	148.5	11.16	11.67
亚太地区	872.2	1 397.5	1 557.3	11.43	12.29
独联体国家	95.4	163.0	172.8	6.01	12.61
欧洲	410.1	466.6	478.8	2.61	3.14
美洲	455.9	566.8	613.3	8.21	6.11

数据来源：ITU。

在互联网普及程度方面（见图 2），虽然亚太地区网民总量最多，但与发达国家相比，该地区的互联网普及率仍处于较低水平，仅为 38.2%，低于 43.8% 的全球平均水平，仅高于非洲。同时，亚太地区的互联网普及率提升较快，在 2015 年增长了 3.6 个百分点，仅低于美洲的 4.2 个百分点，高于全球总体的提升幅度（2.9 个百分点）。互联网普及率上升最快的地区是美洲，

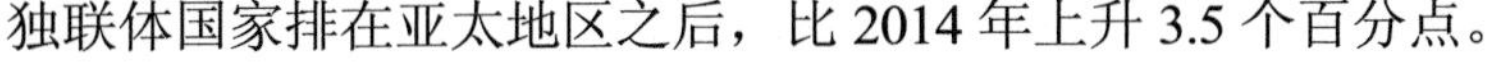

独联体国家排在亚太地区之后，比 2014 年上升 3.5 个百分点。

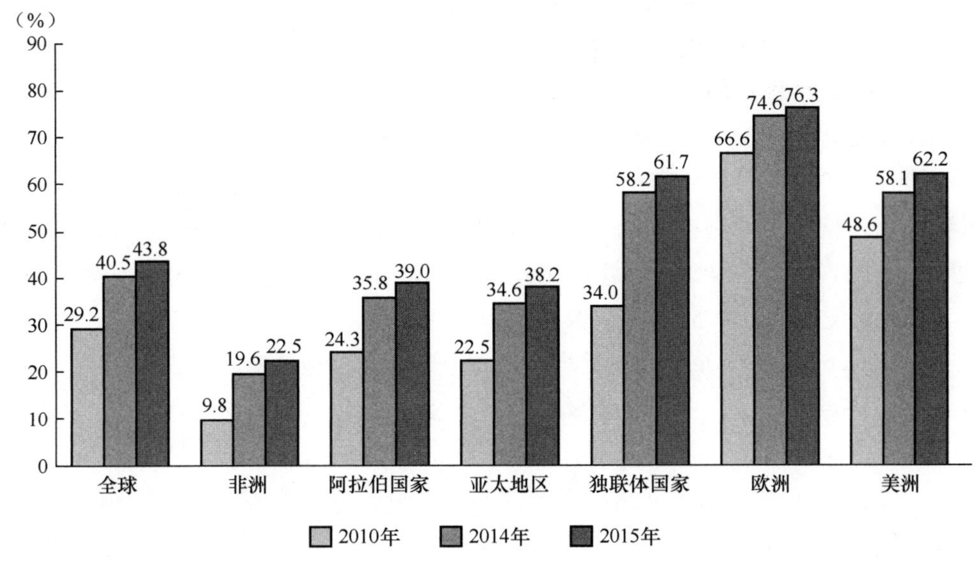

数据来源：ITU。

图 2　全球各地区互联网普及率

2015 年全球互联网普及率成效显著，其中发展中国家的互联网用户数量在过去 5 年中近乎翻番，目前 2/3 的网民居住在发展中国家，全球约 46% 的家庭可在家中上网。ITU 用于综合评估全球各国信息通信技术发展水平的核心指数（IDI）显示，今年排名前十的国家和地区依次是韩国、丹麦、冰岛、英国、瑞典、卢森堡、瑞士、荷兰、中国香港和挪威。中国大陆排名第 82 位，比 2014 年排名上升 4 个名次，略高于全球平均水平值，显著高于亚洲国家和发展中国家平均水平值。最不发达国家有 6.7%的家庭实现了互联网连接，但这与世界平均水平和发达国家 80% 的比例相比还存在较大差距。目前，不同国家和地区的发展水平差距依然较大。欧洲整体水平最高，独联体国家、美洲和阿拉伯国家均高于世界平均值，而非洲平均值最低，不到其他地区的 1/2，而亚太地区则是信息通信技术发展差别最大的区域。在接入信息通信技术上，发展中国家仍然落后于发达国家。中国近年来在信息通信技术发展上取得了非常大的进步，许多中国电信企业不仅在全球各地积极参与当地的电信建设，更是在许多前沿尖端通信技术上走在了前列，与欧洲许多顶尖企业有着深入的合作，是加强发展中国家和发达国家合作的典范。预测到 2020 年拥有互联网接入的家庭的比例将达 56%，上网人数将占全球人口的 53%。据目前预测，届时将只有 45% 的发展中国家家庭以及 11% 的最不发达国家家庭获得互联网接入。

全球人机交互的进化，在过去 75 年中，每隔 10 年不断创新。美国的人机交互从 1830 年到 2015 年，经历了触觉 1.0 →触觉 2.0 →触觉 3.0- 语音的进化过程，目前，语音被认为是最有效的计算输入形式。语音界面对消费者来说有快速、简单、个性化无需键盘的优点。假如语音识别准确率从 95% 上升到 99%，预计所有人都会从现在的极少使用转变为一直使用。下一阶段，机器语音识别将达到人类级别，实现低噪声环境的语音搜索，2015 年，谷歌、百度等全球各主流平台语音的单词识别准确率已超过 90%。目前的计算界面正从键盘进化成麦克风及键盘。2015 年，美国智能手机使用语音助手的比例从 2014 年的 56% 上升到 65%，移动语音助手使用率快速上升主要受技术进步推动。其中，谷歌趋势显示，自从 2008 年 iPhone 及谷歌语音搜索推出后，语音搜索量增长 35 倍以上，较 2010 年增加 7 倍以上。百度语音在所有百度产品中的使用率快速增长，2014 年第二季度开始，输入增长 4 倍以上，输出增长 26 倍以上，文本转语音结合语音识别是使用语音进行人机交流的关键因素。语音正在侵蚀搜索份额，美国 Android 上语音搜索占 20%，百度上语音搜索占 10%，Windows 10 任务栏中 25% 的搜索为语音搜索。预计 5 年后，所有搜索中至少 50% 为图像搜索和语音搜索。语音即计算界面平台正在搭建第三方开发者迅速涌入，亚马逊 Alexa 语音平台的目标语音设备是成为家具、汽车、手机的麦克风，使消费者可以更快更方便地在亚马逊上购物。美国亚马逊客户拥有 Echo 的比例同比由 2% 增长到 5%。

2015 年，全球各国纷纷调整网络安全治理政策，升级安全战略。其中，美国提高信息共享和网络威慑能力，新机构、新战略、新法令多方并举。2015 年 2 月 25 日，美国总统奥巴马下令成立新的网络安全机构——网络威胁与情报整合中心（Cyber Threat Intelligence Integration Center，CTIIC），该中心汇总整合联邦调查局（FBI）、中央情报局（CIA）及国家安全局（NSA）的情报，以提高应对网络威胁的能力。2015 年 4 月 23 日，美国国防部发布最新的网络安全战略，重点分析了网络战，将其作为未来战争的战术选择。2015 年 10 月 27 日，美国参议院通过《网络安全信息共享法》，鼓励企业分享更多关于计算机攻击的信息。日本加强政府与民间合作，出台《网络安全基本法》。根据《网络安全基本法》，网络安全管理机构“情报安全政策会议”升级为“网络安全战略本部”。2015 年 5 月 25 日，“网络安全战略本部”会议召开，制定了新的《网络安全战略》，新战略提出了“法治”“主动遏制恶意行为的自律性”“政府和民间多方面合作”等原则，并明确提出要积极参与制定网络空间的国际规范。英国巩固技术优势和实力，建设高端研究机构。为了强化英国在大数据和算法研究方面的领先地位，英国于 2014 年出资建设图灵研究所（Alan Turing Institute）。就大数据研究方面，英国政府组建了开放数据研究所（The Open Data Institute，ODI）和哈瑞超级计算中心（The Hartree Centre）。英国将网络安全融入计算机科学和学位管理，目前已经认证了网络安全领域的 6 个硕士学位，创建了 2 个新的博士培训中心和 3 个研究机构。英国将高端研究机构和学科建设视为重中之重，对保持技术领先优势非常有利。法国强化情报监控技术，建立网络反恐队伍。2014 年 5 月 12 日，法国中央国内情报局正式更名为法国国内情报总局，直接隶属于法国内政部。2015 年 1 月 7 日，法国《查理周刊》遭恐怖分子袭击，之后法国约 2 万个站点被黑客入侵，对此，法国政府迅速做出反应，关停支持恐怖主义的网站，并决定招募 430 名人员参与网络反恐，组建网络反恐队伍。2015 年 6 月 24 日，法国新反恐情报监控法案在法国国会表决，强化了情报监控技术，加强情报部门的监控权限。

附：我国互联网相关组织介绍

（一）国家互联网应急中心

国家互联网应急中心（全称为国家计算机网络应急技术处理协调中心，英文简称为CNCERT 或 CNCERT/CC）成立于 1999 年 9 月，是工业和信息化部领导下的国家级网络安全应急机构，致力于建设国家级的网络安全监测中心、预警中心和应急中心，以支撑政府主管部门履行网络安全相关的社会管理和公共服务职能，支持基础信息网络的安全防护和安全运行，支援重要信息系统的网络安全监测、预警和处置。

2003 年，CNCERT 在全国 31 个省成立分中心，完成了跨网络、跨系统、跨地域的公共互联网网络安全应急技术支撑体系建设，形成了全国性的互联网网络安全信息共享、技术协同能力。目前，CNCERT 作为国家公共互联网网络安全应急体系的核心技术协调机构，在协调国内网络安全应急组织（CERT）共同处理公共互联网网络安全事件方面发挥着重要作用。

CNCERT 的业务能力主要包括：依托“863-917 网络安全监测系统”实现网络安全事件的监测发现，“863-917 网络安全监测系统”已具备对安全漏洞、恶意代码、网页篡改、网页挂马、拒绝服务攻击、域名劫持、路由劫持等各种网络威胁或攻击；依托对丰富数据资源的综合分析和多渠道的信息获取实现网络安全威胁的分析预警、网络安全事件的情况通报、宏观网络安全状况的态势分析等，并承担通信行业互联网网络安全信息通报工作；依托与运营商、域名注册商、安全服务厂商等相关部门的快速工作机制和涉及国计民生的重要信息系统部门及执法机关密切合作机制实现网络安全事件的快速处置。同时，CNCERT 作为国际著名网络安全合作组织 FIRST 和 APCERT 的重要成员，与多个世界著名的网络安全机构和各个国家级应急组织建立了网络安全事件处理合作机制，面向国内外用户手里网络安全事件报告，掌握和处置突发重大网络安全事件。

（二）中国互联网协会

中国互联网协会于 2001 年 5 月 25 日成立，由从事互联网行业的网络运营商、服务提供商、设备制造商、系统集成商以及科研、教育机构等 70 多家互联网从业机构共同发起成立。协会现有会员单位 400 余家，下设 12 个工作委员会。

中国互联网协会的宗旨是遵守国家宪法、法律和法规，遵守社会道德风尚；坚持以创新的思维、协作的文化、开放的平台、有效的服务的指导思想，为会员的需要服务、为行业发展服务、为政府决策服务。自成立以来，中国互联网协会通过开展行业自律、举办年度中国互联网大会、开展反垃圾邮件和抵制恶意软件工作、开展互联网公益活动和“信息无障碍”活动等各项工作，为建设人人受益的互联网做出了不懈努力。

中国互联网协会的基本任务包括：（1）团结互联网行业相关企业、事业单位和社会团体，向政府主管部门反映会员和业界的愿望及合理要求，向会员宣传国家相关政策、法律、法规。（2）制定并实施互联网行业规范和自律公约，协调会员之间的关系，促进会员之间的沟通与协作，充分发挥行业自律作用，维护国家信息安全，维护行业整体利益和用户利益，促进行业服务质量的提高。（3）开展我国互联网行业发展状况的调查与研究工作，促进互联网的发展和普及应用，向政府有关部门提出行业发展的政策建议。（4）组织开展有益于互联网发展的研讨、论坛等活动，促进互联网行业内的交流与合作，发挥互联网对我国社会、经济、文化发展的积极作用。（5）积极开展国际交流与合作，组织国内互联网相关企事业单位参与国际互联网有关组织的活动，在国际互联网事务中发挥积极作用。（6）办好协会网站、刊物，组织编撰出版中国互联网发展状况年度报告，为业界提供互联网信息服务等。

（三）中国互联网络信息中心

中国互联网络信息中心（China Internet Network Information Center，简称 CNNIC）是于 1997 年 6 月 3 日组建的互联网管理和服务机构，作为中国信息社会基础设施的建设者和运行者，CNNIC 以“为我国互联网络用户提供服务，促进我国互联网络健康、有序发展”为宗旨，负责管理维护我国互联网地址系统，引领我国互联网地址行业发展，权威发布我国互联网统计信息，代表中国参与国际互联网社群。

CNNIC 的主要职责包括：（1）互联网地址资源注册管理：负责运行和管理国家顶级域名 .CN、中文域名系统、通用网址系统及无线网址系统，为全球用户提供不间断的域名注册、域名解析和 Whois 查询服务。CNNIC 是亚太互联网络信息中心（APNIC）的国家级 IP 地址注册机构成员（NIR）。同时，以 CNNIC 为召集单位的 IP 地址分配联盟负责为我国的网络服务提供商和网络用户提供 IP 地址和 AS 号码的分配管理。（2）互联网调查与相关信息服务：负责开展中国互联网络发展状况等多项互联网络统计调查工作，描绘中国互联网络的宏观发展状况，记录其发展脉络。（3）目录数据库服务：负责建立并维护全国最高层次的网络目录数据库，提供对域名、IP 地址、自治系统号等方面信息的查询服务。（4）互联网寻址技术研发：跟踪国际互联网技术的最新发展，承担相关研发工作和国家有关科研项目。（5）国际交流与政策调研。

基础电信企业 2015 年发展综述

中国电信集团公司 2015 年发展综述*

中国电信股份有限公司是全业务综合信息服务提供商，主要在中国提供固定及移动通信服务、互联网接入服务、信息服务，以及其他增值电信服务。于 2015 年年底，公司拥有约 1.34 亿固定电话用户、约 1.13 亿有线宽带用户及约 1.98 亿移动用户。公司发行的 H 股及美国存托股份分别在香港联合交易所有限公司和纽约证券交易所挂牌上市。

一、财务重点

	2013年	2014年	2015年
经营收入（人民币百万元）	321 584	324 394	331 202
EBITDA[1]（人民币百万元）	96 551	94 853	94 106
EBITDA率[2]	34.6%	33.0%	32.1%
净利润[3]（人民币百万元）	17 545	17 680	20 054
资本开支（人民币百万元）	79 992	76 889	109 094
债务权益比[4]	39.7%	36.8%	38.4%
每股净利润（人民币元）	0.216 8	0.218 5	0.247 8
每股股息（港元）	0.095	0.095	0.095

注：1. EBITDA 计算方法为经营收入减去经营费用加上折旧及摊销。
2. EBITDA 率计算方法为 EBITDA 除以服务收入。
3. 净利润为本公司股东应占利润。
4. 权益为本公司股东应占权益。

* 内容选自 2015 年中国电信集团上市财报。

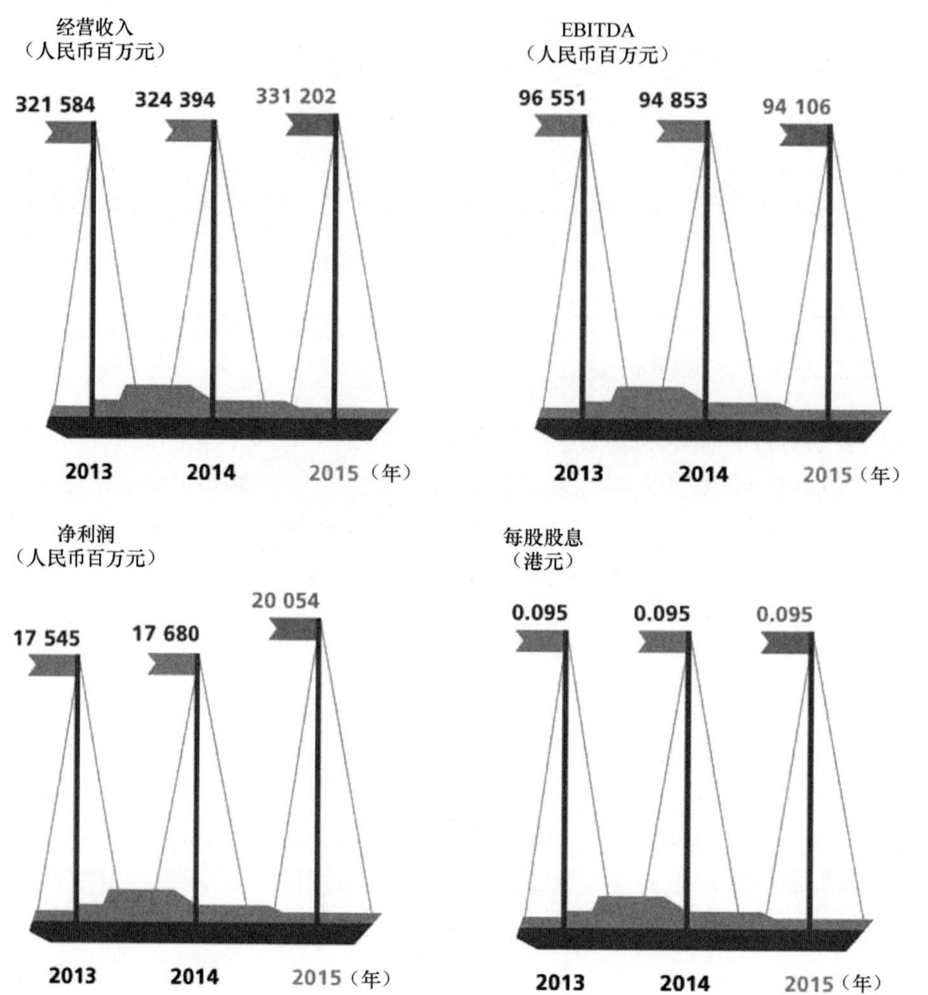

二、业务概览

下表列示 2013 年、2014 年及 2015 年主要经营数据。

	单位	2013 年	2014 年	2015 年	2015 年较 2014 年的变化率
移动用户数	百万户	185.58	185.62	197.90	6.6%
其中：3G/4G用户数	百万户	103.11	118.63	143.13	20.7%
有线宽带用户数	百万户	100.10	106.95	113.06	5.7%
固定电话用户数	百万户	155.80	143.56	134.32	（6.4%）

（续表）

	单位	2013 年	2014 年	2015 年	2015 年较 2014 年的变化率
移动语音通话总分钟数	百万分钟	603 616	655 939	667 535	1.8%
移动短信条数	百万条	64 235	64 583	56 817	（12.0%）
3G/4G手机上网总流量	kTB	175.1	266.6	554.7	108.1%
固定电话本地语音通话总次数	百万次	148 690	130 439	110 935	（15.0%）

2015 年，公司积极应对监管政策和环境变化带来的挑战，扎实推进基础业务转型，大力发展新兴业务，总体保持稳健发展势头，用户规模加快增长，服务收入增幅行业领先，收入结构持续优化，竞争实力显著增强。

（一）主要业务表现

1. 经营收入稳健增长，业务结构持续改善

2015 年，公司实现经营收入人民币 3 312.02 亿元，增长率 2.1%；服务收入为人民币 2 932.66 亿元，增长率 2.0% 。公司服务收入结构得到进一步优化，移动服务收入占比达到 42.5%，新兴业务收入占比达到 34.4%，提升 5.3 个百分点。

2. 移动业务加快增长，流量经营贡献明显

2015 年，随着公司获发 FDD 4G 牌照，公司聚焦 4G 业务发展，加快网络建设，重点区域部署 4G+；坚持终端引领，力推 4G+ 终端和特色终端；强化内容拉动，打造差异化核心应用。移动用户加速扩张、收入稳步增长。移动用户规模达到 19 790 万户，净增 1 228 万户；移动服务收入达到人民币 1 245.03 亿元，同比增长 3.5%。

公司积极应对“提速降费”政策影响，利用大数据，多维度分析客户消费行为特征，优化产品设计，在集约 4G 套餐的基础上大力推广集约流量包。流量后向经营也取得显著成效，后向流量收入规模增长 5 倍多。2015 年 3G/4G 手机上网总流量达到 55.5 万 TB，同比增长 108.1%，3G/4G 月户均手机上网流量达到 386MB，手机上网流量收入占移动服务收入比例达到 38.4%，较 2014 年提上 10.0 个百分点。

3. 固网业务稳健发展，宽带市场地位保持领先

2015 年公司积极促进基础业务转型，深化固移融合业务发展模式，打造新融合发展优势，推动存量客户经营，稳定固网收入基础。固网服务收入达到人民币 1 687.63 亿元，收入增幅达到 1.0%。

在宽带业务发展上，公司加快宽带网络的光纤化改造，推进宽带端到端大提速，主推高速宽带产品，提高竞争门坎，巩固宽带市场竞争优势和主导地位。2015 年有线宽带接入收入实现人民币 742.85 亿元，收入增长 1.1%；有线宽带用户达到 11 306 万户，净增

611 万户。

在固网增值及综合信息服务业务发展上，公司持续推动 IPTV（天翼高清）、IT 服务及应用和 IDC 三大业务快速增长，带动总体业务稳步发展。2015 年固网增值及综合信息服务业务实现收入人民币 420.35 亿元，同比增长 10.5%。公司在持续丰富视频业务的基础上，积极拓展家居监控等智能家居应用；规模发展行业信息化类产品，深耕政务、教育、医疗等行业，推动 ICT 向 IIT（互联网信息技术）转变；集约发展云计算产品，加强云主机、私有云等产品研发和销售，加快构建 IDC 一体化运营体系。

2015 年，公司在公众市场继续深入推进融合发展，在政企市场为客户提供定制化解决方案，实现固网语音价值转移，经营风险有效释放，固网语音收入占公司总体收入比重进一步降低。固网语音业务实现收入人民币 296.10 亿元，占服务收比为 10.1%，较 2014 年下降 1.6 个百分点。

（二）业务经营策略

2015 年，公司坚持以差异化为工作主线，进一步转变发展模式，塑造新型竞争优势，加快用户规模发展，提升企业运营能力，深入实施六大经营举措。

1．创新发展模式，快速突破 4G 用户规模

2015 年，公司开始全网运营 4G 手机业务，坚持存量迁移和增量拓展并重的发展策略，全力推动 4G 用户渗透率提升。在存量市场上，推进存量 3G 用户向 4G 迁移。在增量市场上，以差异化应用为主导，通过“4G+ 应用”拉动移动用户入网；强化开放市场用户争夺力度，提升销售份额。2015 年年底 4G 用户规模达到 5 846 万户，占移动用户比例达到 29.5%，4G 用户月户均流量达到 751MB，是 3G/4G 用户的近 2 倍，拉动流量规模和收入快速增长。

2．加快光宽用户发展，巩固宽带市场主导地位

2015 年公司以百兆宽带发展为引领，主推 50 ～ 100Mbit/s 宽带产品；推进宽带营维一体化，优化装机流程，实现即销即装；加强视频类应用内容填充，拓展智能网关、智能家居等智能家庭产品；推进“光宽 + 天翼高清 +4G”新型融合产品销售，实现产品之间的相互拉动。2015 年光纤到户（FTTH）用户规模达到 7 099 万户，占宽带用户比例为 62.8%，20Mbit/s 及以上用户占比达到 44.6%，较 2014 年提升 27.4 个百分点。

3．持续做好产业链引导，丰富 4G 终端品种

公司制订“卓越 100”计划，激励终端厂商生产适用于中国电信网络的热销 4G 终端，丰富 4G 终端款型。2015 年新增 4G 终端 201 款，4G 终端销量近 6 200 万部，占总销量比达到 70%。公司全力推进“六模全网通”终端成为国家标准，加强开放市场号卡渗透，争夺存量换机用户；深入与华为、OPPO、vivo、小米、魅族等主流终端厂商合作，实施资源互换，扩大终端销量；针对细分市场推广安全手机、视频手机、淘宝手机等特色终端，满足用户差异化需求；统一组织 iPhone 等明星机上市销售，高端机销量显著提升。

4．大力拓展 ICT，拉动用户规模增长

2015 年，公司把握“互联网 +”发展机遇，在行业内率先发布《“互联网 +”行动白皮书》，

整合云、网、安全等优势能力，完善产品、运营、支撑体系。围绕教育、交通、农业领域，升级特色应用，打造了翼校通、农技宝等千万级和百万级用户产品；针对政务、制造、金融、医卫等领域，探索云网融合模式，拓展千余项政务云、工业云、金融云、影像云服务项目。

5. 推进渠道互联网化，提升营销效率

公司全面开展 O2O 运营，优化实体、政企和电子渠道协同机制，在线强化引流、线下强化体验，提升销售和服务效率。实体渠道开展“强商牵手”和“首推天翼”行动，开放渠道终端和号卡销售份额显著提升；政企渠道实施“销售精英”计划，建设行业客户迷你营业厅、商业客户和校园客户微店，快速扩大用户规模；电子渠道强化流量销售主渠道地位，4G 流量包销量占比达到 76%。

6. 线下线上协同，提升客户服务能力

2015 年公司聚焦 4G 及光宽服务能力提升，针对 4G 业务，从网络体验、产品业务、渠道服务、终端服务和客户关怀五个方面实施“五优服务”，全国开展 4G 服务大体验活动，对 4G 流量提醒、账单、信控等方面持续优化；针对宽带业务，实施宽带“提速降费”服务保障，组织用户进行测速体验与服务监督，明确上下行速率明示规则和要求，推进宽带自助排障，推出宽带“先装后付”服务。在 2015 年度工信部满意度测评中固定、移动上网客户满意度行业第一。在服务互联网化转型方面，全面实现服务项目及服务量在线占比超过 60% 的“双 60”目标；全国新媒体客服体系（含微博、微信、易信、IM）用户超 2 亿，总体规模保持行业领先，月服务量超 1.5 亿次。

（三）网络及运营支撑

2015 年公司把握机遇，优化资源配置，加大 4G、光网和云计算等新兴业务投资力度，能力建设有效支撑业务发展运营，提升核心竞争力和用户价值。

一是以 FDD 4G 牌照发放为契机，开展“建设大提速、质量大提升”4G 大会战专项行动，充分借力统一采购和铁塔资源共享，用较少的 4G 投资，实现 4G 基站全年新增 33 万站套（较原预算目标多建 5 万站套），达到 51 万站套；在 45 个重点城市建成 1 万个 4G+(LTE-A) 基站，树立 4G+ 品牌形象和客户良好感知。目前公司 4G 网络已覆盖全国所有城市及发达乡镇，东部地区已覆盖所有的乡镇，覆盖区域网络质量与主要竞争对手可比。

二是以“宽带中国”战略落实为抓手，以市场需求为导向，在城市地区加快推进光纤化改造，全年完成 17 万铜缆小区光纤化改造，光纤化小区累计已超过 79 万个，占比达到 85%；新增 FTTH 覆盖家庭 9 000 万户，累计达到 2.2 亿户，家庭覆盖率达到 75%。同时，公司从改善和提升用户体验与感知出发，打通“端、管、云”所有环节，实现宽带端到端大幅提速。

三是积极稳妥推进网络转型。结合公司业务、网络特点和流量流向情况，以 IDC 为核心组网，并启动 IDC（数据中心互联网络）网络建设，首批已将 15 个重点 IDC 实现互联；集约部署云资源池，提升资源调度与提供能力，助力云计算业务快速发展；借鉴行业经验，探索引入 SDN（软件定义网络）技术并开展网络试点，推进网络互联网化演进。

（四）2016 年发展措施和重点

2016 年基础通信市场日趋饱和，存量市场争夺更加激烈，4G 和光纤宽带发展全面提速。公司将抓住技术和市场变化的机遇，持续深化企业转型，巩固两大基础业务、突破五个新兴领域、增强六个关键能力，转变发展方式，提升运营能力，扩大业务规模、做优企业价值。夯实两大基础业务，稳定基本面：快速推进 4G 和光宽用户规模扩张，提升用户渗透率；填充差异化应用，主推“4G+ 支付”“宽带 + 电视”，拉动用户发展，增强用户黏性；继续拓展“光宽 + 天翼高清 +4G”新融合发展模式，不断提高客户价值。突破五个新兴领域，培育增长点：一是通过天翼高清业务抢占智能家庭入口，为增值服务和信息应用填充打好基础；二是做好翼支付业务，布局互联网金融市场；三是做强“互联网 +”，迅速拓展产业互联网市场，形成影响力；四是大力发展云计算和大数据，拓展新的收入增长点；五是积极拓展物联网业务，从人与人通信向物与人、物与物通信延伸，开拓新的市场空间。

三、管理层对财务状况和经营成果的讨论与分析

（一）概要

2015 年，集团的经营收入为人民币 3 312.02 亿元，较 2014 年增长 2.1%；服务收入[1]为人民币 2 932.66 亿元，较 2014 年增长 2.0%。经营费用为人民币 3 047.60 亿元，较 2014 年增长 3.0%；本公司股东应占利润为人民币 200.54 亿元，较 2014 年增长 13.4%，每股基本净利润为人民币 0.25 元；EBITDA[2] 为人民币 941.06 亿元，较 2014 年下降 0.8%, EBITDA 率[3]为 32.1%。

（二）经营收入

2015 年经营收入为人民币 3 312.02 亿元，较 2014 年增长 2.1%。其中：移动业务收入为人民币 1 565.29 亿元，较 2014 年增长 3.2%；固网业务收入为人民币 1 746.73 亿元，较 2014 年增长 1.1%。

下表列示 2014 年和 2015 年集团各项经营收入的金额和他们的变化率。

1. 服务收入为经营收入减去“移动商品销售收入”（2015 年：人民币 320.26 亿元；2014 年：人民币 313.43 亿元）、“固网商品销售收入”（2015 年：人民币 44.30 亿元；2014 年：人民币 39.56 亿元）和“其他非服务收入”（2015 年：人民币 14.80 亿元；2014 年：人民币 17.16 亿元）。
2. EBITDA 计算方法为经营收入减去经营费用加上折旧及摊销。由于电信业是资本密集型产业，资本开支、债务水平和财务费用可能对具有类似经营成果的公司净利润产生重大影响。因此，我们认为，对于像我们这样的电信公司而言，EBITDA 有助于对公司经营成果的分析。虽然 EBITDA 在世界各地的电信业被广泛地用作为反映经营业绩、借债能力和流动性的指标，但是按公认会计原则，它不作为衡量经营业绩和流动性的尺度，也不代表经营活动产生的净现金流量。此外，我们的 EBITDA 也不一定与其他公司的类似指标具有可比性。
3. EBITDA 率计算方法为 EBITDA 除以服务收入。

（除百分比数字外，单位皆为人民币百万元）	分别截至各年度12月31日		
	2015年	2014年	变化率（%）
固网语音	29 610	33 587	（11.8）
移动语音	48 983	54 673	（10.4）
互联网	126 546	112 431	12.6
增值服务	39 044	38 419	1.6
综合信息应用服务	27 299	26 939	1.3
通信网络资源服务及网络设施出租	17 635	17 332	1.7
其他	42 085	41 013	2.6
经营收入合计	331 202	324 394	2.1

1．固网语音

2015 年，固网语音业务收入为人民币 296.10 亿元，较 2014 年的人民币 335.87 亿元下降 11.8%，占经营收入的比重为 8.9%。固网语音占收比不断下降，经营风险进一步释放。

2．移动语音

2015 年，受到 OTT 等移动互联网业务替代的影响，移动语音收入为人民币 489.83 亿元，较 2014 年的人民币 546.73 亿元下降 10.4%，占经营收入的比重为 14.8%。

3．互联网

2015 年，互联网接入业务收入为人民币 1 265.46 亿元，较 2014 年的人民币 1 124.31 亿元增长 12.6%，占经营收入的比重为 38.2%。集团积极发挥宽带网络优势，推动用户接入带宽提速，采取适度灵活资费措施，坚持理性竞争和有效益发展。截至 2015 年年底，本集团有线宽带用户达到 1.13 亿户，净增 611 万户。有线宽带接入收入为人民币 742.85 亿元，较 2014 年增长 1.1%。集团深入推进精细化流量经营，同时采取薄利多销措施，有效驱动移动数据流量和收入快速增长，移动互联网接入收入为人民币 506.94 亿元，较 2014 年增长 34.1%，其中手机上网流量收入人民币 477.70 亿元，较 2014 年增长 40.1%。

4．增值服务

2015 年，增值服务收入为人民币 390.44 亿元，较 2014 年的人民币 384.19 亿元增长 1.6%，占经营收入的比重为 11.8%。其中，固网增值服务收入为人民币 215.29 亿元，较 2014 年增长 16.8%，主要得益于集团紧抓国家“互联网 +”战略机遇，IDC 业务和 IPTV（天翼高清）业务快速发展。移动增值服务收入为人民币 175.15 亿元，较 2014 年下降 12.4%，主要是短、彩信等传统增值业务收入下降导致。

5．综合信息应用服务

2015 年，综合信息应用服务收入为人民币 272.99 亿元，较 2014 年的人民币 269.39 亿元增长 1.3% ，占经营收入的比重为 8.3%。其中，固网综合信息应用服务收入为人民币 205.05

亿元，较 2014 年增长 4.5%，增长主要原因是 IT 服务及应用良好增长。移动综合信息应用服务收入为人民币 67.94 亿元，较 2014 年下降 7.2%，主要是由于传统的信息查询类业务量下降导致。

6．通信网络资源服务及网络设施出租

2015 年，通信网络资源服务及网络设施出租业务收入为人民币 176.35 亿元，较 2014 年的人民币 173.32 亿元增长 1.7%，占经营收入的比重为 5.3%。移动通信设施出租业务收入为人民币 4.21 亿元，较 2014 年下降 9.1%。

7．其他

2015 年，其他业务收入为人民币 420.85 亿元，较 2014 年的人民币 410.13 亿元增长 2.6%，占经营收入的比重为 12.7%。移动其他业务收入为人民币 321.22 亿元，较 2014 年增长 2.4%，其中主要为移动商品销售收入。

（三）经营费用

集团强化成本管控，优化资源配置，持续推进营销模式转型，不断巩固和提高企业竞争力。2015 年，集团的经营费用为人民币 3 047.60 亿元，较 2014 年人民币 2 958.86 亿元增长 3.0%；经营费用占经营收入的比重为 92.0%，较 2014 年增加 0.8 个百分点。

下表列示 2014 年和 2015 年集团各项经营费用的金额和他们的变化率。

（除百分比数字外，单位皆为人民币百万元）	分别截至各年度12月31日		
	2015年	2014年	变化率（%）
折旧及摊销	67 664	66 345	2.0
网络运营及支撑成本	81 240	68 651	18.3
销售、一般及管理费用	54 472	62 719	（13.1）
人工成本	52 541	50 653	3.7
其他经营费用	48 843	47 518	2.8
经营费用合计	304 760	295 886	3.0

1．折旧及摊销

2015 年，折旧及摊销为人民币 676.64 亿元，较 2014 年的人民币 663.45 亿元增长 2.0%，占经营收入的比重为 20.4%。集团加大 4G 和光宽网络投资力度，折旧及摊销随着资产规模增加而有所增加。

2．网络运营及支撑成本

2015 年，网络运营及支撑成本为人民币 812.40 亿元，较 2014 年的人民币 686.51 亿元增长 18.3%，占经营收入的比重为 24.5%。增长的原因是公司 2015 年新增铁塔使用费；另外，随着网络资产规模扩大，公司适度增加运营费用以提升网络质量，同时持续加强成本管控，提升资源使用效率，费用增速较 2014 年同期明显放缓。

3. 销售、一般及管理费用

2015 年，销售、一般及管理费用为人民币 544.72 亿元，较 2014 年的人民币 627.19 亿元下降 13.1%，占经营收入的比重为 16.4%。其中销售费用人民币 459.43 亿元，较 2014 年下降 15.7%，下降的主要原因是本集团持续推进营销模式转型，压降销售费用，提升营销资源使用效率。第三方佣金及服务支出为人民币 266.51 亿元，较 2014 年下降 6.0%；广告及宣传等销售费用为人民币 192.91 亿元，较 2014 年下降 26.2%，其中终端补贴为人民币 116.20 亿元，较 2014 年下降 24.3%。

4. 人工成本

2015 年，人工成本为人民币 525.41 亿元，较 2014 年的人民币 506.53 亿元增长 3.7%，占经营收入的比重为 15.9%。

5. 其他经营费用

2015 年，其他经营费用为人民币 488.43 亿元，较 2014 年的人民币 475.18 亿元增长 2.8%，占经营收入的比重为 14.8%。移动终端设备销售支出为人民币 308.67 亿元，较 2014 年增长 3.0%。

（四）财务成本净额

2015 年，集团财务成本净额为人民币 42.73 亿元，较 2014 年的人民币 52.91 亿元下降 19.2%，主要因为公司收购移动网络资产的递延对价利率由去年的 6.25% 下降到本年的 5.11%（根据协议每年按照重点 AAA 企业 5 年期中期票据估值中枢上浮 0.05 个百分点确定）。2015 年汇兑净损失为人民币 0.75 亿元，汇兑损益的变动主要是人民币对美元汇率贬值所致。

（五）盈利水平

1. 所得税

集团的法定所得税率为 25%。2015 年，集团所得税费用为人民币 65.51 亿元，实际税率为 24.5%。集团实际税率与法定税率存在差异的主要原因是部分子公司和处于西部地区的部分分公司享受税收优惠政策，执行的税率低于法定税率。

2. 本公司股东应占利润

2015 年，本公司股东应占利润为人民币 200.54 亿元，较 2014 年的人民币 176.80 亿元增长 13.4%。

（六）出售通信铁塔及相关资产

根据中国电信与中国铁塔股份有限公司（以下简称中国铁塔）于 2015 年 10 月 14 日签署的转让协议（以下简称转让协议），中国电信向中国铁塔出售若干通信铁塔及相关资产（以下简称铁塔资产或铁塔资产处置）并向中国铁塔支付现金以获得其发行的新股（以下简称代价股份）。

截至 2015 年 12 月 31 日，中国铁塔根据转让协议向中国电信发行约 330.97 亿股代价股份，发行价按每股人民币 1.00 元，中国电信以相关资产人民币 301.31 亿元及现金人民币 29.66 亿元获得中国铁塔发行的该等代价股份。

在中国铁塔发行代价股份后，中国电信、中国联通、中国移动及中国国新控股有限责任公司分别持有中国铁塔 27.9%、28.1%、38.0% 及 6.0% 的股权。

中国电信在铁塔资产处置中获得的收益为交易最终代价高于铁塔资产于交割日账面值的溢价并扣除相关税费，最终收益为人民币 72.31 亿元。由于交易完成后中国电信持有中国铁塔 27.9% 的股权，上述收益的 72.1% 于铁塔资产处置的交割日确认，并计入本年度合并综合收益表，剩余的 27.9% 的上述收益将在铁塔资产剩余折旧年限内递延实现。

（七）资本支出及现金流量

1. 资本支出

2015 年，集团加大 4G 和光宽网络投资力度，网络能力全面升级，为公司核心业务规模发展和下一步市场竞争奠定坚实基础。2015 年集团资本支出为人民币 1 090.94 亿元，较 2014 年的人民币 768.89 亿元增长 41.9%。

2. 现金流量

2015 年，集团的现金及现金等价物净增加为人民币 113.09 亿元，2014 年的现金及现金等价物净增加为人民币 43.70 亿元。

下表列示 2014 年和 2015 年集团的现金流情况。

（人民币百万元）	分别截至各年度12月31日	
	2015年	**2014年**
经营活动产生的现金流量净额	108 750	96 405
投资活动所用的现金流量净额	（102 250）	（81 708）
融资活动产生/（所用）的现金流量净额	4 809	（10 327）
现金及现金等价物净增加	11 309	4 370

2015 年，经营活动产生的现金净流入为人民币 1 087.50 亿元，净流入较 2014 年增长 12.8%，增加的主要原因是经营收入增长以及加大应收账款回款力度。

2015 年，投资活动所用的现金净流出为人民币 1 022.50 亿元，净流出较 2014 年增长 25.1%，现金净流出增加的主要原因是本年资本支出增加。

2015 年，融资活动产生的现金净流入为人民币 48.09 亿元，2014 年融资活动所用的现金净流出为人民币 103.27 亿元，变动的主要原因是由于本年发行短期融资券，同时新增国家政策性低息贷款。

3. 营运资金

2015 年年底，本集团的营运资金（即总流动资产减总流动负债）为短缺人民币 1 778.21 亿元，比 2014 年短缺人民币 1 467.82 亿元增加人民币 310.39 亿元。截至 2015 年 12 月 31 日，集团未动用信贷额度为人民币 1 288.39 亿元（2014 年：人民币 1 304.88 亿元）。2015 年年底，集团拥有的现金及现金等价物为人民币 318.69 亿元，其中人民币现金及现金等价物占 92.6%（2014 年：93.1%）。

（八）资产负债情况

截至 2015 年年底，集团的总资产由 2014 年年底的人民币 5 612.74 亿元增加至人民币 6 295.61 亿元，增长的主要原因是资本支出增加以及铁塔资产注资增值；总债务由 2014 年底的人民币 1 065.52 亿元增加至人民币 1 166.69 亿元。总债务对总资产的比例由 2014 年年底的 19.0% 下降至 18.5%。

1. 债务

集团于 2014 年年底和 2015 年年底的债务分析如下。

（人民币百万元）	分别截至各年度12月31日	
	2015年	2014年
短期贷款	51 636	43 976
一年内到期的长期贷款	84	82
长期贷款及应付款	64 830	62 494
融资租赁应付款（含一年内到期的部分）	119	—
总债务	116 669	106 552

2015 年年底，集团的总债务为人民币 1 166.69 亿元，较 2014 年年底增加人民币 101.17 亿元，主要原因公司发行短期融资券，同时新增国家政策性低息贷款。集团的总债务中，人民币贷款、美元贷款和欧元贷款分别占 99.4%（2014 年：99.2%）、0.4%（2014 年：0.5%）和 0.2%（2014 年：0.3%）。债务中固定利率贷款占 46.3%（2014 年：41.3%），其余为浮动利率贷款。

于 2015 年 12 月 31 日，集团并无抵押任何资产作债务之抵押品（2014 年：无）。

2. 合约承诺

（人民币百万元）	分别截至各年度12月31日						
	总额	2016年	2017年	2018年	2019年	2020年	其后
短期贷款	51 967	51 967	—	—	—	—	—
长期贷款及应付款	71 295	2 597	64 345	251	250	267	3 585
经营性租赁承诺	14 448	3 452	2 564	2 006	1 532	1 171	3 723
资本承诺	10 148	10 148	—	—	—	—	—
合约承诺总额	147 858	68 164	66 909	2 257	1 782	1 438	7 308

注：短期贷款和长期贷款及应付款包括已确认及未确认的应付利息，上述列示金额并未折现。

附：财务报表

1．合并财务状况表

截至 2015 年 12 月 31 日（以人民币百万元列示）

	2015 年 12 月 31 日	2014 年 12 月 31 日
资产		
非流动资产		
物业、厂房及设备净额	373 981	372 876
在建工程	69 103	53 181
预付土地租赁费	23 609	24 410
商誉	29 920	29 917
无形资产	10 739	8 984
所拥有联营公司的权益	34 473	4 106
投资	1 624	972
递延税项资产	4 655	3 232
其他资产	3 349	4 053
非流动资产合计	551 453	501 731
流动资产		
存货	6 281	4 225
应收所得税	105	1 360
应收账款净额	21 105	21 562
预付款及其他流动资产	16 229	10 581
短期银行存款	2 519	1 379
现金及现金等价物	31 869	20 436
流动资产合计	78 108	59 543
资产合计	629 561	561 274
负债及权益		
流动负债		
短期贷款	51 636	43 976
一年内到期的长期贷款	84	82
应付账款	118 055	88 458
预提费用及其他应付款	82 934	72 442
应付所得税	2 154	307
一年内到期的融资租赁应付款	38	—
一年内摊销的递延收入	1 028	1 060
流动负债合计	255 929	206 325
净流动负债	（177 821）	（146 782）
资产合计扣除流动负债	373 632	354 949

（续表）

	2015年12月31日	2014年12月31日
非流动负债		
长期贷款及应付款	64 830	62 494
融资租赁应付款	81	—
递延收入	1 454	798
递延税项负债	2 061	1 125
其他非流动负债	455	424
非流动负债合计	68 881	64 841
负债合计	324 810	271 166
权益		
股本	80 932	80 932
储备	222 852	208 251
本公司股东应占权益合计	303 784	289 183
非控制性权益	967	925
权益合计	304 751	290 108
负债及权益合计	629 561	561 274

2. 合并综合收益表

截至 2015 年 12 月 31 日止年度（除每股数数字外，以人民币百万元列示）

	2015 年	2014 年
经营收入	331 202	324 394
经营费用		
折旧及摊销	（67 664）	（66 345）
网络运营及支撑成本	（81 240）	（68 651）
销售、一般及管理费用	（54 472）	（62 719）
人工成本	（52 541）	（50 653）
其他经营费用	（48 843）	（47 518）
经营费用合计	（304 760）	（295 886）
经营收益	26 442	28 508
铁塔资产处置收益	5 214	—
财务成本净额	（4 273）	（5 291）
投资收益	8	6
应占联营公司的（损失）/收益	（698）	34

（续表）

	2015 年	2014 年
税前利润	26 693	23 257
所得税	（6 551）	（5 498）
本年利润	20 142	17 759
本年其他综合收益		
后续可能重分类至损益的项目：		
可供出售股权证券公允价值的变动	652	（54）
可供出售股权证券公允价值的变动的递延税项	（163）	14
换算中国大陆境外附属公司财务报表的汇兑差额	129	3
应占联营公司的其他综合收益	3	（3）
税后的本年其他综合收益	621	（40）
本年综合收益合计	20 763	17 719
股东应占利润		
本公司股东应占利润	20 054	17 680
非控制性权益股东应占利润	88	79
本年利润	20 142	17 759
股东应占综合收益		
本公司股东应占综合收益	20 675	17 640
非控制性权益股东应占综合收益	88	79
本年综合收益合计	20 763	17 719
每股基本净利润	0.25	0.22
股数（百万股）	80 932	80 932

3. 合并权益变动表

截至 2015 年 12 月 31 日止年度（以人民币百万元列示）

	本公司股东应占权益									
	股本	资本公积	股本溢价	法定储备	其他储备	汇兑储备	留存收益	合计	非控制性权益	权益合计
2014年1月1日余额	80 932	17 064	10 746	67 392	427	（944）	102 124	277 741	923	278 664
本年利润	—	—	—	—	—	—	17 680	17 680	79	17 759
其他综合收益	—	—	—	—	（43）	3	—	（40）	—	（40）
综合收益合计	—	—	—	—	（43）	3	17 680	17 640	79	17 719
分配予非控制性权益	—	—	—	—	—	—	—	—	（77）	（77）
股息	—	—	—	—	—	—	（6 198）	（6 198）	—	（6 198）
利润分配	—	—	—	1 680	—	—	（1 680）	—	—	—
2014年12月31日余额	80 932	17 064	10 746	69 072	384	（941）	111 926	289 183	925	290 108
本年利润	—	—	—	—	—	—	20 054	20 054	88	20 142
其他综合收益	—	—	—	—	492	129	—	621	—	621
综合收益合计	—	—	—	—	492	129	20 054	20 675	88	20 763
取得非控制性权益	—	（1）	—	—	—	—	—	（1）	（6）	（7）
非控制性权益投入	—	87	—	—	—	—	—	87	40	127
分配予非控制性权益	—	—	—	—	—	—	—	—	（80）	（80）
股息	—	—	—	—	—	—	（6 160）	（6 160）	—	（6 160）
利润分配	—	—	—	1 901	—	—	（1 901）	—	—	—
2015年12月31日余额	80 932	17 150	10 746	70 973	876	（812）	123 919	303 784	967	304 751

4. 合并现金流量表

截至 2015 年 12 月 31 日止年度（以人民币百万元列示）

	附注	2015年	2014年
经营活动产生的现金净额	（a）	108 750	96 405
投资活动所用的现金流量			
资本支出		（101 898）	（80 273）
预付土地租赁费所支付的现金		（124）	（184）
投资所支付的现金	（b）	（10）	（2 990）
处置物业、厂房及设备所收到的现金		755	710
转让预付土地租赁费所收到的现金		58	121
处置投资所收到的现金		2	—
短期银行存款投资额		（3 764）	（2 566）
短期银行存款到期额		2 731	3 474
投资活动所用的现金净额		（102 250）	（81 708）
融资活动产生/（所用）的现金流量			
融资租赁所支付的本金		（14）	（1）
取得银行及其他贷款所收到的现金		67 875	53 022
偿还银行及其他贷款所支付的现金		（56 862）	（56 819）
支付股息		（6 160）	（6 198）
取得非控制性权益所支付的现金		（7）	—
收到非控制性权益投入的现金		127	—
支付第七次收购对价所支付的现金	（c）	—	（278）
支付非控制性权益的现金净额		（150）	（53）
融资活动产生/（所用）的现金净额		4 809	（10 327）
现金及现金等价物增加净额		11 309	4 370
于1月1日的现金及现金等价物		20 436	16 070
汇率变更的影响		124	（4）
于12月31日的现金及现金等价物		31 869	20 436

（a）税前利润与经营活动产生的现金净额的调节（以人民币百万元列示）

	2015年	2014年
税前利润	26 693	23 257
调整：		
折旧及摊销	67 664	66 345
呆坏账的减值损失	2 231	2 084
长期资产的减值损失	51	—
存货的减值损失	147	151
投资收益	（8）	（6）
应占联营公司的损失/（收益）	698	（34）
利息收入	（375）	（304）
利息支出	4 573	5 650
汇兑亏损/（收益）	75	（55）
报废和处置长期资产的净损失	1 573	2 287
铁塔资产处置收益	（5 214）	—
营运资金变动前的经营利润	98 108	99 375
应收账款增加	（1 778）	（3 594）
存货（增加）/减少	（2 199）	2 280
预付款及其他流动资产增加	（5 854）	（2 359）
其他资产增加	（87）	（2）
应付账款增加	22 156	6 473
预提费用及其他应付款增加	7 119	6 571
递延收入减少	（417）	（573）
经营产生的现金	117 048	108 171
收到的利息	375	305
支付的利息	（4 601）	（5 693）
取得的投资收益	27	29
支付的所得税	（4 099）	（6 407）
经营活动产生的现金净额	108 750	96 405

（b）重大非现金交易：于 2015 年 12 月 31 日完成向中国铁塔出售若干通信铁塔及相关资产，并向中国铁塔支付现金以获得其发行的新股。由于上述现金于 2015 年 12 月 31 日尚未支付，该交易对于截至 2015 年 12 月 31 日止年度的合并现金流量表无影响。

（c）第七次收购指于 2015 年 12 月 31 日，中国电信国际有限公司（简称中国电信国际，本公司的附属公司）向中国电信集团公司收购其全资附属公司中国电信（欧洲）有限公司的 100% 股权权益。

5. 财务概要

（除每股数字外，以人民币百万元列示）

	截至12月31日止年度				
	2015年	**2014年**	**2013年**	**2012年**	**2011年**
经营成果					
固网语音	29 610	33 587	38 633	43 369	49 770
移动语音	48 983	54 673	58 217	49 166	38 628
互联网	126 546	112 431	99 394	87 662	74 994
通信网络资源服务及网络设施出租	17 635	17 332	17 586	15 737	14 321
增值业务、综合信息应用服务及其他	108 428	106 371	107 754	87 242	67 338
一次性初装费收入	—	—	—	—	98
经营收入	331 202	324 394	321 584	283 176	245 149
折旧及摊销	67 664	66 345	69 083	49 666	51 241
网络运营及支撑成本	81 240	68 651	53 102	65 979	52 940
销售、一般及管理费用	54 472	62 719	70 448	63 099	48 765
人工成本	52 541	50 653	46 723	42 857	39 204
其他经营费用	48 843	47 518	54 760	40 367	28 878
经营费用	304 760	295 886	294 116	261 968	221 028
经营收益	26 442	28 508	27 468	21 208	24 121
铁塔资产处置收益	5 214	—	—	—	—
财务成本净额	（4 273）	（5 291）	（5,153）	（1 562）	（2 254）
投资收益	8	6	670	93	40
应占联营公司的（损失）/收益	（698）	34	103	78	99
税前利润	26 693	23 257	23 088	19 817	22 006
所得税	（6 551）	（5 498）	（5 422）	（4 753）	（5 416）
本年利润	20 142	17 759	17 666	15 064	16 590
本年其他综合收益					
后续可能重分类至损益的项目：					
可供出售股权证券公允价值的变动	652	（54）	414	（228）	（205）

（续表）

	截至12月31日止年度				
	2015年	**2014年**	**2013年**	**2012年**	**2011年**
可供出售股权证券公允价值的变动的递延税项	（163）	14	（104）	57	51
换算中国大陆境外附属公司财务报表的汇兑差额	129	3	（79）	（2）	（105）
应占联营公司的其他综合收益	3	（3）	5	—	—
税后的本年其他综合收益	621	（40）	236	（173）	（259）
本年综合收益合计	20 763	17 719	17 902	14 891	16 331
股东应占利润					
本公司股东应占利润	20 054	17 680	17 545	14 949	16 494
非控制性权益股东应占利润	88	79	121	115	96
本年利润	20 142	17 759	17 666	15 064	16 590
股东应占综合收益					
本公司股东应占综合收益	20 675	17 640	17 781	14 776	16 235
非控制性权益股东应占综合收益	88	79	121	115	96
本年综合收益合计	20 763	17 719	17 902	14 891	16 331
每股基本净利润	0.25	0.22	0.22	0.18	0.20
财务状况					
物业、厂房及设备净额	373 981	372 876	374 341	373 781	268 925
在建工程	69 103	53 181	44 157	32 500	18 475
其他非流动资产	108 369	75 674	71 958	73 635	72 218
现金及银行存款	34 388	21 815	18 357	32 829	29 279
其他流动资产	43 720	37 728	34 426	32 546	30 434
资产合计	629 561	561 274	543 239	545 291	419 331
流动负债	255 929	206 325	200 098	193 610	127 397
非流动负债	68 881	64 841	64 477	85 581	34 979
负债合计	324 810	271 166	264 575	279 191	162 376
本公司股东应占权益	303 784	289 183	277 741	265 139	256 167
非控制性权益	967	925	923	961	788
权益合计	304 751	290 108	278 664	266 100	256 955
负债及权益合计	629 561	561 274	543 239	545 291	419 331

中国移动通信集团公司 2015 年发展综述 *

中国移动有限公司于 1997 年 9 月 3 日在中国香港成立，并于 1997 年 10 月 22 日和 23 日分别在纽约证券交易所（以下简称纽约交易所）和香港联合交易所有限公司（以下简称香港交易所）上市。公司股票在 1998 年 1 月 27 日成为香港恒生指数成分股。

中国移动通信是中国内地最大的通信服务供货商，拥有全球最多的移动客户和全球最大规模的移动通信网络。2015 年，公司再次被国际知名媒体《金融时报》选入其“全球 500 强”，被著名商业杂志《福布斯》选入其“全球 2 000 领先企业榜”，并再次入选道 • 琼斯可持续发展新兴市场指数。目前，公司的债信评级等同于中国国家主权评级，为标准普尔评级 AA–/ 前景稳定和穆迪评级 Aa3/ 前景负面。

此外，公司还持有中国移动通信集团终端有限公司（以下简称“终端公司”）99.97% 的股权，中国移动通信集团财务有限公司（以下简称“财务公司”）92% 的股权，以及卓望控股有限公司（以下简称“卓望”）66.41% 的股权。

截至 2015 年 12 月 31 日，集团的员工总数达 438 645 人，客户总数达 8.26 亿户，并保持内地市场领先地位。

公司的主要股东是中国移动（香港）集团有限公司（以下简称“移动（香港）集团”）。至 2015 年 12 月 31 日，该集团公司通过其全资拥有的子公司中国移动香港（BVI）有限公司（简称“移动香港（BVI）”），间接持有中国移动有限公司约 72.72% 的已发行总股数，余下约 27.28% 由公众人士持有。

一、财务撮要

	2015 年	2014 年经重列 [1]
营运收入（人民币百万元）	668 335	651 509
其中：通信服务收入（人民币百万元）	584 089	591 602

* 内容选自 2015 年中国移动通信集团公司上市财报。

（续表）

	2015年	2014年经重列[1]
EBITDA（[2]人民币百万元）	240 028	241 831
EBITDA率[3]	35.9%	37.1%
股东应占利润（人民币百万元）	108 539	109 218
股东应占利润率[4]	16.2%	16.8%
每股基本盈利（人民币元）	5.30	5.38
每股股息 —中期（港元）	1.525	1.540
—末期（港元）	1.196	1.380
—全年（港元）	2.721	2.920

注：1. 2015年中移铁通收购了中国铁通集团有限公司的若干资产和业务（"目标资产和业务"），由于中移铁通及目标资产和业务均由中国移动通信集团公司最终控制，此次收购目标资产和业务被视为共同控制下的业务合并。因此，集团在重列2014年合并综合收益表比较数字时，已包含目标资产和业务的经营业绩并抵消与其产生的交易，从而视同该收购自所呈报期间的起始日已完成，即2014年1月1日。集团于2014年12月31日经重列的合并资产负债表已包含目标资产和业务的资产和负债。详情请参阅列载于本年报内合并财务报表附注2（b）。

2. 公司对EBITDA的定义为未扣除税项、应占按权益法核算的投资的利润、融资成本、利息收入、其他利得、折旧、其他无形资产摊销、商誉减值亏损及转让铁塔资产利得前之本年度利润。

3. EBITDA率＝EBITDA/营运收入。

4. 股东应占利润率＝股东应占利润/营运收入。

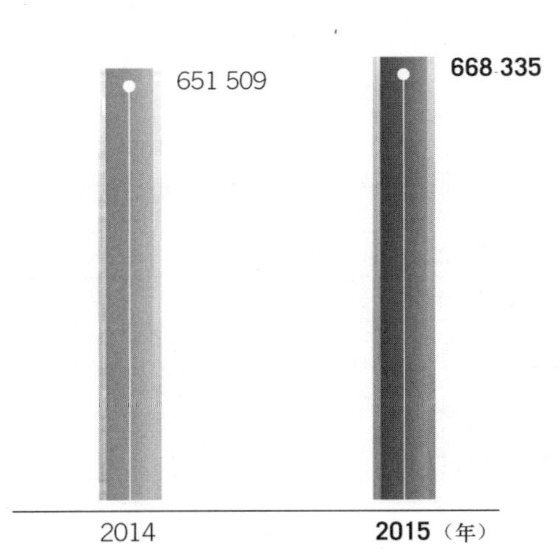

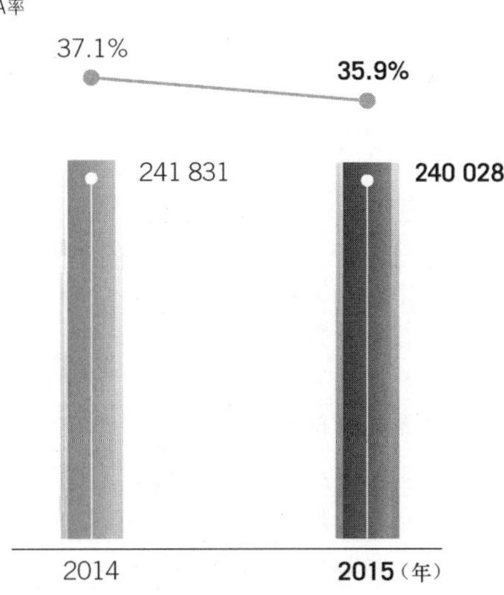

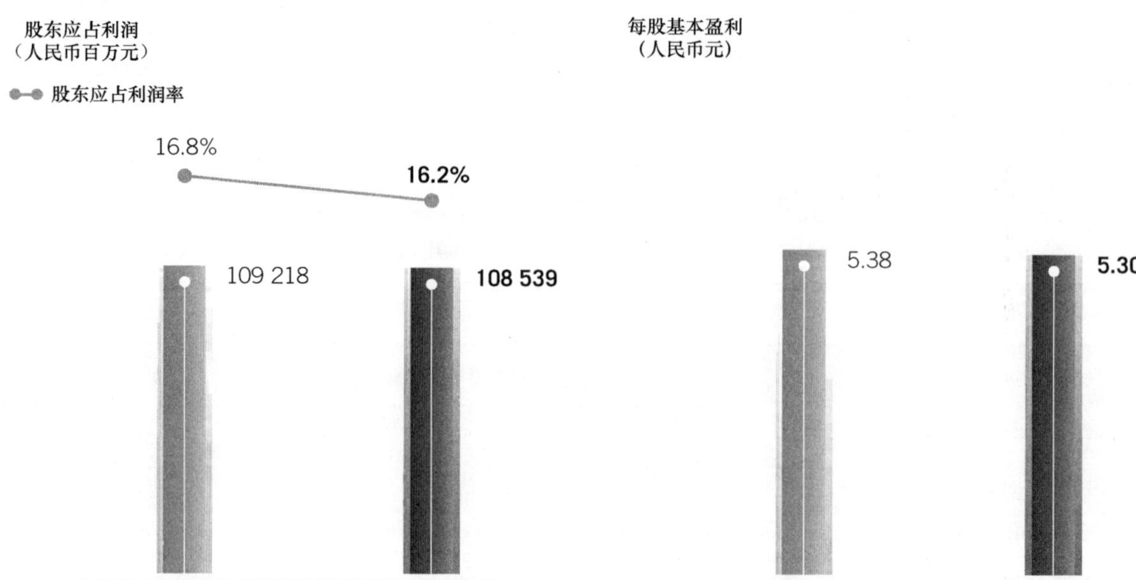

二、业务概览

（一）运营表现

1. 主要运营数据

	2015 年	2014 年	变化（%）
移动业务			
客户数（百万户）	826.24	806.63	2.4
其中：4G客户数（百万户）	312.28	90.06	246.7
净增客户数（百万户）	19.61	39.43	–50.3
其中：净增4G客户数（百万户）	222.22	90.06	146.7
总通话分钟数（亿分钟）	42 208	42 939	–1.7
移动数据流量（PB）	2 760.6	1 132.9	143.7
短信条数（亿条）	5 599	6 114	–8.4
平均每月每户通话分钟MOU（分钟/户/月）	430	453	–5.1
平均每月每户手机上网流量DOU（MB/户/月）	339	155	118.5
平均每月每户收入ARPU（元/户/月）	56	59	–5.4
有线宽带业务			
客户数（百万户）	55.03	—	—
平均每月每户收入ARPU（元/户/月）	32	—	—

截至 2015 年年底，集团移动客户数达到 8.26 亿户，中高端客户保持稳定，客户离网率与坏账率持续下降；4G 客户快速增长，全年净增 2.22 亿户，4G 客户总数超过 3.12 亿户，市场份额保持领先。流量业务发展迅猛，移动数据流量高速增长，达到 2 760.6PB，比 2014 年增长 143.7%，流量业务成为收入增长的主要驱动力。这也显示了集团营运重点从传统业务向流量业务的转移。语音业务继续下滑，MOU 为 430 分钟，下降 5.1%。同时，集团在有线宽带业务方面完成布局，经过近年来与铁通的联合发展，2015 年年底，集团有线宽带客户达 5 500 万户，其 ARPU 为 32 元。

2．4G 发展

截至 2015 年年底，集团建成 110 万个 4G 基站，实现了乡镇以上的连续覆盖以及农村数据热点的有效覆盖，基本实现了高铁、地铁、重点景区的全覆盖，覆盖人口规模超过 12 亿，成为全球最大的 4G 网络。同时，集团不断完善 4G 网络质量管理体系，加强基于客户感知的端到端质量保障机制，深入开展 4G 无线网络、核心网络优化，城市道路平均下客户净增载速率超过 37Mbit/s，CSFB 全程成功率[1]提升至 98.4%，客户感知得到显著改善。

在严格控制成本的情况下，集团将资源重点投向 4G，引导终端厂商推出更多高性价比的 4G 手机，截至 2015 年年底，4G 手机款式超过 1 000 款。推动销售渠道加强终端、USIM 卡和 4G 套餐一体化营销，全年全渠道销售 4G 终端约 3.2 亿部。集团一年内净增 4G 客户超过 2.22 亿户，4G 客户总数超过 3.12 亿户，成为全球 4G 客户规模最大的运营商。各项积极举措不但推动了 4G 客户规模发展，加快了 2G/3G 客户向 4G 迁移，同时促进了客户价值提升，4G 客户 DOU 达至 748MB，是移动客户的 2.2 倍。

已开通 114 个国家和地区的 4G 国际漫游；继续与 GTI 等组织加强合作，推动 TD-LTE 全球发展，目前，TD-LTE 商用网络达到 76 个。

3．业务增长

2015 年，集团客户数据专线、IDC 收入分别比 2014 年增长了 95.3% 和 31.1%，集团客户通信和信息化收入市场份额进一步提升，已接近行业的 1/3。

付费客户超过 567 万户。Mobile Market 平台应用分发量逐步上升，物联网连接规模超过 6 000 万。

4．传统业务下滑

随着互联网业务替代影响的持续加剧以及实时通信应用的流行，客户信息通信方式发生转变，集团语音和短彩信业务有所下降。2015 年，总通话分钟数为 4.22 万亿分钟，比 2014 年下降 1.7%；MOU 为 430 分钟，下降 5.1%；语音业务收入下降 16.5%。短信及彩信业务收入下降 10.2%。

（二）业务策略

1．网络组织

网络组织能力是信息通信企业保证业务运营、保持基业长青的核心能力之一。集团致力打造

1．CSFB 全程成功率 = CSFB 的接通率 ×（1 －掉话率）。

更低成本、更高效率、更好性能的信息基础设施，科学规划网络发展，合理优化资源配置，推动各类网络协调发展。在重点打造优质 4G 网络的同时，深入挖掘各类网络资源潜能。骨干网络能力进一步增强，省际骨干传送网带宽达到 285TB；完善国际网络布局，国际传输带宽达到 2 983GB，POP 点达到 25 个，覆盖东南亚、北美、中东、西非和欧洲。同时，加快构建新型基础设施能力，推进全网集中化的各种基础设施的高效利用。本集团持续深化网络集中化运营维护管理，增强自主优化能力。同时，不断加快 IT 支撑的转型，形成统一管控的大 IT 支撑系统。提高应急通信和网络安全保障能力，持续优化响应流程，增强网络应急响应和互联网安全防护能力。

2. 业务创新

全力助力“互联网 +”行动计划，在移动互联网、云计算、大数据、物联网领域积极布局，推进专业化运营，培育创新发展能力，通过咪咕公司、互联网公司、物联网公司等，进行内容和应用领域的探索，进行以客户为中心、以自主能力为基础的产品研发。我们加强了“和娱乐”“和沟通”“和生活”等产品整合，推进了集团客户融合通信、IDC、互联网电视业务等产品的全网集中化运营，推出了“和教育”“和健康”、车联网等行业信息化产品，移动云业务也正式商用。同时，建成全球最大公众物联网，可承载数十亿级物联网终端规模。

自有品牌产品也不断丰富，推出了 3 款手机，自主研发了多款物联网智能模块，推出了 2 款“魔百和”产品，11 款自有品牌车机与 2 款 OBD 终端并正式商用。

3. 客户服务

在提升业务创新能力的同时，集团秉持“客户为根、服务为本”的经营理念，创新服务模式和方式，推动运营模式、服务体系向关注客户体验、成就客户价值转变。持续完善前后台分离的客户服务体系；打造顺应时代要求的营销服务渠道体系，开辟大量电子渠道和移动互联网服务渠道；切实保护客户权益，积极响应客户诉求，推进资费体系简单化、透明化，强化投诉快速响应和死循环管理。完善了全流程的 4G 服务保障体系，巩固服务优势，完善了存量客户保有和维持体系，客户感知持续改善，客户满意度行业领先，点对点垃圾短信举报率以及百万客户申诉率保持行业最低。

4. 有线宽带

在完成收购铁通的资产和业务，获得有线宽带牌照和网络资源后，集团将坚持高起点、高质量、高价值的原则，重视投入产出，发展有线宽带客户，发展有线宽带业务，加快提升有线宽带的业务质量和市场竞争力。兼顾各地区差异，因地制宜，采用有线和无线结合的方式，推动宽带接入。主推中高速带宽产品，打造优质品牌，拓展中高端客户。丰富家庭宽带应用，拓展高清视频业务、家庭安防业务等智能家居产品，满足家庭客户通信需求。通过不断完善产品、资费、品牌、营销、渠道、服务六大体系，稳步推进有线宽带的规模经营和价值经营。

面对未来，适应和引领行业发展新常态，更好地支撑服务网络强国建设和“互联网 +”行动，着力提升客户价值、增强核心能力、推进改革突破，继续保持 4G 领先优势，打造高质量的有线宽带业务，加快推进创业布局、创新发展，积极探索培育新的发展动能，实现企业的持续健康发展。

三、财务概览

（一）财务业绩概况

	2015年	2014年经重列	变化
营运收入（人民币百万元）	668 335	651 509	2.6%
其中：通信服务收入（人民币百万元）	584 089	591 602	–1.3%
EBITDA（人民币百万元）	240 028	241 831	–0.7%
EBITDA率	35.9%	37.1%	–1.2pp
EBITDA占通信服务收入比	41.1%	40.9%	0.2pp
股东应占利润（人民币百万元）	108 539	109 218	–0.6%
股东应占利润率	16.2%	16.8%	–0.6pp
每股基本盈利（人民币元）	5.30	5.38	–1.5%

（二）营运收入

2015 年，公司加快推动 4G 发展，保持收入的平稳增长。营运收入达到 6 683 亿元（如未特别注明，财务概览金额均以人民币列示），比 2014 年增长 2.6%，其中通信服务收入为 5 841 亿元，比 2014 年下降 1.3%。尽管传统业务收入继续下滑，但数据业务收入取得强劲增长，其规模首次超过语音业务，成为首要收入来源。

通信服务收入
（人民币百万元）

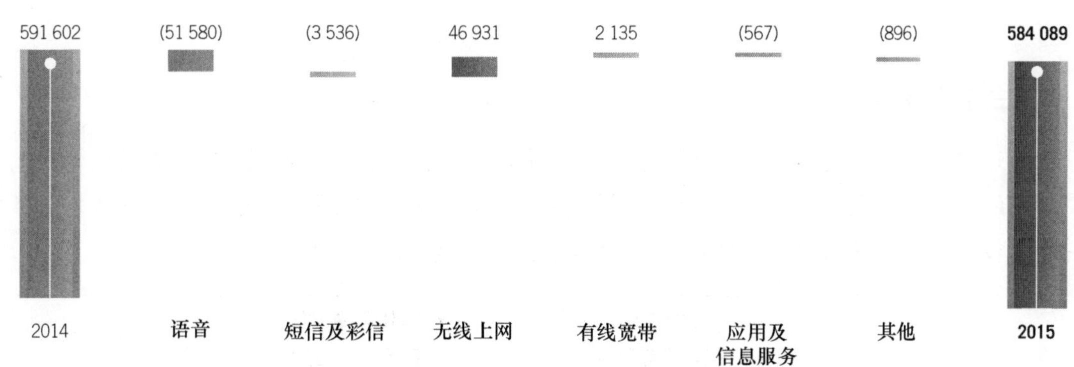

1．语音业务收入

受移动互联网业务替代等因素的影响，语音业务收入继续下滑，2015 年语音业务收入为 2 619 亿元，比 2014 年下降 16.5%，占通信服务收入比重为 44.8%，比 2014 年下降 8.2 个百分点。

2．数据业务收入

2015 年，数据业务收入为 3 034 亿元，比 2014 年增长 17.4%，占通信服务收入比重达到 52.0%，比 2014 年提升 8.3 个百分点。

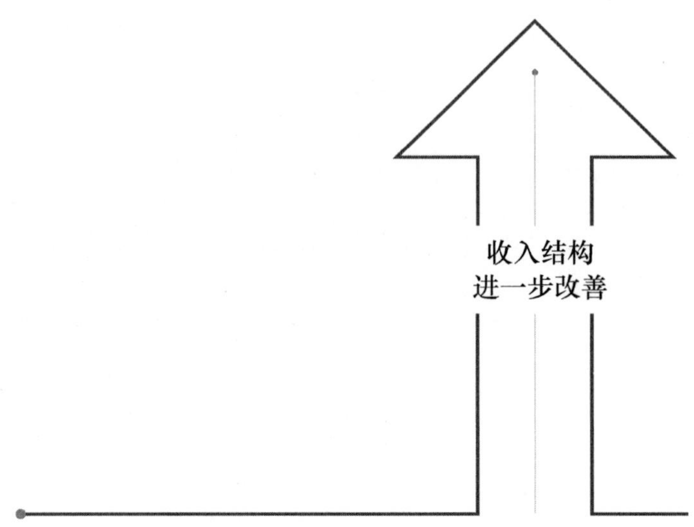

公司以 4G 为核心加速业务发展，加快 2G/3G 客户向 4G 迁移，丰富各类应用，加强流量精准营销，令流量取得迅猛增长，成为收入增长主要引擎。无线上网业务收入达到 2 009 亿元，比 2014 年增长 30.5%，占通信服务收入比重提升至 34.5%，有效弥补了语音和短彩信业务收入的下滑。受 OTT 替代影响，短彩信业务收入为 312 亿元，比 2014 年下降 10.2%。稳步发展有线宽带业务，通过收购铁通的资产和业务获得有线宽带牌照，进一步发挥协同效应，有线宽带业务收入达到 183 亿元，比 2014 年增长 13.2%。应用及信息服务收入为 530 亿元，比 2014 年略有下降，公司在机制体制、运作模式方面将继续创新探索，未来仍有较大提升空间。

（三）营运支出

2015 年，公司贯彻效益价值理念，前瞻优化资源配置，持续加强成本精细化管理，压降销售费用和行政办公费用，降本增效取得实效。营运支出为 5 654 亿元，比 2014 年增长 5.8%；占营运收入的比重为 84.6%，保持了行业领先的盈利能力。

	2015年（人民币百万元）	2014年经重列（人民币百万元）	变化（%）
营运支出	565 413	534 189	5.8
电路及网元租赁费	20 668	15 843	30.5

（续表）

	2015年（人民币百万元）	2014年经重列（人民币百万元）	变化（%）
网间互联支出	21 668	23 502	–7.8
折旧	136 832	122 805	11.4
雇员薪酬及相关成本	74 805	70 385	6.3
销售费用	59 850	75 655	–20.9
销售产品成本	89 297	74 495	19.9
其他营运支出	162 293	151 504	7.1

1. 电路及网元租赁费

电路及网元租赁费为 207 亿元，比 2014 年增长 30.5%，占营运收入的比重为 3.1%。电路及网元租赁费主要包括铁塔使用费、TD-SCDMA 网络容量租赁费、村通资产租赁费等。根据使用铁塔的实际情况，公司计提铁塔使用费共 56 亿元（存量铁塔 2015 年 11 月和 12 月使用费以及新建铁塔自交付日起使用费），是电路租费增长的主因。

2. 网间互联支出

网间互联支出为 217 亿元，比 2014 年下降 7.8%，占营运收入的比重为 3.2%，主要由于语音、短彩信业务量下滑，结算量随之下降。

3. 折旧

折旧费用为 1 368 亿元，比 2014 年增长 11.4%，占营运收入的比重为 20.5%。当前公司正处于 4G 发展和战略转型的关键时期，为保持 4G 领先优势和巩固市场地位，加大了 4G 网络建设和传输网建设力度，折旧费用随着资产规模增加而相应增长。存量铁塔相关资产的转让将有助于未来折旧成本的减少。

4. 雇员薪酬及相关成本[1]

雇员薪酬及相关成本为 748 亿元，比 2014 年增长 6.3%，占营运收入比重为 11.2%。由于实施企业年金制度，深化用工结构调整和分配制度改革，加大对基层员工的激励，以及社会保险费用刚性增长，雇员薪酬及相关成本相应有所上升。

5. 销售费用

销售费用为 599 亿元，比 2014 年下降 20.9%，占营运收入的比重为 9.0%。公司深化营销模式转型，优化销售费用投向结构，推动终端销售市场化，加快社会渠道转型，促进广告宣传集中化，利用大数据进行精准营销，营销效率显著提升。近两年累计压降销售费用超过

1. 按照《中华人民共和国劳动合同法》（修正案）及其配套法律法规关于降低劳务派遣用工占总人工比例的要求，公司已开展调整劳动合同和劳务派遣两类用工结构工作，此调整工作造成 2015 年劳动合同用工数量大幅增加，劳务派遣用工数量大幅减少。为合理反映雇员薪酬及相关成本的构成和变动情况，公司相应将人工成本及于 2015 年前记录于其他营运支出的劳务费合并至雇员薪酬及相关成本列示。比较数据亦按照相同基准进行列示。

300 亿元。

6．销售产品成本

销售产品成本为 893 亿元，比 2014 年增长 19.9%。公司致力于推进 TD-LTE 终端产业链的长远发展，聚焦 4G 终端销售，销售产品成本随销量上升而相应增长。

7．其他营运支出

其他营运支出为 1 623 亿元，比 2014 年增长 7.1%，占营运收入的比重为 24.2%。其他营运支出主要包括维护费用、经营租赁费、坏账准备、资产注销和减值等。其中，维护费用等相关成本随着资产规模的扩大而增加，维护费为 540 亿元，比 2014 年增长 2.1%；物业、厂房及设备注销和减值共 76 亿元，主要为对部分低效末端传输设备和 WLAN 资产计提的减值；继续严控管理费用，会议、差旅等行政办公费用大幅下降。

（四）盈利水平

2015 年，受“营改增”“提速降费”等因素影响，营运利润为 1 029 亿元，比 2014 年下降 12.3%；EBITDA 达到 2 400 亿元，EBITDA 率达到 35.9%；股东应占利润为 1 085 亿元，股东应占利润率为 16.2%，盈利能力保持同业领先水平。

	2015年（人民币百万元）	2014年经重列（人民币百万元）	变化（%）
营运利润	102 922	117 320	–12.3
转让铁塔资产利得	15 525	—	—
其他利得	1 800	1 171	53.7
利息收入	15 852	16 270	–2.6
融资成本	455	487	–6.6
应占按权益法核算的投资的利润	8 090	8 248	–1.9
税项	35 079	33 179	5.7
股东应占利润	108 539	109 218	–0.6

（五）资本结构

公司财务状况继续保持稳健。截至 2015 年年底，资产总额由 2014 年年底的 13 480 亿元增加至 14 279 亿元，负债总额由 2014 年年底的 4 591 亿元变化至 5 075 亿元，资产负债率由 2014 年年底的 34.1% 变化至 35.5%。

2015 年年末，总借款合计为 50 亿元，占总资本（总资本为总借款与股东权益之和）的比重为 0.5%。总借款全部是人民币借款，且均为固定利率借款。公司一贯坚持审慎的财务风险管理政策，偿债能力雄厚，实际平均借款利息率为 4.27%，实际利息保障倍数为 282 倍。

	于2015年12月31日（人民币百万元）	于2014年12月31日经重列（人民币百万元）	变化（%）
流动资产	488 697	486 925	0.4
非流动资产	939 198	861 110	9.1
资产总额	1 427 895	1 348 035	5.9
流动负债	501 038	452 492	10.7
非流动负债	6 489	6 560	–1.1
负债总额	507 527	459 052	10.6
非控制性权益	3 032	2 067	46.7
股东应占权益	917 336	886 916	3.4

（六）资本开支、资金管理、现金流及债信评级

1．资本开支

2015 年，公司合理控制投资节奏，优化投资方向，确保投资效益，全年资本开支为 1 956 亿元，比 2014 年下降 9.1%，其中投资于 4G 网络 791 亿元。2016 年资本开支计划为 1 862 亿元，其中 4G 网络 757 亿元，有线宽带 112 亿元，不含接入的传输网 390 亿元。

2．资金管理和现金流

2015 年，公司现金流状况持续健康，经营业务现金流入净额为 2 351 亿元，投资业务现金流出净额为 1 427 亿元，融资业务现金流出净额为 865 亿元，自由现金流为 395 亿元。截至 2015 年年末，公司现金及银行结存余额为 4 078 亿元，其中人民币资金占 98.6%，美元资金占 0.5%，港币资金占 0.9%。稳健的资金管理和健康的现金流为公司抵御风险、实现持续健康发展奠定了稳固的基础。

3．债信评级

目前，公司的债信评级等同于中国国家主权评级，为拥有标普 AA-/ 前景稳定和穆迪评级 Aa3/ 前景负面，体现公司雄厚的财务实力、良好的业务潜力和稳健的财务管理得到了市场的高度认可。

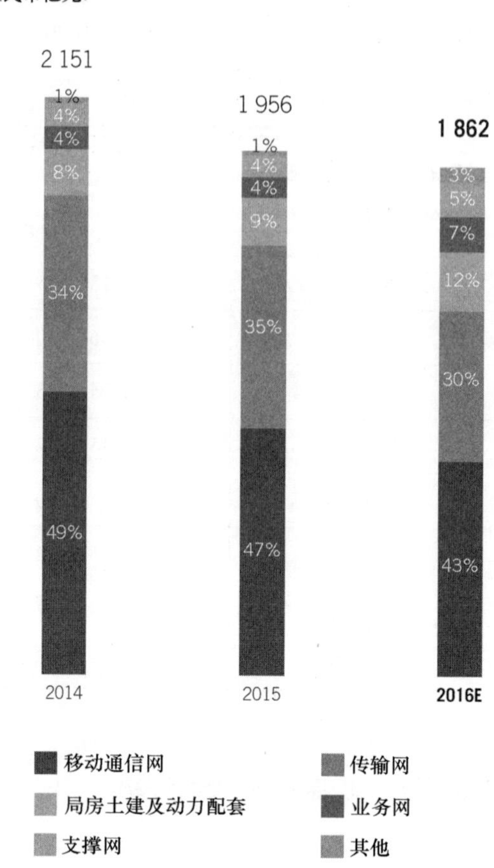

（七）从铁通收购目标资产和业务

2015 年，中移铁通与铁通签订收购协议，收购其持有的位于中国 31 个省、自治区及直辖市的若干资产、业务及相关负债并接收相关从业人员，收购的最终对价为 319.67 亿元。本次收购将帮助公司获得有线宽带牌照和全国性的网络资源，提升全业务竞争力，并可取得成本协同效益，以及显著减少关连交易规模。

（八）向中国铁塔转让存量铁塔相关资产

2015 年，通信公司以公允的价格向中国铁塔转让存量铁塔相关资产，对价最终金额为 1 027.36 亿元。根据交易协议，中国铁塔已向通信公司发行约 451.51 亿股对价股份，发行价按每股 1 元，此外还需向通信公司支付约 575.85 亿元现金对价。其中，第一笔现金对价 50 亿元已于 2016 年 2 月 25 日支付，剩余约 525.85 亿元将于 2017 年 12 月 31 日前支付，年利率 3.92%。本次交易一次性增厚净利润为 100.96 亿元。由中国铁塔集中统一建设和运营铁塔资源，有助于公司通过共建共享获取更多的基础网络资源，也有助于企业节省资本开支。加之作为中国铁塔主要股东之一，预计可获益于未来中国铁塔利润和价值的提升。

附：财务报表

1. 合并综合收益表

于 2015 年 12 月 31 日（以人民币百万元列示）

	2015年	2014年经重列
营运收入		
通信服务收入	584 089	591 602
销售产品收入及其他	84 246	59 907
	668 335	651 509
营运支出		
电路及网元租赁费	20 668	15 843
网间互联支出	21 668	23 502
折旧	136 832	122 805
雇员薪酬及相关成本	74 805	70 385
销售费用	59 850	75 655
销售产品成本	89 297	74 495
其他营运支出	162 293	151 504
	565 413	534 189
营运利润	102 922	117 320
转让铁塔资产利得	15 525	—
其他利得	1 800	1 171
利息收入	15 852	16 270
融资成本	（455）	（487）
应占按权益法核算的投资的利润	8 090	8 248
除税前利润	143 734	142 522
税项	（35 079）	（33 179）
本年度利润	108 655	109 343
以后可能重分类至损益的本年度其他综合收益 / （亏损）：		
境外企业的财务报表汇兑差额	603	（169）
应占联营公司其他综合收益	901	1 224
本年度总综合收益	110 159	110 398
股东应占利润：		
本公司股东	108 539	109 218
非控制性权益	116	125

（续表）

	2015年	2014年经重列
本年度利润	108 655	109 343
股东应占总综合收益：		
本公司股东	110 043	110 273
非控制性权益	116	125
本年度总综合收益	110 159	110 398
每股盈利－基本	人民币5.30元	人民币5.38元
每股盈利－摊薄	人民币5.30元	人民币5.35元

2. 合并资产负债表

于 2015 年 12 月 31 日（以人民币百万元列示）

	于2015年12月31日	于2014年12月31日经重列
资产		
非流动资产		
物业、厂房及设备	585 631	605 023
在建工程	88 012	95 110
预付土地租赁费及其他	26 773	24 883
商誉	35 343	35 343
其他无形资产	768	787
按权益法核算的投资	115 933	70 451
递延税项资产	25 423	20 654
转让铁塔资产应收款项	56 737	—
受限制的银行存款	4 575	8 731
其他金融资产	3	128
	939 198	861 110
流动资产存货	9 994	9 292
应收账款	17 743	16 715
其他应收款	26 186	14 567
预付款及其他流动资产	11 427	15 482
应收最终控股公司款项	247	112
预付税款	746	702

（续表）

	于2015年12月31日	于2014年12月31日经重列
可供出售金融资产	19 167	2 000
受限制的银行存款	15	736
银行存款	323 330	353 507
现金及现金等价物	79 842	73 812
	488 697	486 925
总资产	1 427 895	1 348 035
权益及负债		
负债		
流动负债		
带息借款	—	1 000
应付账款	243 579	227 577
应付票据	645	674
递延收入	78 100	63 916
应计费用及其他应付款	163 404	138 706
应付最终控股公司款项	7 276	14 519
融资租赁承担	—	68
税项	8 034	6 032
	501 038	452 492
非流动负债		
带息借款一非即期	4 995	4 992
递延收入一非即期	1 291	1 470
递延税项负债	203	98
	6 489	6 560
总负债	507 527	459 052
权益		
股本	402 130	400 737
储备	515 206	486 179
归属于本公司股东权益	917 336	886 916
非控制性权益	3 032	2 067
总权益	920 368	888 983
总权益及负债	1 427 895	1 348 035

3. 合并权益变动表

截至 2015 年 12 月 31 日止年度（以人民币百万元列示）

	本公司股东应占权益									
	股本	股本溢价	资本储备	一般储备	汇兑储备	中国法定储备	保留利润	总计	非控制性权益	总权益
于2014年1月1日（已呈报）	2 142	387 243	（293 052）	72	（600）	235 749	457 219	788 773	1 951	790 724
共同控制下企业合并之调整	—	—	63 038	—	（7）	21	（32 654）	30 398	1	30 399
于2014年1月1日（经重列）	2 142	387 243	（230 014）	72	（607）	235 770	424 565	819 171	1 952	821 123
2014全年的权益变动：										
本年利润	—	—	—	—	—	—	109 218	109 218	125	109 343
其他综合收益/（亏损）	—	—	1 224	—	（169）	—	—	1 055	—	1 055
本年度总综合收益/（亏损）	—	—	1 224	—	（169）	—	109 218	110 273	125	110 398
上年度核准的股息	—	—	—	—	—	—	（26 044）	（26 044）	（10）	（26 054）
本年度宣布分派的股息	—	—	—	—	—	—	（24 880）	（24 880）	—	（24 880）
根据认股权计划发行的股份	9,279	2 073	（3 137）	—	—	—	—	–8 215	—	8 215
转入中国法定储备	—	—	—	—	—	23 172	（22 991）	181	—	181
认股权过期之储备间转移	—	—	（27）	—	—	—	27	—	—	—

（续表）

	本公司股东应占权益									
	股本	股本溢价	资本储备	一般储备	储备	定储备	保留利润	总计	非控制性权益	总权益
过渡至股份无面值制度	389 316	®（389 316）	—	—	—	—	—	—	—	—
其他	—	—	—	—	8	—	（8）	—	—	—
于2014年12月31日（经重列）	400 737	—	（231 954）	72	（768）	258 942	459 887	886 916	2 067	888 983
于2015年1月1日（已呈报）	400 737	—	（294 992）	72	（761）	258 918	492 602	856 576	2 067	858 643
共同控制下企业合并之调整	—	—	63 038	—	（7）	24	（32 715）	30 340	—	30 340
于2015年1月1日（经重列）	400 737	—	（231 954）	72	（768）	258 942	459 887	886 916	2 067	888 983
2015全年的权益变动：										
本年利润	—	—	—	—	—	—	108 539	108 539	116	108 655
其他综合收益	—	—	901	—	603	—	—	1 504	—	1 504
本年度总综合收益	—	—	901	—	603	—	108 539	110 043	116	110 159
上年度核准的股息	—	—	—	—	—	—	（22 283）	（22 283）	（21）	（22 304）
本年度宣布分派的股息	—	—	—	—	—	—	（25 629）	（25 629）	—	（25 629）
根据认股权计划发行的股份	1 393	—	（369）	—	—	—	—	–1 024	—	1 024
转入中国法定储备	—	—	—	—	—	20 542	（20 502）	40	—	40

（续表）

	本公司股东应占权益									
	股本	股本溢价	资本储备	一般储备	储备	定储备	保留利润	总计	非控制性权益	总权益
认股权过期之储备间转移	—	—	（92）	—	—	—	92	—	—	—
共同控制下业务合并之代价	—	—	（31 967）	—	—	—	—	（31 967）	—	（31 967）
共同控制下划归最终控股公司之资产	—	—	（808）	—	—	—	—	（808）	—	（808）
非控股股东向附属公司注资	—	—	—	—	—	—	—	—	870	870
于2015年12月31日	402 130	—	（264 289）	72	（165）	279 484	500 104	917 336	3 032	920 368

4. 合并现金流量表

截至2015年12月31日止年度（以人民币百万元列示）

	2015年	2014年 经重列
经营业务		
除税前利润	143 734	142 522
调整： —物业、厂房及设备折旧	136 832	122 805
—其他无形资产摊销	274	112
—预付土地租赁费摊销	426	407
—转让铁塔资产利得	（15 525）	—
—出售物业、厂房及设备收益	（4）	（1）
—物业、厂房及设备注销和减值	7 614	2 383
—呆账减值亏损	4 839	5 536
—存货减值亏损	272	293
—利息收入	（15 852）	（16 270）
—融资成本	455	487
—非上市证券之股息收入	（11）	—
—享有按权益法核算的投资的利润	（8 090）	（8 248）
—未实现汇兑亏损净额	182	80
—商誉减值亏损	—	1 594
—出售其他金融资产收益	（14）	—
营运资金变动前的经营业务现金流	255 132	251 700
存货增加	（1 005）	（271）
应收账款增加	（5 830）	（8 165）
其他应收款增加	（1 341）	（960）
预付款及其他流动资产减少/（增加）	276	（8 010）
应收最终控股公司款项增加	（135）	（18）
应付账款（减少）/增加	（6 832）	8 191
应付票据增加/（减少）	12	（144）
递延收入增加	14 005	1 200
应计费用及其他应付款增加	18 633	7 722
应付最终控股公司款项（减少）/增加	（32）	4 249

（续表）

	2015 年	2014 年 经重列
经营业务现金流入	272 883	255 494
税项		
一已付香港利得税	（232）	（272）
一已付中国企业所得税	（37 562）	（38 784）
经营业务现金流入净额	235 089	216 438
投资业务		
资本开支	（172 243）	（174 673）
预付土地租赁费	（1 450）	（1 028）
购置其他无形资产所付款项	（212）	（23）
出售物业、厂房及设备所得款项	7	2
银行存款减少	30 177	21 620
受限制的银行存款减少/（增加）	4 877	（2 609）
已收利息	15 655	14 513
购置按权益法核算的投资所付款项	（376）	（9 508）
已收联营公司之股息	2 842	2 476
已收非上市证券之股息	11	—
购买可供出售金融资产	（24 965）	（2 000）
可供出售金融资产到期	8 294	—
财务公司提供短期借款及其他投资支出	（5 500）	—
出售其他金融资产所得款项	140	—
投资业务现金流出净额	（142 743）	（151 230）
融资业务		
行使认股权计划发行股份所得款项	1 024	8 215
非控股股东向附属公司注资	870	—
已付利息	（442）	（480）
已付本公司股东股息	（47 912）	（50 924）
已付非控股股东股息	（21）	（10）
共同控制下业务合并之代价	（31 880）	—
收到委托贷款	8 592	10 242
偿还委托贷款	（18 834）	（9 573）

（续表）

	2015 年	2014 年 经重列
收到最终控股公司短期存款	7 274	—
偿还最终控股公司短期存款	（4 181）	—
偿还债券	（1 000）	—
融资业务现金流出净额	（86 510）	（42 530）
现金及现金等价物净增加	5 836	22 678
年初现金及现金等价物	73 812	51 180
外币汇率变动的影响	194	（46）
年末现金及现金等价物	79 842	73 812

主要非现金交易

截至 2015 年 12 月 31 日，集团应付款项余额中记录本年度为添置在建工程而应付设备供货商的金额为人民币 125 210 000 000 元（2014 年：人民币 120 327 000 000 元）。

截至 2015 年 10 月 31 日，集团完成向中国铁塔股份有限公司（中国铁塔）转让铁塔相关资产。中国铁塔除按每股面值人民币 1 元的发行价向集团发行 45 151 000 000 股对价股份外，也将向集团支付现金对价人民币 57 585 000 000 元。中国铁塔已于 2016 年 2 月先行支付人民币 5 000 000 000 元，剩余现金对价将于 2017 年 12 月 31 日前递延支付。

5．财务概要

（以人民币百万元列示）

业绩

	2015 年	2014 年 经重列	2013 年 经重列	2012 年 经重列	2011 年 经重列
营运收入					
通信服务收入	584 089	591 602	600 424	569 522	536 988
销售产品收入及其他	84 246	59 907	39 624	21 484	10 298
	668 335	651 509	640 048	591 006	547 286
营运支出					
电路及网元租赁费	20 668	15 843	14 816	8 597	6 358
网间互联支出	21 668	23 502	25 983	25 156	23 638
折旧	136 832	122 805	111 493	105 658	101 066
雇员薪酬及相关成本	74 805	70 385	66 681	59 499	52 548

（续表）

	2015 年	2014 年 经重列	2013 年 经重列	2012 年 经重列	2011 年 经重列
销售费用	59 850	75 655	91 719	79 987	78 556
销售产品成本	89 297	74 495	61 409	41 497	23 124
其他营运支出	162 293	151 504	136 523	119 923	111 251
	565 413	534 189	508 624	440 317	396 541
营运利润	102 922	117 320	131 424	150 689	150 745
转让铁塔资产利得	15 525	—	—	—	—
其他利得	1 800	1 171	989	672	598
利息收入	15 852	16 270	15 368	12 696	8 447
融资成本	（455）	（487）	（1 195）	（949）	（1 232）
应占按权益法核算的投资的利润	8 090	8 248	7 063	5 685	4 306
除税前利润	143 734	142 522	153 649	168 793	162 864
税项	（35 079）	（33 179）	（36 746）	（41 887）	（40 593）
本年度利润	108 655	109 343	116 903	126 906	122 271
以后可能重分类至损益的本年度其他综合收益 /（亏损）：					
境外企业的财务报表汇兑差额	603	（169）	（176）	（6）	（312）
应占联营公司其他综合收益/（亏损）	901	1 224	（767）	（16）	（229）
本年度总综合收益	110 159	110 398	115 960	126 884	121 730
股东应占利润：					
本公司股东	108 539	109 218	116 791	126 799	122 162
非控制性权益	116	125	112	107	109
本年度利润	108 655	109 343	116 903	126 906	122 271
股东应占总综合收益：					
本公司股东	110 043	110 273	115 849	126 777	121 623
非控制性权益	116	125	111	107	107
本年度总综合收益	110 159	110 398	115 960	126 884	121 730

资产和负债

	于2014年12月31日	于2013年12月31日	于2012年12月31日	于2011年12月31日	于2010年12月31日
物业、厂房及设备	585 631	605 023	520 571	469 627	429 836
在建工程	88 012	95 110	91 600	68 551	68 612
预付土地租赁费及其他	26 773	24 883	19 784	14 266	12 863
商誉	35 343	35 343	36 937	36 938	36 938
其他无形资产	768	787	1 090	952	848
按权益法核算的投资	115 933	70 451	53 946	48 356	43 806
递延税项资产	25 423	20 654	17 522	13 622	10 949
转让铁塔资产应收款项	56 737	—	—	—	—
受限制的银行存款	4 575	8 731	6 816	5 418	122
其他金融资产	3	128	128	128	130
流动资产	488 697	486 925	474 290	452 620	387 831
总资产	1 427 895	1 348 035	1 222 684	1 110 478	991 935
流动负债	501 038	452 492	394 281	353 224	306 316
带息借款－非即期	4 995	4 992	5 989	29 619	30 617
递延收入－非即期	1 291	1 470	1 187	764	587
递延税项负债	203	98	104	51	17
总负债	507 527	459 052	401 561	383 658	337 537
总权益	920 368	888 983	821 123	726 820	654 398

注：2011 年、2012 年、2013 年及 2014 年财务数据经重列已反映同一控制下收购目标资产和业务的影响。

中国联合网络通信集团有限公司 2015 年发展综述 *

中国联合网络通信（香港）股份有限公司于 2000 年 2 月在香港注册成立，于 2000 年 6 月 21 日和 22 日分别在纽约证券交易所和香港联合交易所挂牌上市。于 2001 年 6 月 1 日，本公司股份被正式纳入恒生指数成分股。

公司于 2008 年 10 月 15 日与中国网通集团（香港）有限公司正式合并。公司最终母公司中国联合网络通信集团有限公司（以下简称联通集团）和中国网络通信集团公司（“网通集团”）也于 2009 年 1 月 6 日获批准正式合并。

截至 2015 年 12 月 31 日，联通集团通过其于中国联合网络通信股份有限公司（以下简称 A 股公司）、中国联通（BVI）有限公司和中国联通集团（BVI）有限公司持有之股权持有中国联合网络通信（香港）股份有限公司 61.87% 的股份；A 股公司之股票市场公众投资者通过 A 股公司于中国联通（BVI）有限公司持有之股权持有中国联合网络通信（香港）股份有限公司 12.49% 的股份；中国联合网络通信（香港）股份有限公司余下的 25.64% 股份则由香港联合交易所及纽约证券交易所的公众投资者持有。

目前，中国联合网络通信（香港）股份有限公司在中国提供全方位的电信服务，包括移动宽带（WCDMA、LTE FDD、TD-LTE）、固网宽带、GSM、固网本地电话、信息通信技术服务、数据通信服务以及其他相关增值服务。于 2015 年年底，本公司拥有约 7 400 万固网本地电话用户 、 约 7 200 万固网宽带用户及约 2.52 亿移动出账用户。

一、财务摘要

主要财务指标	2015 年	2014 年
营业收入（人民币亿元）	2 770.5	2 846.8
服务收入[1]（人民币亿元）	2 352.8	2 448.8

* 内容选自 2015 年中国联合网络通信集团有限公司上市财报。

（续表）

主要财务指标	2015 年	2014 年
其中：移动业务	1 426.2	1 551.0
固定业务	912.6	884.8
EBITDA[2]（人民币亿元）	875.0	927.7
EBITDA占服务收入	37.2%	37.9%
净利润（人民币亿元）	105.6	120.6
每股基本盈利（人民币元）	0.441	0.505
每股股息（人民币元）	0.17	0.20

主要业务指标	2015年	2014年
移动用户数（百万）	286.7	299.1
移动出账用户数[3]（百万）	252.3	266.6
移动用户ARPU（人民币元）	40.8	44.1
移动出账用户ARPU[3]（人民币元）	46.3	47.8
网络宽带用户数（百万）	72.3	68.8
网络宽带ARPU（人民币元）	63.6	62.2
网络本地电话用户数（百万）	73.9	82.1

注：1. 由于存在不可分摊项目，服务收入不等于移动业务与固网业务服务收入之和。

2. EBITDA反映了在计算财务费用、利息收入、应占联营公司亏损、应占合营公司亏损、净其他收入、所得税、折旧及摊销前的年度盈利。由于电信业是资本密集型产业，资本开支和财务费用可能对具有类似经营成果的公司盈利产生重大影响。因此，公司认为，对于与集团类似的电信公司而言，EBITDA有助于对公司经营成果分析。

3. 为更好地满足公司战略管理的需要，在移动业务方面，2016年公司管理和分析的重点将更加聚焦于出账的移动用户（一般指当月有收入贡献的用户）和4G用户（持有4G终端并使用公司4G网络的出账移动用户）。自2016年1月起公司将披露出账的移动用户和4G用户指针及变化，同时不再披露移动宽带用户数。用户数据披露的变更将不会影响公司收入和利润的确认。

二、业务回顾

2015 年，公司重点转向 4G 业务发展，加快光纤宽带网络建设改造和“智慧沃家”业务发展，在创新业务领域开展专业化、市场化运营，各领域工作取得新进展。

（一）移动业务

2015 年，公司移动业务发展面对严峻挑战，包括“提速降费”“流量单月不清零”“营改增”和竞争加剧等。公司移动出账用户达到 25 232 万户，全年净减 1 426 万户，移动出账用户每月每户平均收入（ARPU）为人民币 46.3 元。年内，竞争对手加大推广 4G 业务，公司既有的 3G 业务竞争优势快速减弱。公司加速部署 4G+ 业务发展策略，启动载波聚合试点，优化 4G 产品体系，全面开放 4G 网络。持续完善基于 cBSS 的移动业务套餐资费促销体系，加快家庭、乡镇、校园等细分市场发展，强化开展群组化融合化经营。以领先的沃易购平台为渠道终端一体化运营提供保障，打造终端供应与渠道服务支撑差异化优势，完善以客户体验为中心的客户经营维系体系，通过机网业匹配专项活动的深入，引导用户终端升级、套餐适配，推动用户使用 4G 业务，提升用户价值，拉动用户发展。深入推进基于运营商网络、数据信息业务平台等能力的 WO+ 开放体系，根据不同业务的用户群体特征，构建群组化在线营销生态圈，联合旅游、音视频等垂直领域合作伙伴，推出相应的群组专属产品。移动手机数据流量达到6 958.3亿MB，同比增长60.1%；WO+ 能力开放平台累计接入合作伙伴接近2 200家，年度能力调用 7.9 亿次。

（二）固网业务

2015 年，公司加快光改营销及固网宽带提速工作，继续推进专业化维系及服务体系建设；构建“智慧沃家”业务体系，逐步迭加 TV 视频、沃家云盘等增值产品，不断丰富家庭互联网应用，实现由产品营销向体验式营销、场景化营销的转变，实现全业务经营由产品向客户价值经营的创新转型，实现了固网业务稳定增长。宽带用户净增 354 万户，达到 7 233 万户，宽带用户 ARPU 为人民币 63.6 元；FTTH 用户占比达到 53.1%，同比提高 23.6 个百分点；受互联网新技术和移动替代加剧影响，本地电话用户流失 820 万户，用户总数达到 7 386 万户。

（三）网络能力

2015 年，公司重点聚焦 4G 与宽带发展，稳步扩大 4G 网络覆盖，全年建设 4G 网络基站 30.6 万个，总数达到 39.9 万个。大规模实施光纤宽带网络建设和全光网络改造，固网宽带端口达到 1.65 亿个，FTTX 端口占比达到 93%。

公司继续扩容国际网络，完善国际网络布局。截至 2015 年年底，互联网国际出口带宽达到 1 278GB，国际海缆总容量达到 5 511GB，国际陆缆总容量达到 2 802GB，境外网络节点达到 83 个，国际漫游覆盖达到 251 个国家和地区的 593 家运营商。

（四）市场营销

1．品牌策略

2015 年，公司充分利用自有资源、产业链资源及重大展览展示契机，有重点、有节奏持续推广核心业务。以品牌为引领，聚焦网络、业务、服务体验改善高声量传播，塑造沃 4G+ 不仅更快，体验更舒心、消费更放心、服务更贴心的差异化形象；创新采用“智慧沃家”产业链合作及营销创意众筹模式，借助移动互联网手段交互式宣传用户易懂的业务优势，全方位传递“精彩在沃”的品牌理念，持续提升“沃”品牌影响力。

2．营销策略

2015 年，公司在市场环境深刻变化的情况下，通过转型来建立差异化竞争优势：以 4G 为引领，增存并重有效发展；加快光改，以“智慧沃家”为核心，抢占家庭客户全业务制高点；以沃易购为抓手，实现终端、渠道、业务一体化运营。

公司面向移动互联网，以能力开放为基础，建立了互为渠道、流量合作、联合运营的典型互联网合作模式，在风险控制、市场洞察、征信服务等方面与汽车、金融、快消品等领域的领先企业深入合作，有效促进了创新业务发展。

公司在 IDC 和云计算、ICT、物联网等领域开展专业化经营，积极参与和承接全国“互联网+”项目及相关领域的信息化建设，聚焦制造、教育、医疗等热点领域，拓展重点行业生态圈及相关应用产品市场商机，集团客户收入保持了持续增长。

3．营销渠道

2015 年，公司借助沃易购平台的支撑，打造渠道终端一体化运营的模式，发挥渠道和终端的协同效应；全面拥抱“互联网+”浪潮，以用户价值为导向，将电子商务深入推进到经营发展、客户服务和企业管理各个领域。全年自营厅终端连锁厅已超过 5 000 家，电子商务全年交易额超过人民币 920 亿元。

4．客户服务

2015 年，公司积极构建以客户为中心的服务、营销、维系一体化运营体系，充分发挥服务渠道价值，持续开展重点区域服务攻坚，推进以工单为载体的大服务运营，进一步加快互联网服务建设，开展客户口碑评价与客户体验管理，积极改进服务短板，改善客户感知，全年用户申诉量保持行业最低。

三、财务概览

（一）概述

受“提速降费[1]”“流量单月不清零[2]”“营改增[3]”竞争加剧及汇兑损失等影响，2015 年公司实现营业收入人民币 2 770.5 亿元，同比下降 2.7%，实现净利润人民币 105.6 亿元，同比下降 12.4%，每股基本盈利为人民币 0.441 元，同比下降 12.7%。

2015 年公司经营活动现金流量净额为人民币 843.0 亿元，资本开支为人民币 1 338.8 亿元。截至 2015 年年底，公司资产负债率为 62.1%。

（二）营业收入

2015 年公司营业收入实现人民币 2 770.5 亿元，同比下降 2.7%。其中，服务收入为人民币

1. 2015 年国务院办公厅发布《关于加快高速宽带网络建设推进网络提速降费的指导意见》中要求，电信企业应加快推进宽带网络基础设施建设，进一步提速降费，提升服务水平。
2. 自 2015 年 10 月 1 日起，公司推出手机月套餐内当月剩余流量有效期延期至次月的优惠方案。
3. 自 2014 年 6 月 1 日起，在中华人民共和国境内开展电信业营业税改征增值税（简称营改增）。

2 352.8 亿元，同比下降 3.9%，销售通信产品收入为人民币 417.7 亿元，同比增长 4.9%。

下表反映了公司 2015 年和 2014 年的服务收入构成及各业务服务收入所占服务收入百分比情况。

（人民币亿元）	2015年		2014年	
	累计完成	所占服务收入百分比（%）	累计完成	所占服务收入百分比（%）
服务收入	2 352.8	100.0	2 448.8	100.0
其中：移动业务	1 426.2	60.6	1 551.0	63.3
固网业务	912.6	38.8	884.8	36.1
其中：固网宽带	539.6	22.9	502.0	20.5

1. 移动业务

2015 年公司移动业务发展面临压力，移动业务服务收入实现人民币 1 426.2 亿元，同比减少人民币 124.8 亿元，同比下降 8.0%。

2. 固网业务

2015 年公司固网业务服务收入实现人民币 912.6 亿元，同比增长 3.1%，其中固网宽带服务收入对固网业务服务收入增长的拉动显著，固网宽带业务服务收入为人民币 539.6 亿元，同比增长 7.5%，所占固网业务服务收入的比重由 2014 年的 56.7% 上升至 59.1%。

（三）成本费用

2015 年公司持续优化资源配置，加强精细化管理，成本费用合计为人民币 2 630.1 亿元，同比下降 2.1%，其中营业成本为人民币 2 662.8 亿元，同比增长 0.2%。

下表列出了 2015 年和 2014 年公司成本费用项目以及每个项目所占营业收入的百分比变化情况。

（人民币亿元）	2015年		2014年	
	累计发生	所占营业收入百分比（%）	累计发生	所占营业收入百分比（%）
成本费用合计	2 630.1	94.93	2 687.5	94.40
营业成本	2 662.8	96.11	2 657.8	93.36
其中：网间结算支出	130.9	4.73	146.0	5.13
折旧及摊销	767.4	27.70	738.7	25.95
网络、营运及支撑成本	423.1	15.27	378.5	13.30
雇员薪酬及福利开支	351.4	12.68	346.5	12.17

（续表）

（人民币亿元）	2015年		2014年	
	累计发生	所占营业收入百分比（%）	累计发生	所占营业收入百分比（%）
销售通信产品成本	440.5	15.90	434.0	15.24
销售费用	319.7	11.54	401.9	14.12
其他经营及管理费	229.8	8.29	212.2	7.45
财务费用（抵减利息收入）	65.0	2.34	43.3	1.52
应占联营公司亏损[1]	7.6	0.27	—	—
应占合营公司亏损	0.4	0.02	—	—
净其他收入	–105.7	–3.81	–13.6	–0.48

1．网间结算支出

主要受网间话务量下滑影响，2015 年公司网间结算支出发生人民币 130.9 亿元，同比下降 10.3%，所占营业收入的比重由上年的 5.13% 下降至 4.73%。

2．折旧及摊销

公司加快 4G 和固网宽带网络建设，2015 年资产折旧及摊销发生人民币 767.4 亿元，同比增长 3.9%，所占营业收入的比重由上年的 25.95% 变化至 27.70%。

3．网络、营运及支撑成本

一方面从 2015 年起，公司从自营铁塔模式转变为向铁塔公司付费使用模式[1]导致费用增加，另一方面随着网络规模的扩大及能源、物业租金等成本投入加大，2015 年网络、营运及支撑成本发生人民币 423.1 亿元，同比增长 11.8%，所占营业收入的比重由 2014 年的 13.30% 变化至 15.27%。

4．雇员薪酬及福利开支

公司继续深化用工和分配制度改革，2015 年雇员薪酬及福利开支发生人民币 351.4 亿元，同比增长 1.4%，所占营业收入的比重由 2014 年的 12.17% 变化至 12.68%。

5．销售通信产品成本

2015 年公司销售通信产品成本发生人民币 440.5 亿元，同期销售通信产品收入为人民币 417.7 亿元，销售通信产品亏损为人民币 22.8 亿元，其中终端补贴成本为人民币 28.5 亿元，同比下降 38.7%，公司持续优化终端合约产品结构，提升终端补贴成本使用效益，所占营业收入的比重由 2014 年的 1.6% 下降至 1.0%。

1. 随着 2014 年铁塔公司的成立，公司在 2015 年出售若干铁塔及相关资产予铁塔公司，铁塔将由自建自营转变为向铁塔公司支付使用费的方式进行。

6．销售费用

公司围绕落实成本压降，重点加强销售费用管理，积极推进营销模式转型，优化合约产品和渠道结构，促进客户质量的提升，2015 年销售费用发生人民币 319.7 亿元，同比下降 20.5%，所占营业收入的比重由上年的 14.12% 下降至 11.54%。

7．其他经营及管理费

2015 年公司其他经营及管理费发生人民币 229.8 亿元，同比增长 8.4%，所占营业收入的比重由 2014 年的 7.45% 变化至 8.29%。

8．财务费用（抵减利息收入）

2015 年公司净财务费用发生人民币 65.0 亿元，比 2014 年增加人民币 21.7 亿元，其中受人民币汇改影响，汇兑损失发生人民币 21.0 亿元。

9．净其他收入

受铁塔出售净收益人民币 92.5 亿元影响，2015 年公司实现净其他收入人民币 105.7 亿元，比 2014 年增加人民币 92.1 亿元。

（四）盈利水平

1．税前利润

2015 年税前利润实现人民币 140.4 亿元，同比下降 11.9%。剔除铁塔出售净收益人民币 92.5 亿元后，税前利润实现人民币 47.9 亿元，同比下降 69.9%。

2．所得税

2015 年公司的所得税为人民币 34.7 亿元，全年实际税率为 24.7%。

3．年度盈利

2015 年公司净利润实现人民币 105.6 亿元，同比下降 12.4%，每股基本盈利为人民币 0.441 元，同比下降 12.7%。

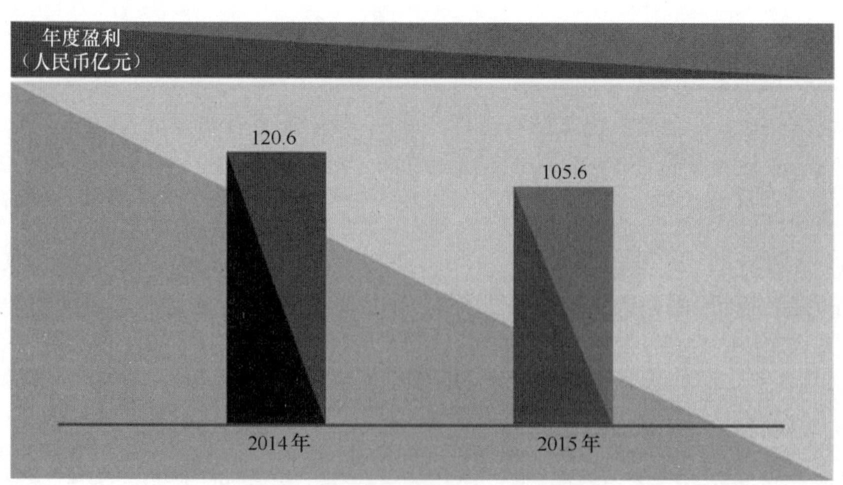

（五）EBITDA[1]

2015 年公司 EBITDA 为人民币 875.0 亿元，同比下降 5.7%，EBITDA 占服务收入的百分比为 37.2%，比 2014 年下降 0.7 个百分点。

（六）资本开支及现金流

2015 年公司各项资本开支合计人民币 1 338.8 亿元，主要用于移动网络、宽带及数据、基础设施及传送网建设等方面。其中，移动网络资本开支为人民币 610.2 亿元，宽带及数据业务资本开支为人民币 337.6 亿元，基础设施及传送网资本开支为人民币 311.6 亿元。

2015 年公司经营活动现金流量净额为人民币 843.0 亿元，扣除本年资本开支后自由现金流为人民币 –495.8 亿元。

下表列出了公司 2015 年主要资本开支项目情况。

（人民币亿元）	2015年	
	累计支出	占比（%）
合计	1 338.8	100.0
其中：移动网络	610.2	45.6
宽带及数据	337.6	25.2
基础设施及传送网	311.6	23.3
其他	79.4	5.9

（七）资产负债情况

截至 2015 年年底，公司资产总额由 2014 年年底的人民币 5 450.7 亿元上升至人民币 6 103.5 亿元，负债总额由上年底的人民币 3 175.3 亿元变化至人民币 3 791.3 亿元，资产负债率由 2014 年年底的 58.3% 变化至 62.1%。债务资本率由上年底的 37.9% 变化至 39.2%；截至 2015 年年底，净债务资本率为 33.5%。

截至 2015 年年底，公司的流动负债净额（即流动负债减流动资产）由 2014 年年底的人民币 2 353.5 亿元变化至人民币 2 794.0 亿元。考虑到公司经营活动净现金流入保持稳定以及良好的信贷信用，我们相信公司应有足够的运营资金满足生产经营需要。

1. EBITDA 反映了在计算财务费用、利息收入、应占联营公司亏损、应占合营公司亏损、净其他收入、所得税、折旧及摊销前的年度盈利。由于电信业是资本密集型产业，资本开支和财务费用可能对具有类似经营成果的公司盈利产生重大影响。因此，公司认为，对于与集团类似的电信公司而言，EBITDA 有助于对公司经营成果分析。

附：财务报表

1. 合并财务状况表

（单位：人民币百万元）

	截至12月31日	
	2015 年	**2014 年**
资产		
非流动资产		
固定资产	454 631	438 321
预付租赁费	9 148	9 211
商誉	2 771	2 771
联营公司权益	31 997	3 037
合营公司权益	978	—
应收关联公司款	18 322	—
递延所得税资产	5 642	6 215
以公允值计量经其他综合收益入账的金融资产	4 852	5 902
其他资产	25 335	23 041
	553 676	488 498
流动资产		
存货及易耗品	3 946	4 378
应收账款	14 957	14 671
预付账款及其他流动资产	10 864	10 029
应收关联公司款	2 846	12
应收境内电信运营商款	1 994	2 120
以公允值计量且其变动计入当期损益的金融资产	106	—
短期银行存款	202	56
现金及现金等价物	21 755	25 308
	56 670	56 574
总资产	610 346	545 072
权益		
归属于本公司权益持有者		
股本	179 102	179 101
储备	（20 734）	（19 482）
留存收益		
一拟派末期股息	4 071	4 789
一其他	68 777	63 133

（续表）

	截至12月31日	
	2015年	**2014年**
总权益	231 216	227 541
负债		
非流动负债		
长期银行借款	1 748	420
中期票据	36 928	21 460
公司债券	2 000	2 000
递延所得税负债	18	17
递延收入	2 005	1 497
其他债务	357	217
	43 056	25 611
流动负债		
短期银行借款	83 852	91 503
短期融资券	19 945	9 979
一年内到期的长期银行借款	84	45
一年内到期的中期票据	2 499	—
可换股债券	—	11 167
应付账款及预提费用	167 396	120 371
应交税金	3 163	1 466
应付最终控股公司款	1 437	1 622
应付关联公司款	3 930	3 542
应付境内电信运营商款	1 300	1 402
应付股利	920	771
递延收入的流动部分	394	462
一年内到期的其他债务	2 797	2 698
预收账款	48 357	46 892
	336 074	291 920
总负债	379 130	317 531
总权益及负债	610 346	545 072
净流动负债	（279 404）	（235 346）
总资产减流动负债	274 272	253 152

2. 合并损益表

（单位：人民币百万元）

	截至12月31日	
	2015 年	**2014 年**
收入	277 049	284 681
网间结算成本	（13 093）	（14 599）
折旧及摊销	（76 738）	（73 868）
网络、营运及支撑成本	（42 308）	（37 851）
雇员薪酬及福利开支	（35 140）	（34 652）
销售通信产品成本	（44 046）	（43 397）
其他经营费用	（54 960）	（61 411）
财务费用	（6 934）	（4 617）
利息收入	438	283
应占联营公司亏损	（759）	—
应占合营公司亏损	（42）	—
净其他收入	10 568	1 362
税前利润	14 035	15 931
所得税	（3 473）	（3 876）
年度盈利	10 562	12 055
应占盈利：		
本公司权益持有者	10 562	12 055
年内本公司权益持有者应占盈利的每股盈利：		
每股盈利一基本（人民币元）	0.44	0.51
每股盈利一摊薄（人民币元）	0.44	0.49

3．合并综合收益表

（单位：人民币百万元，每股数除外）

	截至12月31日	
	2015年	**2014年**
年度盈利	10 562	12 055
其他综合收益		
不会重分类至损益表的项目：		
经其他综合收益入账的金融资产的公允值变动	（1 050）	（619）
经其他综合收益入账的金融资产的公允值变动之税务影响	（1 129）	155
经其他综合收益入账的金融资产的公允值变动，税后	（2 179）	（464）
净设定受益负债重新计量之影响，税后	20	（2）
	（2 159）	（466）
日后可能重分类至损益表的项目：		
外币报表折算差额	60	（12）
税后年度其他综合收益	（2 099）	（478）
年度总综合收益	8 463	11 577
应占总综合收益：		
本公司权益持有者	8 463	11 577

4．合并权益变动表

（单位：人民币百万元）

	归属于本公司权益持有者									
	普通股本	股本溢价	资本赎回储备	以股份为基础的雇员酬金储备	投资重估储备	法定储备基金	可换股债券储备	其他储备	留存收益	总权益
于2014年1月1日余额	2 328	175 204	79	338	（3 763）	26 740	572	43 416）	60 817	218 899
年度总综合收益	—	—	—	—	（464）	—	—	（14）	12 055	11 577
提取法定储备基金	—	—	—	—	—	1 166	—	—	（1 166）	—
前香港《公司条例》下以权益结算之股份期权计划：										
一期权行使所发行的股份	—	19	—	（4）	—	—	—	（3）	—	12
于2014年3月3日转换为无面值股份制度	175 302	（175 223）	（79）	—	—	—	—	—	—	
新香港《公司条例》下以权益结算之股份期权计划：										
一期权行使所发行的股份	1 471	—	—	（283）	—	—	—	（329）	—	859
一期权失效之储备间转移	—	—	—	（22）	—	—	—	—	22	—
2013年股息	—	—	—	—	—	—	—	—	（3 806）	（3 806）
于2014年12月31日余额	179 101	-	-	29	（4 227）	27 906	572	（43 762）	67 922	227 541
年度总综合收益	—	—	—	—	（2 179）	—	—	80	10 562	8 463
提取法定储备基金	—	—	—	—	–874	—	—	（874）	—	
提取其他准备基金	—	—	—	—	—	—	—	2	（2）	—
新香港《公司条例》下以权益结算之股份期权计划：										
一期权行使所发行的股份	1	—	—	—	—	—	—	—	—	1
一期权失效之储备间转移	—	—	—	（29）	—	—	—	—	29	—
赎回可换股债券	—	—	—	—	—	—	（572）	572	—	—
2014年股息	—	—	—	—	—	—	—	—	（4 789）	（4 789）
于2015年12月31日余额	179 102	—	—	—	（6 406）	28 780	—	（43 108）	72 848	231 216

5. 合并现金流量表

（单位：人民币百万元）

	附注	截至12月31日	
		2015 年	**2014 年**
经营活动的现金流量			
经营活动所产生的现金	（a）	91 169	97 062
已收利息		319	283
已付利息		（4 943）	（4 631）
已付所得税		（2 244）	（4 620）
经营活动所产生的净现金流入		84 301	88 094
投资活动的现金流量			
购入固定资产		（88 465）	（69 586）
出售固定资产及其他资产所得款		2 336	797
以公允值计量经其他综合收益入账的金融资产收取之股利		365	353
处置以公允值计量且其变动计入当期损益的金融资产收到的现金		19	—
收取联营公司之股利		10	—
短期银行存款增加		（3）	（1）
购入其他资产		（4 542）	（3 807）
取得以公允值计量且其变动计入当期损益的金融资产支付的现金净额		（66）	—
取得联营公司权益支付的现金净额		（8）	（3 075）
取得合营公司权益支付的现金净额		（1 000）	—
投资活动所支付的净现金流出		（91 354）	（75 319）
融资活动的现金流量			
行使股份期权获得之现金		1	871
发行短期融资券所得款		30 000	19 885
短期银行借款所得款		139 663	158 259
长期银行借款所得款		1 920	—
最终控股公司之借款所得款		1 344	—
关联公司之借款所得款		—	473
中期票据所得款		17 957	21 430
偿还短期融资券		（20 000）	（45 000）
偿还短期银行借款		（149 072）	（161 007）
偿还长期银行借款		（45）	（46）
偿还关联公司之借款		（473）	—
偿还最终控股之借款		（1 344）	—
偿还可换股债券		（11 664）	—
偿还融资租赁		（217）	（161）
支付股息予本公司权益持有者		（4 643）	（3 677）
融资活动所产生的净现金流入/（流出）		3 427	（8 973）

（续表）

	附注	截至12月31日	
		2015 年	2014 年
现金及现金等价物的净（减少）/增加		（3 626）	3 802
现金及现金等价物年初余额		25 308	21 506
外币汇率变动的影响		73	—
现金及现金等价物年末余额		1 821 755	25 308
现金及现金等价物分析：			
现金结余		1	3
银行结余		21 754	25 305
		21 755	25 308

（a）将税前利润调整为经营活动所产生的现金如下：

	截至 12 月 31 日	
	2015 年	2014 年
税前利润	14 035	15 931
调整项目：		
折旧及摊销	76 738	73 868
利息收入	（120）	（283）
财务费用	6 641	4 113
处置固定资产及其他资产（收益）/损失	（7 280）	1 064
计提的坏账准备和存货跌价准备	4 054	3 958
固定资产减值损失	29	65
以公允值计量经其他综合收益入账的金融资产收取之股利	（397）	（353）
应占联营公司亏损	759	—
应占合营公司亏损	42	—
其他投资损失	8	28
营运资金变动：		
应收账款增加	（3 666）	（2 927）
存货及易耗品（增加）/减少	（73）	675
其他资产增加	（6 288）	（1 897）
预付账款及其他流动资产增加	（1 630）	（211）
应收关联公司款减少/（增加）	2 905	（1）
应收境内电信运营商款减少/（增加）	126	（1 523）
应付账款及预提费用（减少）/增加	（1 781）	5 451
应交税金增加	5 126	2 068

（续表）

	截至 12 月 31 日	
	2015 年	**2014 年**
预收账款增加/（减少）	1 465	（2 949）
递延收入（减少）/增加	（81）	238
其他债务（减少）/增加	（17）	22
应付最终控股公司款减少	（185）	（12）
应付关联公司款增加/（减少）	861	（161）
应付境内电信运营商款减少	（102）	（102）
经营活动所产生的现金	91 169	97 062

6．财务概要

截至 2015 年 12 月 31 日止 5 个年度。

2011—2015 年的财务概要，包括摘选合并损益表及合并财务状况表 2011 年、2012 年、2013 年、2014 年和 2015 年数据均按《国际财务报告准则》/《香港财务报告准则》编制（单位：人民币百万元，每股数除外）。

业绩（摘选损益表数据）

	2015 年	**2014 年**	**2013 年**	**2012 年**	**2011 年**
收入	277 049	284 681	295 038	248 926	209 167
网间结算成本	（13 093）	（14 599）	（20 208）	（18 681）	（16 380）
折旧及摊销	（76 738）	（73 868）	（68 196）	（61 057）	（58 021）
网络、营运及支撑成本	（42 308）	（37 851）	（33 704）	（32 516）	（29 449）
雇员薪酬及福利开支	（35 140）	（34 652）	（31 783）	（28 778）	（26 601）
销售通信产品成本	（44 046）	（43 397）	（63 416）	（45 040）	（29 739）
其他经营费用	（54 960）	（61 411）	（61 964）	（51 252）	（43 586）
财务费用	（6 934）	（4 617）	（3 113）	（3 664）	（1 474）
利息收入	438	283	173	240	230
应占联营公司亏损	（759）	—	—	—	—
应占合营公司亏损	（42）	—	—	—	—
净其他收入	10 568	1 362	887	1 343	1 451
税前利润	14 035	15 931	13 714	9 521	5 598
所得税	（3 473）	（3 876）	（3 306）	（2 425）	（1 371）
年度盈利	10 562	12 055	10 408	7 096	4 227

（续表）

	2015 年	2014 年	2013 年	2012 年	2011 年
应占：					
本公司权益持有者	10 562	12 055	10 408	7 096	4 227
本公司权益持有者应占每股盈利					
一基本（人民币元）	0.44	0.51	0.44	0.30	
一摊薄（人民币元）	0.44	0.49	0.43	0.30	
固定资产	454 631	438 321	431 625	430 997	381 859
以公允值计量经其他综合收益入账的金融资产	4 852	5 902	6 497	5 567	6 951
流动资产	56 670	56 574	52 210	48 174	38 803
应收账款	14 957	14 671	14 842	13 753	11 412
现金及现金等价物	21 755	25 308	21 506	18 250	15 106
总资产	610 346	545 072	529 171	516 124	456 233
流动负债	336 074	291 920	295 239	302 320	213 927
应付账款及预提费用	167 396	120 371	102 212	108 486	95 252
短期银行借款	83 852	91 503	94 470	70 025	32 372
短期融资券	19 945	9 979	35 000	38 000	38 000
一年内到期的中期票据	2 499	—	—	15 000	—
一年内到期的公司债券	—	—	—	5 000	—
可换股债券	—	11 167	11 002	11 215	11 118
长期银行借款	1 748	420	481	536	1 384
中期票据	36 928	21 460	—	—	15 000
公司债券	2 000	2 000	2 000	2 000	7 000
总负债	379 130	317 531	310 272	306 619	250 335
总权益	231 216	227 541	218 899	209 505	205 898

专题分析

2015 年全球电信运营业运行分析

（一）全球基础电信业市场整体发展概况

1. 移动电话用户市场趋于饱和，基础电信业中低速增长

基础电信业收入低速增长。2015 年全球基础电信业收入达 16 237 亿美元，同比增长 1.2%，增速连续 4 年低于 GDP 增长。全球移动用户普及率超 98%，尽管非洲及南亚等新兴地区移动普及率落后，但随着这些地区的人口及 GDP 的增长，以及手机价格走低的影响，移动用户数的强劲增长将带动全球普及率的进一步饱和。2011—2015 年全球基础电信服务业收入增长情况如图 1 所示。

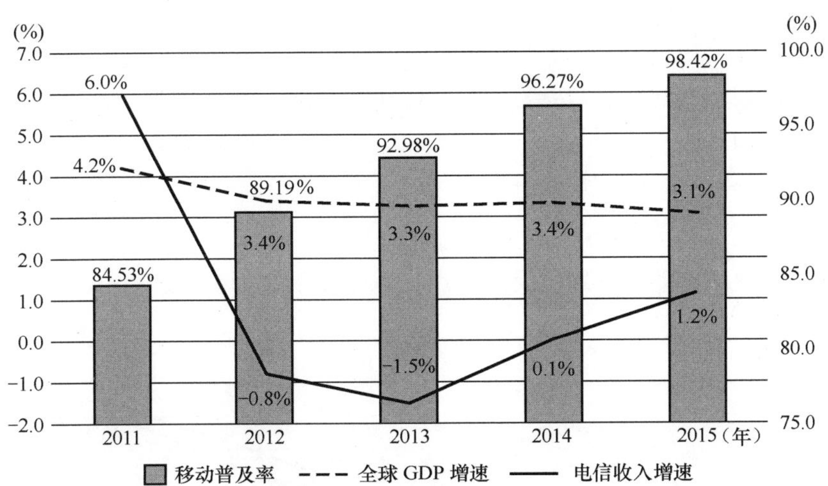

数据来源：Gartner、GSMA、国际货币基金组织。

图 1 2011—2015 年全球基础电信服务业收入增长情况

2. 移动数据业务高速增长，话音业务加速被替代

移动数据业务成为首要增长动力。伴随着全球移动终端设备和移动宽带服务的进一步普及，2015 年全球数据业务收入高速增长，在电信业务收入中占比首次超过 50%，其中固定数据业务收入占比近年来稳中有增，移动数据业务收入占比快速提升，成为电信业增长的首要动力。移动话音业务尽管仍是最主要的收入来源，但占比加速下降，预计 2016 年将被移动数据业务超越。2012—2015 年全球基础电信业收入结构如图 2 所示。

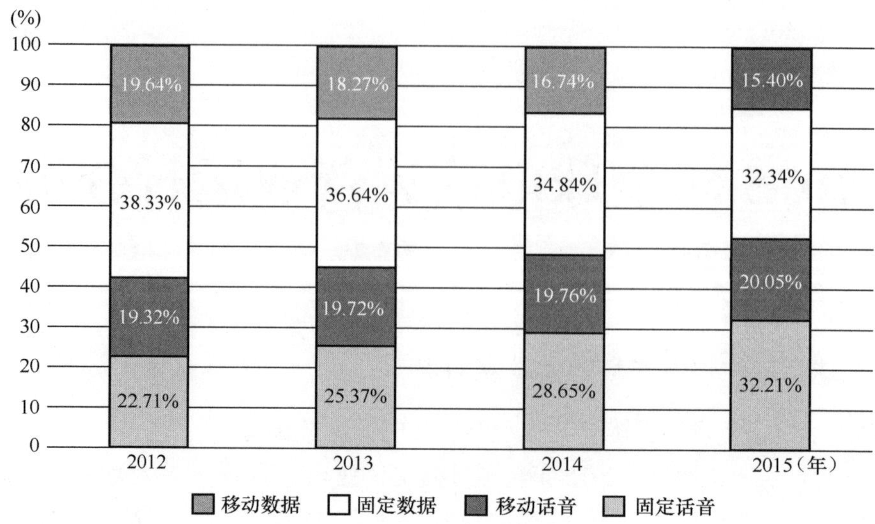

数据来源：Gartner。

图 2　2012—2015 年全球基础电信业收入结构

3. 电信用户加速向宽带化、移动化升级

（1）移动用户宽带化升级加速。2015 年全球移动用户规模近 73 亿，其中，移动宽带用户（3G+4G）超过 34 亿户，占比达 47.0%，较 2014 年提升了 7.6 个百分点。2015 年，4G 发展更为迅速，新增用户首次超过 3G 新增用户。2015 年，LTE 用户新增超过 5 亿户，累计用户数超过 10 亿户。受 4G 影响，3G 用户新增比 2014 年明显下降。

（2）光纤宽带用户占比持续提升。世界各国政府日益重视高速宽带网络建设，实施国家宽带战略推动固定宽带接入进入高速时代，光纤宽带用户占固定宽带用户的比重持续提高，从 2011 年的 17.9% 快速提升至 2015 年的 45.2%。

2011—2015 年全球移动宽带用户及光纤用户占比如图 3 所示，2011—2015 年全球各制式移动用户新增情况如图 4 所示。

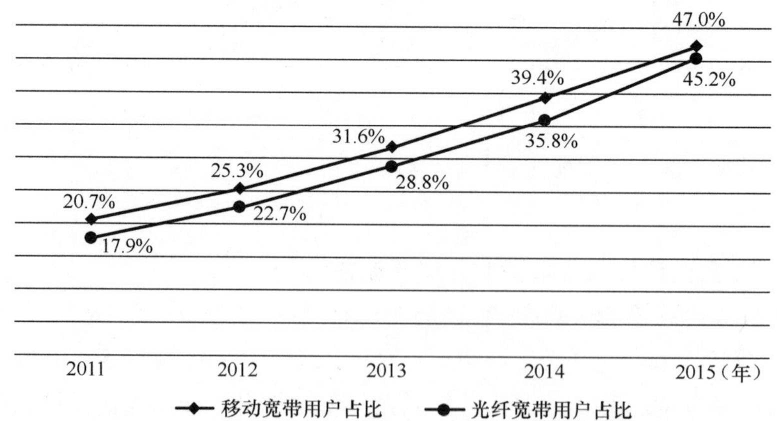

数据来源：GSMA、PointTopic。

图 3　2011—2015 年全球移动宽带用户及光纤用户占比

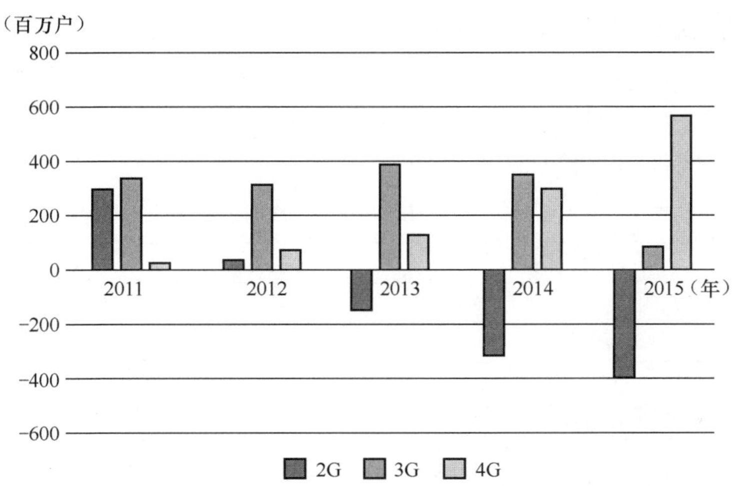

数据来源：GSMA。

图 4　2011—2015 年全球各制式移动用户新增情况

4．全球网络覆盖地区差距较大，LTE-A 部署加快

（1）全球 4G 网络规模稳步增长。据 GSA 统计数据显示，截至 2015 年 12 月，全球已有 147 个国家累计部署了 460 张 LTE 商用网络（见图 5），其中共有 37 个国家部署了 62 张 TD-LTE 网络，18 张为 LTEFDD/TD-LTE 混合网络。同时，全球 LTE 网络覆盖也存在地区性差距较大的特点。全球发展中国家累计部署 LTE 网络 203 张，覆盖比例仅为 19.4%；而发达国家累计部署 LTE 网络 228 张，覆盖比例高达 91%。

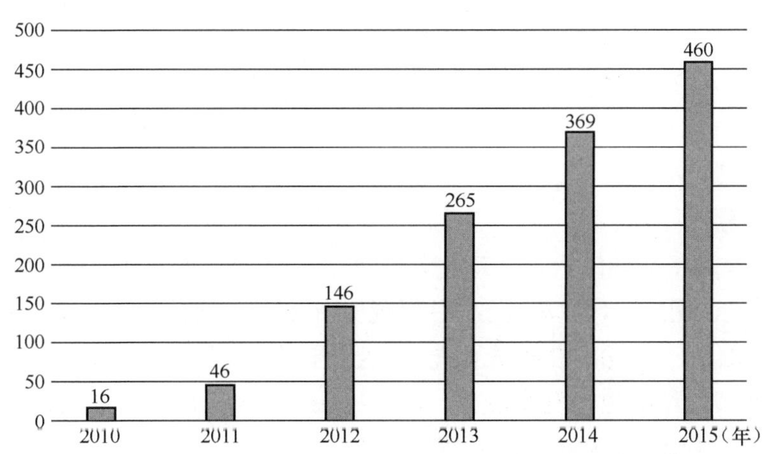

数据来源：GSA。

图 5　2010—2015 年全球 LTE 商用网络规模

（2）全球 LTE-Advanced 网络部署加快，VoLTE 商用进程依旧缓慢（见表 1）。以载波聚合为代表的 LTE-Advanced 网络成为全球移动运营商部署的热点。据 GSA 统计数据显示，截至 2015 年 12 月，全球有 20% 的 LTE 网络运营商已经商用载波聚合技术，计 48 个国家共 95 张网络，其中 73 张网络都已经支持 Cat6，最高峰值速率可达到 300Mbit/s。相比全球 LTE-Advanced 网络的建设，VoLTE 技术在全球的发展进程则要缓慢得多。据 GSA 统计数据显示，截至 2015 年 12 月，全球仅有 28 个国家共 40 家运营商提供了 VoLTE 商用业务，相比 2014 年仅增加 29 家，发展速度远远落后于 LTE 整体产业发展水平。

表 1　全球 LTE 产业整体和 VoLTE 产业发展情况对比表

	投资运营商数	商用运营商数	发布终端数
LTE	692	442	3 253
VoLTE	111	40	219

（二）全球电信业市场发展热点

1．4G 网络替代 2G/3G 网络进程加快，5G 网络 2020 年开启商用

全球目前正处于 2G/3G/4G 网络深度共存的阶段。随着 4G 网络逐渐普及、成熟，网络演进的步骤将逐步展开。目前已经有包括日本、韩国等在内的多家运营商关闭了 2G 网络，将其频谱重耕用于 3G 和 4G 网络。澳洲电信（Telstra）将于 2016 年年底之前关闭现有的 GSM 网络，并把此前用于 2G 的部分 900MHz 频段用于 4G 网络。美国运营商 AT&T 也提出了在 2016 年年底关闭其 2G 网络的计划，并将其用于 2G 网络的频谱分配给 3G 网络和 4G 网络，从而为 3G 和 4G 用户提供更快的速度和更大的容量，目前，2G 用户向 3G/4G 网络迁移的工作已经开始进行。澳大利亚运营商 Optus 及新加坡 Singtel、StarHub、M1 均宣布将于 2017 年 4 月关闭 2G 网络。

由于移动通信网络演进的必然趋势，运营商对于 2G 网络的关闭只是时间节点的问题，但何时关闭主要由两个因素决定。一个是服务质量因素，这主要由运营商网络的覆盖率决定的，只要运营商的 3G/4G 网络承载能力足以承载所有移动用户而服务质量不下降，那么对于运营商来说，2G 网络的关闭就应该提上日程了。另一个是资费因素，这是用户最关心的网络选择因素，当 3G/4G 资费具有一定竞争力的时候，用户会主动摒弃 2G 网络并选择转入 3G/4G 网络，而 3G/4G 网络的资费受多重因素影响，包括市场竞争程度、运营商财务等。

然而，对于部分运营商来说，特别是欧洲运营商可能选择在关闭 2G 网络之前首先关闭 3G 网络，2G 相比于 3G/4G 而言仍然是其总收入的重要来源，现在所有的设备都还必须支持 2G 技术，人们离不开 2G 网络，所以相比较 3G 来说保留 2G 网络更好。并且，2G 网络对于 M2M 市场仍然是非常重要的。2G 和 3G 频谱的重新分配预计在 2020 年完成。

同时全球手机市场结构也在发生变化。据 Gartner 统计数据显示，2015 年全球出货手机中 4G 手机占比 45.0%，相比 2014 年提升了 18 个百分点，增长趋势明显。2015 年第三季度 4G 手机出货量首次超过 3G 手机，成为全球手机市场的主流。因全球不同区域对 2G/3G 网络运营维护策略有差异，2G/3G 手机市场占比呈现出整体同步减少态势，手机市场向 4G 稳步过渡。

4G 网络已经成为目前全球发展最快的主流移动蜂窝网络。未来几年，运营商将大力部署 4.5G 网络，预计 2018 年年底 4.5G 网络将成为市场主流。2018 年，5G 第一版本标准完成，部分国家 / 运营商将根据自己的技术方案研发 5G 样机并开展商用试验。预计 2020 年，全球部分

国家将推出相对较为成熟的5G商用网络。

为在2020年完成5G技术标准，国际标准化机构积极推进5G技术标准研究工作。ITU的5G工作重点是确定5G需求、指标，对3GPP等标准化组织提交的5G技术方案进行评估，最终确定5G标准。2013—2014年期间，ITU组织全球业界进行5G标准化前期研究，积极推动全球5G达成共识，目前已完成《IMT愿景》《IMT未来技术趋势》等多个研究项目。根据ITU的5G工作计划，2016年年初启动5G技术性能需求与评估方法研究，2017年年底启动5G候选技术方案征集，2018年年底开展5G技术评估，并在2020年完成5G国际标准。

2015年9月，3GPP召开了5G技术标准研讨会，来自全球约70家5G研究组织、移动通信设备商、运营商和科研机构参加了会议，初步确定了5G标准时间规划。3GPP将于2016年正式启动5G标准研究，5G标准将包含两个版本：第一版本（R15）尽量满足早期商用需求，将在2018下半年完成；第二版本（R16）将满足所有5G场景和需求，计划在2019年年底完成，并作为IMT-2020标准提交给ITU。目前，3GPP已启动了5G网络需求、5G系统架构、高频信道模型及5G无线接入技术场景和需求等研究项目。

2. 宽带普及与提速，依然是政府运营商工作重点

宽带是国家经济社会发展的重要基础，是衡量一个国家竞争力的重要标准之一。随着信息社会的发展，电子商务、物联网、移动互联网等依托宽带的网络经济发展也对宽带建设提出了新的要求——提供高速、便捷、低价、立体的网络服务。当前，全球各国逐步深刻认识到宽带对国家经济发展的支撑和带动作用，纷纷将宽带产业划入国家战略高度。

然而，联合国宽带可持续发展委员会发布的《2015年宽带状况报告》表明，宽带互联网并未覆盖到那些可最大限度地从宽带互联网获益的人群，世界上仍有57%的人不能上网，无法从互联网提供的巨大经济和社会好处中获益。

（1）美欧继续推进宽带普遍服务，视宽带为“基础设施”。随着宽带服务日益普及，以及对经济社会贡献加大，一些发达国家考虑修改政策法案，将宽带定义为像水、电、煤气一样的基础设施，宽带服务正在从一个“可选的设施”转移为家庭、企业和社区机构的“核心基础设施”。

在美国发布的新宽带报告以及法国即将出台的“数字共和国法案”中，它们均将宽带视为同煤气、水、电一样的基本元素，从一个“可选的设施”转移为家庭、企业和社区机构的“核心基础设施”。英国政府计也划推出10Mbit/s的宽带普遍服务义务（USO），让每个人都有请求10Mbit/s连接的合法权利。Ofcom的最新数据显示10Mbit/s是可以满足当今典型的家庭和许多小企业的需求的速度，高品质的数字连接是企业和地区经济增长的关键，将被推动消灭数字鸿沟。

（2）运营商着重部署高速宽带网络，连通性获较大提升。美欧多国相关运营商作为宽带网络建设的主力军，在宽带普及提速方面做出了积极贡献。其中，超高速宽带网络，特别是千兆网络成为投资建设重点。

GoogleFiber在美国以G级带宽和低价猛烈冲击宽带运营商，而Cable公司所使用的DOCSIS 3.0技术只能达到300Mbit/s，达到G级带宽的DOCSIS 3.1要2016年才能商用。为应对谷歌的光纤宽带竞争，Comcast、AT&T、Cox、CenturyLink等美国多家运营商在多个城市纷纷推出 Gbit/s 级别光纤服务。

另外在欧洲地区，意大利三家电信运营商 Metroweb、沃达丰和 Wind 将投资 64 亿欧元合作按照意大利政府的超高速宽带计划建设网络。英国及冰岛运营商将为用户提供 G.fast 技术的宽带接入服务。爱尔兰电信公司 Eir（原 Eircom）也将在未来一年内为 10 万家庭和企业提供速度达到 1Gbit/s 的光纤宽带服务。

（3）宽带速率大幅上升，连通性能显著提高。在各方的共同努力下，高速宽带呈现出迅速增长态势，特别是光纤宽带覆盖范围快速扩展，且这一趋势仍将继续，也将促进基础设施建设的竞争。

英国电信监管机构 Ofcom 最新的年度家庭宽带测速报告显示，2015 年 11 月，英国平均实际住宅固定宽带下载速度增加到 28.9Mbit/s，相比于 2014 年 11 月的 22.8Mbit/s 增长了 27%。城市区域下载速度已经超过 50Mbit/s，农村地区则为 13.7Mbit/s。

根据法国电信监管机构 ARCEP 的报告，在 2015 年年底法国有 430 万超高速宽带（速率 30Mbit/s 以上）用户，比 2014 年同期增加 44%。其中，包括 140 万的 FTTH 宽带连接，比 2014 年增长 53%。

瑞典邮政和电信监管机构 PTS 称，至 2015 年 10 月，瑞典所有家庭和企业的 2/3 已经接入至少 100Mbit/s 的宽带，同比增长 6%。最小速度 10Mbit/s 的高速移动宽带网络已覆盖瑞典领土的 77%，同比增长 26%。

爱尔兰监管机构 ComReg 最新报告指出，爱尔兰固定宽带用户数 2015 年增长 4%，达到 131 万户。其中，2015 年第四季度增长 1.2%。目前，固定宽带和移动宽带两种方式已经覆盖了全国 83% 的家庭。这其中，固定宽带速率超过 30Mbit/s 的家庭用户占全部固定宽带用户的 56%，这一比例在 2014 年年底为 43%。

3．拓展经营范围和提升运行效率是全球运营商转型方向

2015 年全球经济继续以温和态势增长，纵观全球 TOP 运营商财务状况，大部分业绩继续稳定回暖，尽管基础服务收入增速下滑成定势，但各企业将寻求收入增长放在首位，通过拓展经营范围拉动收入规模增长，同时通过削减成本维持较高盈利水平。

在收入方面，一是通过行业内整合并购，扩大企业收入规模，如 AT&T 在北美移动通信市场逐渐饱和的情况下，在美国本土收购 DirecTV，并先后收购 Iusacell 和 Nextel 进军墨西哥市场，全年总营收达到 1 468 亿美元，同比增长 10.8%，收入规模继续蝉联营收榜首；Telefonica 在德国、英国、意大利市场频繁参与业内整合，业务融合战略拉动集团营收同比增长 8.7%，达到 472 亿欧元。二是掌握入口平台控制，以流量保障收入增长，如日本运营商坚持加强移动互联网入口平台控制，在发展应用内容服务的同时带动流量增长。

在利润方面，领先运营商通过多种方式削减成本，维持较高的盈利水平（见图 6）。随着流量消费飞速增长，北美运营商们纷纷取消合约机，节省购机补贴支出，Verizon 的高品质付费用户的增加，也拉动其盈利能力和现金流的提升，节省的大量营销成本使得全年利润总额同比增长 85.8%，利润率升至 13.6%；Sprint 宣布裁员，削减 20 亿～ 25 亿美元的成本；沃达丰等企业通过网络外包降低运营成本以削减成本、维持盈利水平。

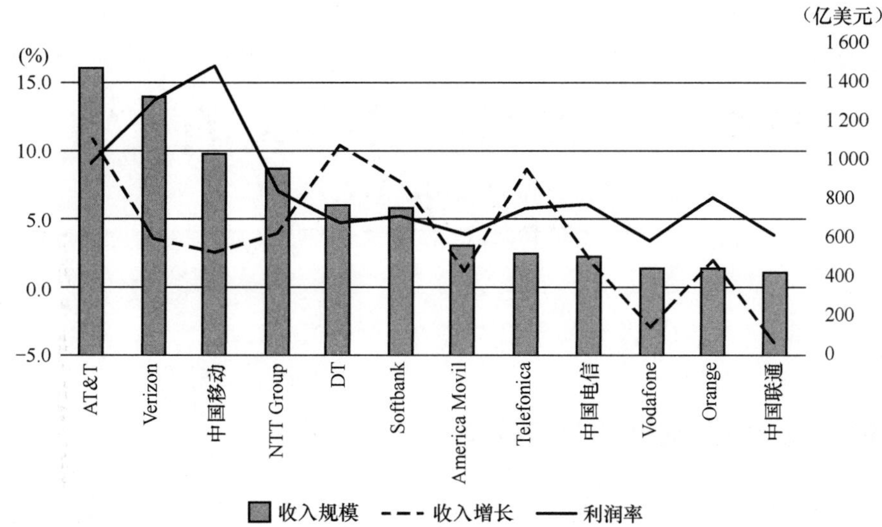

数据来源：各企业财报。

图 6　全球领先运营商 2015 财年营收利润情况

2015 年互联网业务收入前百家企业发展报告

一、互联网百家企业发展主要指标

2015 年，互联网业务收入前百家企业（以下简称“互联网百家企业”）实现增值电信业务收入 3 219.6 亿元，同比增长 44.7%。互联网信息服务收入 2627.6 亿元，实现利润 197.6 亿元，从业人员规模达到 10.6 万人。互联网百家企业创造了全行业 59.1% 的收入，综合实力不断增加，行业排头兵作用更为突出。

二、互联网百家企业发展整体概况

1. 收入规模持续上涨，行业发展势头迅猛

2015 年，互联网百家企业实现业务收入 3 219.6 亿元，同比增长 44.7%，在全行业收入占比达到 59.1%。实现营业收入 4072.5 亿元，同比增长 8%。78 家企业互联网业务收入规模在 10 亿元以上，近 4 成企业的互联网业务收入超过 20 亿，5 家企业超过 100 亿元。2015 年互联网百家企业增值电信业务收入分布情况如图 1 所示。

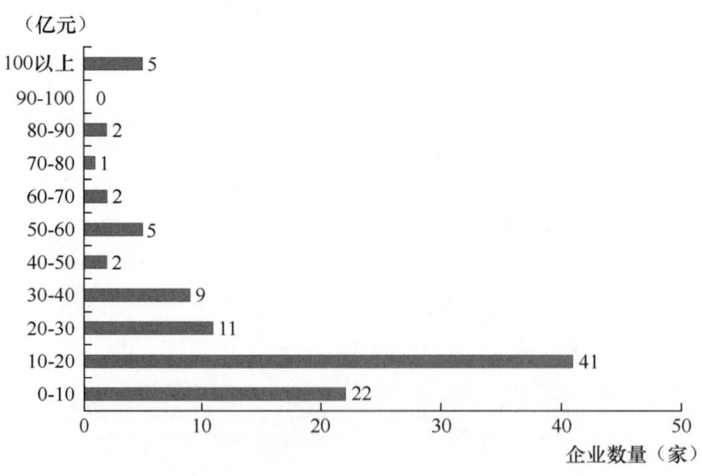

图 1　2015 年互联网百家企业增值电信业务收入分布情况

2．经济效益水平保持领先，盈利能力显著增强

2015 年，互联网百家企业实现利润 197.6 亿元，同比增长 30.8%。互联网百家企业平均利润达到 1.98 亿元。75% 的企业实现盈利，营业利润超过 10 亿元的企业有 7 家，营业利润超过 1 亿元的企业近 1/3。互联网百家企业人均业务收入 302.9 万元，人均利润 18.6 万元。由于互联网企业成长发展的特点，为实现抢占市场份额、保持营收高速增长，部分企业存在大规模投资、收不抵支的情况，百强中有 25% 的企业存在亏损现象，但这些企业业务特色鲜明，规模优势显著，未来有极强的发展空间。2015 年互联网百家企业增值电信业务利润分布情况如图 2 所示。

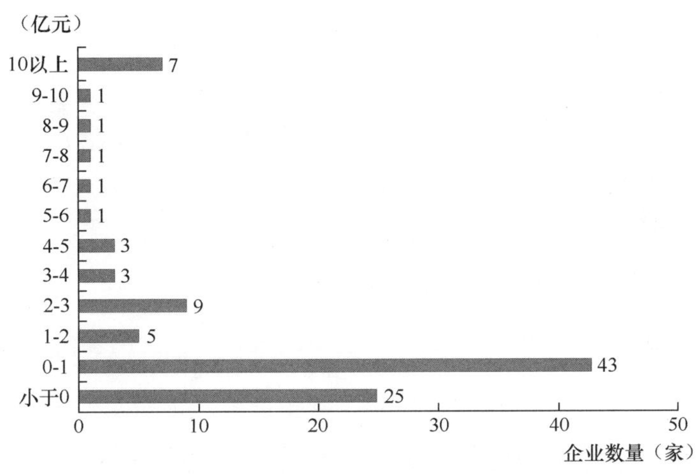

图 2　2015 年互联网百家企业增值电信业务利润分布情况

3．产业集中态势明显，龙头企业成绩斐然

2015 年，互联网百家企业中排名前三的企业，实现业务收入达 845.6 亿元，占百家企业收入的 26.3%。此外，一半的收入集中在前 12 家企业，排名前 12 位企业的业务收入合计 1 635 亿元，占百家企业收入规模的 50.8%；增值电信业务利润达 55.8 亿元，占百家企业利润总额的 28.2%。互联网百家企业从业人员总数达到 10.6 万人，占全行业从业人数总量的 12.5%。互联网百家企业信息服务集中在网络游戏、网络广告、电子商务等业务领域，网络游戏、网络广告、电子商务三大领域占百家企业业务收入的 56.9%。其中，网络广告、网络游戏等业务规模首位的企业收入市场份额分别为 18% 和 35.2%，电子商务平台收入规模最大企业的收入市场份额达到 45.4%。

4．区域集聚效应突显，辐射拉动作用显著

2015 年互联网百家企业中，北京、上海、广东 3 大经济区域企业数量占比达到 76%，其中北京 35 家、上海达到 20 家、广东 21 家。北上广三大区域企业增值电信业务收入总和达 2 569 亿元，约占百家企业总量的 79.8%。从互联网各业务领域分析，网络广告、网络游戏的集中程度更高，北京、上海、广东等区域的网络广告和网络游戏的收入占比分别到达 95.7%、80.3%。浙江、江苏、福建、四川和河南等省份分别有 11 家、7 家、3 家、2 家和 1 家互联网企业入围。互联网百家企业凭借显著的经济辐射与拉动效应，不断推动互联网技术创新与应用推广，极大

促进了互联网与传统产业的互动发展，充分发挥了互联网对传统产业改造提升的服务和支撑作用，为促进信息消费做出了突出贡献。2015 年互联网百家企业各省分布情况如图 3 所示。

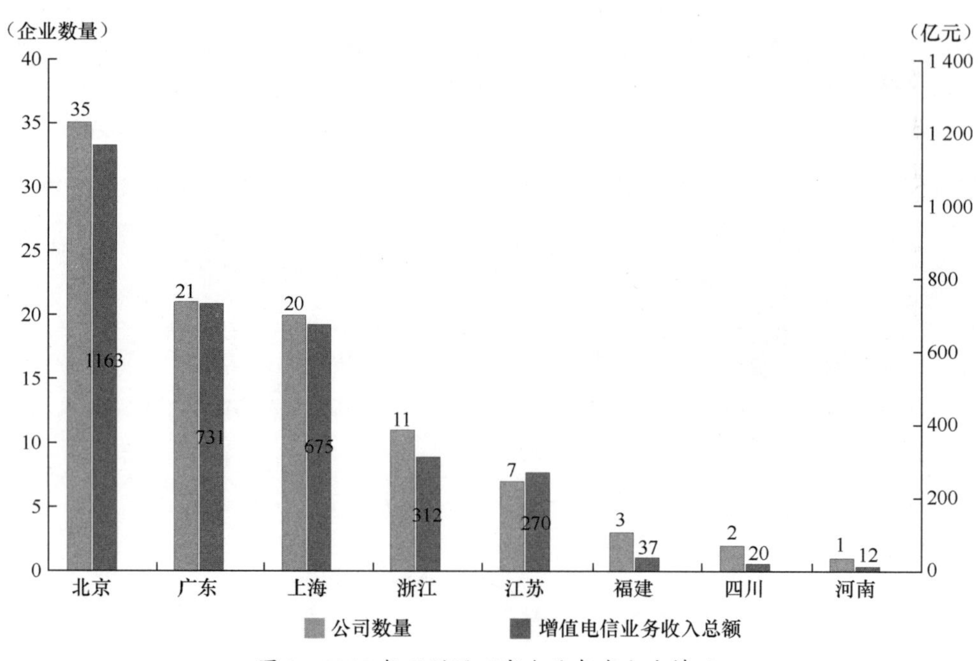

图 3　2015 年互联网百家企业各省分布情况

三、互联网百家企业各业务领域发展情况

1. 网络广告整体保持平稳增长，百强企业对行业收入贡献近 7 成

2015 年，互联网百家企业网络广告业务收入规模达到 381.2 亿元，百家企业占全行业网络广告收入规模的比重近 7 成，达到 68.1%。网络广告收入规模排名前 10 的企业主要依靠搜索广告、视频广告及流量导入等，在网络广告高速发展几年之后，网络媒体的营销价值已得到广告主的较高认可。随着市场的成熟度不断提高，将在未来几年放缓增速，平稳发展。互联网百强企业不断扩大自身实力，布局各类终端及服务，提高影响力，创新营收模式；广告技术不断革新，实时竞价（RTB）产业链逐渐完善，平均趋向指数（ADX）与需求平台（DSP）平台的涌现；注重用户数据挖掘与内容创意的原生广告等新兴网络营销形式将进一步挖掘网络媒体的营销价值。

2. 网络游戏市场规模超过 500 亿元，百强企业占行业比重超 6 成

2015 年，互联网百家企业网络游戏业务收入规模达到 567.9 亿元，百家企业占全行业网络游戏收入规模的比重达到 63.3%，可看出网络游戏业务主要集中在规模较大的网络游戏企业。除了规模最大的网络游戏企业之外，其他企业均保持稳定快速的增长，主要得益于三个方面：

首先，组成网络游戏市场的客户端游戏、网页游戏、移动游戏三者均同时发力，不断推陈出新；其次，从海内外市场来看，网络游戏企业积极开拓海外市场和维护国内新兴用户市场；最后，百强企业创新型的商业模式与运营模式也带动了行业带来更多渠道。

3．电子商务市场发展继续向好，电子商务交易规模不断扩大

2015年，互联网百家企业电子商务平台收入规模达到881.8亿元，百家企业占全行业电子商务平台收入规模的比重达到56.2%，电子商务业务领域竞争更为激烈。内外因驱动电子商务市场保持快速增长：第一，国内重要政策支持与引导；第二，电商企业加速转型，各电商企业瞄准开放平台缓解电商企业供应链管理的压力，降低由自营产生的高费用率，同时扩充品类和单品数，最大限度满足消费者的需求；第三，网络购物的渗透率持续攀升。

4．积极拓展互联网接入类业务，互联网接入服务业务收入占行业比重超4成

2015年，互联网百家企业实现互联网数据中心服务收入10.8亿元，呼叫中心业务收入14.7亿元，互联网接入服务业务收入95亿元。占全行业分项收入比重分别达到13.6%、10%和42.8%。当前形势下，大力推进国民经济和社会信息化，加强信息基础设施建设，以信息化带动工业化，发挥后发优势，实现生产力跨越式发展。随着互联网用户的迅速增长和企业信息化过程的加速以及电子商务的逐渐成熟，互联网接入服务业务仍将有极大的发展空间。

四、互联网百家企业展望

2015年以来，国务院陆续出台关于“互联网+”“大众创业、万众创新”的指导意见，互联网作为新一轮科技革命和产业变革的驱动力量，已成为落实创新驱动发展战略的重要支撑和推动网络强国建设的关键力量。以互联网经济为代表的“新经济”，如毛细血管般渗透到国家社会生活的各个领域，以前所未有的深度和广度深刻改变着中国产业发展格局，并推动着国家治理体系和治理能力的现代化。伴随着互联网产业的繁荣兴盛，一批优秀的互联网企业发展壮大，百家榜单将会刷新，为促进互联网经济发展、社会信息化水平提升的贡献重要力量。

2015 年我国移动通信转售业务发展情况总结

一、移动通信转售业务整体发展态势良好

（一）绝大部分转售企业正式开通业务

截至 2015 年年底，42 家获得试点批文的转售企业中，共 39 家企业正式开通业务。从品牌策略上看，现阶段转售企业采用的品牌策略有两类：新品牌策略和延伸品牌策略。以延伸品牌策略为主。

（二）移动通信转售用户发展呈加速增长态势

截至 2015 年 12 月底，移动通信转售用户总数达到 2 059 万户。从单月净增来看，自 2015 年 3 月起，移动通信转售业务连续 10 个月每月净增用户超过 100 万户，其中 10—12 月每月净增甚至超过 200 万户。自 2015 年 5 月以来连续 7 个月转售用户净增占全国移动用户净增比例持续维持在 40% 以上，1—12 月移动转售净增用户占全国净增移动用户数的 48.5%。随着放号企业数量和业务开通范围的不断增加，转售用户发展呈加速态势。

回顾移动通信转售业务发展的关键节点，亦可显著展现其加速发展趋势。2014 年 5 月，第一家转售企业开通移动通信转售业务；2014 年 11 月，移动通信转售用户规模突破 100 万户，用时 6 个月；2015 年 8 月，移动通信转售用户总数突破 1 000 万户，从 100 万户发展到 1 000 万户仅耗时 9 个月。2015 年 12 月底转售用户突破 2 000 万户，从 1 000 万户发展到 2 000 万户仅耗时 4 个月。

（三）东部沿海发达地区移动通信转售业务发展较快

从移动通信转售业务地域发展情况来看，经济发展水平较高的地区转售业务发展速度相对较快。截至 2015 年 12 月，移动通信转售用户规模最大的前五个省份或直辖市分别为广东、浙江、江苏、北京和山东，其用户数之和占全国移动通信转售用户数的 50% 左右。

（四）移动通信转售业务市场集中度较高

截至 2015 年 12 月底，在 39 家正式放号的转售企业中，排名前十位企业转售用户数约占

全部转售用户数的 86%。造成差异分化的主要原因有：一是各转售企业获得试点批文的时间不同，前后相差最大的达 1 年左右，目前排名前十位的转售企业均为首批或第二批获得转售试点批文企业，其放号时间及运营时间较长，运营经验逐渐丰富；二是各转售企业资源投入不同，发展用户较多的企业基本上财力、人员投入均较多，部分企业资金投入超过 1 亿元，人员投入超过 500 人。

二、我国移动通信转售业务服务创新情况

（一）创新通信服务，探索立足突破点

1．资费计划、流量服务创新：转售企业产品的标配

在转售业务开展之初，资费套餐是转售企业的主攻创新方向之一，多家企业紧密契合移动宽带时代的客户需求，突破基础运营商的传统资费模式，依托 IT 支撑系统建设的后发优势，在个性化定制、多用户共享套餐、话音流量互转、流量不清零等方面不断进行“微创新”，并推动行业整体资费设计思路变化。由于此类创新复制成本较低，目前个性化定制、流量不清零、流量结转与分享，几乎成为转售企业产品的标配。

2．Wi-Fi 与国际业务：新的突破方向

Wi-Fi 和国际业务，也是转售企业重点突破的方向。北纬通信仅转售基础运营商 Wi-Fi 业务，其他转售企业除转售基础运营商的 Wi-Fi 资源外，阿里通信还加入了部分医院的 Wi-Fi 热点，海航通信也依托自身资源接入了机场、商超、景区、车站、国内外酒店的 Wi-Fi 热点。转售企业免费或以较低价格提供 Wi-Fi 服务，以满足用户需求，增加用户黏性。同时，随着人们生活水平的提高，出国旅游的需求逐渐增加。部分转售企业以搭配外接设备、销售国外本地 SIM 卡或者通过虚拟 SIM 卡技术等手段开展业务。

3．终端创新：捆绑可穿戴设备

部分企业将移动通信业务与可穿戴设备等智能终端捆绑，开辟儿童、健康、游戏等热门细分市场。如国美极信捆绑儿童智能手表，开拓儿童细分市场。天音通信与迪士尼合作推出儿童智能陪伴手表。乐语妙 More 关注移动健康领域，以“妙健康”APP 为纽带，捆绑动态血压仪等设备。

4．销售创新：开拓社交渠道和通信合伙人模式

转售企业纷纷创新销售模式。阿里通信、小米移动、巴士在线等转售企业将自有用户作为潜在发展渠道，利用社交网络传播属性，通过赠送话费、赠送业务量等方式鼓励用户介绍新用户。远特通信、分享通信、海航通信、中兴视通等转售企业提出可永久分成的通信合伙人模式，通过一次投入、永久分成的模式刺激渠道商开发和维系用户。

（二）推进跨界融合，深耕细分市场

1. 整合自身资源，构建核心竞争力

转售企业进入后，立足在渠道资源、用户资源、业务资源、技术资源等方面的自有优势，把原有业务与移动通信业务捆绑销售，为细分市场提供了从健康服务、娱乐服务、购物特权到企业办公等多方位的特权服务。如京东为用户提供免费通信、互联生活、优惠购物和金融特权；中兴视通针对自有终端推出“好机友”合约机，与传统合约机形成差异化区隔；用友推出用友嘟嘟，提供IT/CT融合的企业信息化整体解决方案；优酷移动将自有视频资源与移动通信业务捆绑销售。

2. 探索跨界合作，提升企业创新深度

除整合自有资源外，部分移动转售企业开始探索与其他行业合作，如巴士在线推出流量银行业务；爱施德、海航通信等企业与金融企业合作推出话费理财产品；分享通信与百度贴吧合作推出百度分享卡；红豆电信针对集团及上下游企业，将企业信息化、市民日常信息需求与移动通信业务捆绑，推出一卡通通信卡。依托通信服务，探索与其他企业跨界合作，可有效提升转售企业的创新深度。

三、我国移动通信转售业务生态环境建设情况

（一）移动通信转售业务、技术标准化推进情况

1. 移动转售引入后，互联互通格局更趋多元化

《试点方案》中对移动转售业务定义为，移动转售企业从拥有移动网络的基础电信业务经营者购买移动通信服务，重新包装成自有品牌并销售给最终用户的移动通信服务。移动通信转售企业不自建无线网、核心网、传输网等移动通信网络基础设施，必须建立客服系统，可依据需要建立业务管理平台以及计费、营账等业务支撑系统。根据试点方案的要求，移动转售企业需要通过与基础电信企业的业务平台、网元设施等进行互联对接，才具备提供移动通信服务的能力。目前已经批准的42家试点企业与3家基础运营商之间为多对多的合作关系，其中与中国电信签约的转售企业26家，与联通签约的25家，与移动签约的17家。同一家转售企业可以同多家基础运营商签约，转售企业在获取批文后还可以与其他的基础运营商合作。因此在互联互通中一家基础企业要面对几十家转售企业，一家转售企业可能也需要同时面对三家基础企业，比较传统的3家基础运营商一对二的互联互通方式，移动转售企业加入后互联互通局面更趋多元化。

2. 推动形成统一规范的互联标准势在必行

各家基础运营商面向转售企业，虽然都提供了转售业务一点对接平台，但业务支撑平台对

接与互联互通的协调推动难度仍然很大。在试点开展初期转售企业反映比较突出的问题主要集中在业务功能开放以及 IT 系统对接方面。该问题得到工信部业务主管部门的高度重视，2014 年 2 月 18 日，在移动通信转售试点工作第一次例会上，工信部通信发展司闻库司长指出："业务系统对接工作需要规范化，在此前的工作基础上，求同存异，形成一套统一的接口标准。"旨在通过标准的方式规范解决转售企业和基础企业之间的互联互通问题。

3. 移动转售标准工作平台初步建立，基础性标准已发布

为落实第一次工作例会的会议精神，通过标准规范保障移动通信转售试点的顺利开展，解决试点中出现的业务、技术问题，2014 年 3 月在主管部门的指导下，本着"立足实际、急用先行"的原则，成立了移动转售标准工作组。工作组由中国信息通信研究院（原工信部电信研究院）首席科学家龚双瑾教授负责，三家基础电信企业和转售企业相关技术负责人参加。标准工作组成立后的首要工作是研究制定移动转售企业与基础企业互联互通系列标准，解决试点中双方反映突出的互联互通问题。试点开始初期，标准工作组首先从移动转售业务开通最基础的互联业务功能和互联业务接口两个方面进行相关标准的研制。这两项标准于 2014 年 5 月在中国通信标准化协会申请完成立项，经过工作组内部多轮讨论完善，于 2014 年 12 月在工信部网站进行公示，并与 2015 年 5 月正式对外发布。

《移动转售企业与基础电信企业互联业务功能要求》是移动通信转售系列标准的基础性规范，该标准覆盖移动转售业务开展过程中的各类业务功能要求，包括业务运营、计费结算、服务保障、卡号资源四大方面。业务运营分为基础业务运营和扩展服务，其中基础服务包括开户、销户、停复机、补换卡、远程写卡、业务变更、业务状态查询、网络状态查询等确保基本移动通信服务的业务能力；扩展服务包括增值服务订购、位置信息服务开通 / 取消 / 变更、用户位置信息查询、集团虚拟专网设置、Wi-Fi 转售等。由于移动转售企业对扩展服务的需求以及三家基础电信企业网络支持力度的不同，在移动转售业务开展前期，扩展服务为可选服务项，双方根据实际情况协议提供。互联业务功能标准中针对上述业务运营的每个具体业务场景的互联功能、互联信息内容进行了明确的规定。计费结算主要是基础企业给移动转售企业提供话单文件，标准中针对话单文件的内容以及话单文件的生成发送时间间隔进行了明确规定。服务保障对基础企业提供给转售企业的网络及业务支撑系统层面的保障方式进行了约束，分为主动保障和被动保障。其中主动保障是在基础企业发生网络割接或故障中主动通知转售企业；被动保障指转售企业发起故障申告，基础企业进行申告处理的过程。标准中对故障通知及申告处理的方式和交互的信息内容进行了规定。卡号资源指基础企业向转售企业分配具体的号码资源，根据试点政策工信部向三家基础企业分配移动转售专用号段，转售企业根据业务需要向基础企业申请用户号码资源。双方之间的用户号码资源以及制卡数据也需要进行交互。标准中具体明确了交互卡号资源的时机以及交互的内容。

《移动转售企业与基础电信企业互联业务接口技术要求》是转售企业与基础企业实现 IT 系统对接的基础性标准，该标准以《移动转售企业与基础电信企业互联业务功能要求》技术标准中规定的各类互联业务功能为基础，明确了具体的互联接口方式。根据各类业务场景传送的数据内容和要求的不同，互联网关之间的接口包括实时调用接口和文件传送两类。实时调用接口主要针对时效要求高的业务处理，考虑到接口规范及安全等因素，标准规定实时接口采用SOAP 1.2 版本协议。文件接口主要针对实时性要求低的大数据量交互，标准规定文件接口采用SFTP，通过二进制传输方式上传 / 下载文本。标准中针对每个实时业务接口场景定义了具体的接口业务说明、接口消息命令码、接口提供方式、接口调用方式、接口业务流程以及接口消息字段内容及类型要求；针对每类文件接口，定义了接口的具体描述、文件类型、文件命名方式、文件内容格式以及文件传递周期等要求。

（二）移动通信转售码号资源规划、分配及使用情况

1. 规划移动转售专用号码，促进移动通信转售业务发展

电信网码号资源是用于实现电信功能所必备的基础资源，特点是不可再生但可循环使用。对于移动通信转售业务来讲，码号资源的科学规划、合理分配、有效利用是业务持续发展的基础。

在移动通信转售业务试点工作开展前，码号主管部门本着支持促进我国转售业务发展，树立统一品牌形象的目的，规划 170、171 单独的号段用于试点业务的开展。此外，考虑到试点期间转售企业数量和用户发展情况的不确定性，为方便管理、节约有限的码号资源，试点初期，在码号资源分配中，主管部门采用的方案是先将专用号段分配给基础运营商，再由基础运营商分配给移动通信转售试点企业。试点开始前，主管部门以 1 000 万号的颗粒度向三家基础运营企业分配号码资源，后续随着转售业务的不断发展，根据业务发展需求增加资源分配。

2. 解决码号资源紧张矛盾成为转售业务快速发展的前提

2014 年 4 月首批移动通信转售业务的专属号段 170 面向用户发售，随之转售业务进入快速发展期，而码号资源紧张成为制约转售企业快速发展用户的首要因素。经研究造成转售业务发展中号码资源不足问题的主要原因在于如下两个方面。

（1）初期配置的资源量过少，资源碎片化严重，导致企业缺乏灵活配置的余地。在当前的通信网络模式下，基础企业按照每个本地网至少分配 1 万个号码为标准，为转售企业配置码号资源。这种分配号码资源的方式导致资源碎片化严重。对于 42 家转售企业、100 多个转售试点城市的量，试点初期配置的千万级的资源数量只能满足最低铺号量需求，企业根据业务发展灵活配置资源的余地不大。而转售业务的地域发展不平衡性，导致在整体号码利用率水平极低的情况下，部分企业在局部地区出现资源紧张的情况。

（2）传统的业务管理模式，资源无法快速补充，加剧了资源紧张的局面。传统通信领域形成的精细化业务管理模式，导致从获得号码资源到分配到转售企业可用于放号的时间长达半年。当前，基础企业从主管部门申请号码资源，需要几个月的时间不等，而基础运营企业获得号码资源后需完成规划、分配、数据制作等流程。通常启用一个新的 H 码用于发展用户，网内数据制作和网间互联互通数据制作需 5 ～ 6 个月的时间。在资源量不足的情况下，漫长的放号准备过程，更加剧了部分转售企业局部地区号码资源紧张的矛盾。针对码号问题，主管部门高度

重视，一方面不断扩大资源供给，增加码号资源配置。主管部门先后于 2014 年 8 月、10 月和 2015 年 4 月向三家基础企业分别追加 2 000 万的码号资源。2015 年 7 月和 2016 年 1 月，又先后两次向转售业务发展较快的中国联通分配 1.1 亿码号资源。在试点后期，转售码号资源紧张问题逐步得到缓解。另一方面，要求企业加快网内及网间移动转售码号资源数据制作速度，缩短码号资源分配供给周期。

3．号码识别成为影响用户服务、制约品牌宣传的一个因素

试点初期存在银行和网站等行业应用无法识别 170 号码的问题。第一，部分银行和网站等行业应用无法识别 170 开头的号码，导致 170 用户无法进行注册，甚至还有部分手机安全 APP 会自动拦截 170 号段号码。而新号段无法识别问题对于基础运营商也同样存在，每次在启用新号段后均需要推动和协调行业应用增加新号段的配置。第二，转售用户还存在无法正常接受银行和网站发送的短消息的问题，造成该问题的主要原因是行业短信平台往往通过用户手机号码前三位判断用户所属的运营商，并通过与运营商的短信端口完成短信发送，而 170 用户需要通过前 4 位才可以判断该用户所处的运营商网络，与现行的行业平台发送短信的机制有所不同，故需要行业短信增加号段的识别能力。对于行业平台对 170 号段的识别问题，主管部门先后协调金融主管部门和互联网企业进行处理，在试点推进过程中，该问题逐步得到解决。

目前的码号分配方式下，号码没有明显的转售企业标识，制约了转售企业的品牌宣传和推广。目前中国联通和中国电信采用先本地网后转售企业的分配方案，导致分配给转售企业的号码资源无连续性；中国移动采用先转售企业后本地网方式虽然具有一定的连续性，但颗粒度小，转售企业的标识不明显，公众不能通过号码快速识别所属的转售企业，这种号码分配方式无法满足部分转售企业业务的推广和品牌宣传的需求。

4．试点期间未明确移动转售发展物联网业务的码号资源规划和配置方式

试点前主管部门主要对转售企业的公众移动用户号码和客服号码资源进行了规划，但随着机器通信等物联网业务在生产、生活中的不断渗透，很多转售企业意识到物联网将成为未来业务发展的蓝海，因此都在不断开拓和布局该类业务。然而，在当前我国电信网码号规划中，为基础运营企业规划了机器通信专用号段，也鼓励企业使用 14 号段用于用户不敏感的业务，如数据卡等业务。但转售企业开展类似的业务时，应使用或者申请什么样的号码资源，是从主管部门还是基础企业获得资源，在试点开展中并没有一个明确的解决方案。试点后期，为了支持其发展物联网业务，主管部门在研究制定未来我国移动通信网号规划方案中，充分考虑了移动通信转售企业发展物联网业务的诉求，增加了移动转售物联网专用号段的规划。

（三）移动通信转售业务批发价协商、调整及长效机制建设情况

1．国内移动通信转售业务批发价格现状及问题

目前基础电信企业和转售企业合作存在套餐转售和资源池转售两种模式，基于零售减成原则初步建立了相应的批发价格。套餐转售模式基本没有批零倒挂争议，争议主要发生在资源池转售模式下数据流量的批发价格。转售企业普遍反映存在批零倒挂问题。

针对争议，工信部信息通信发展司在 2014 年 8 月指导成立中国通信企业协会虚拟运营分会，推动企业间平等协商，就批发价格调整的原则和方向达成共识；并通过与三家基础电信企业一对一的座谈等方式，要求基础电信企业依据试点方案中规定的批发价低于零售价的原则，抓紧制定出批发价格调整方案，尽快根据市场零售价格水平降低流量业务批发价格。经过各方共同努力，最终三家基础电信企业分别下调了批发价格。资源池转售模式下数据流量批发单价由 0.14 元 /MB 左右下降到 0.10 元 /MB 左右。

受国家“提速降费”要求和基础电信企业间竞争加剧影响，基础电信企业数据流量资费下降较快，2015 年前 11 月基础电信企业数据流量平均资费 0.08 元 /MB，同比下降 40% 左右。基本可以认定为市场零售价格水平发生了重大变化。受基础运营商内部工作流程较长所限，流量批发价并没有得到同等力度的同步调整，调整步伐滞后于基础电信企业零售价格下降速度。

2．产生批发价争议的深层原因分析

试点方案中规定了批发价低于零售价的原则，转售企业和基础电信企业产生争议本质上是对基础电信企业零售价格水平如何认定存在分歧。有的转售企业在进行价格比较时，将批发价与基础电信企业个别套餐价格水平相比较（如 50 元 1GB，合 0.05 元 /MB 左右），而基础电信企业并不认可这种比较方法。关于对标基准没有统一认识，是产生分歧的主要原因。

关于批发价调整频次问题，转售企业与基础电信企业签订的商务协议都在 2014 年 7 月以前，合同中其实也约定了调整频次。之后市场情况发生了较大变化，4G 大规模商用，提速降费工作逐步展开，基础电信企业流量业务零售价格水平大幅度下降（4G 商用前，流量业务平均单价 0.13 元 /MB 以上）。虽然双方合同中也约定遇到市场零售价格重大调整时可另行协商制定新的批发价格，但得到双方认可的具体调整办法尚未明确，解决问题的长效机制尚未建立。

3．批发价格调整的指导意见解决了争议中的核心问题

2016 年 1 月 6 日，工业和信息化部发布关于移动通信转售业务批发价格调整的指导意见。这是我国移动通信转售业务发展中一个非常重要的政策文件。批发价问题，是我国移动通信转售业务发展过程中最关键、最核心的问题之一。政府主管部门颁发指导意见，将会推动生态环境进一步完善，促进移动通信转售业务加快发展。

《关于移动通信转售业务批发价格调整的指导意见》针对转售企业和基础电信企业争议中的核心问题，通过批发价对标基准、调整频次、常态化工作机制的规定，构建了批发价与零售价动态调整的长效机制，实现了突破，主要表现在以下三点。

（1）明确了批发价对标基准。细化和落实了原来试点方案中规定的批发价应低于零售价的原则，明确了资源池转售模式下各项业务批发价格应低于基础运营企业同类业务的平均价格，基础运营企业相关业务的平均价格按照其向资本市场公开的财报数据计算（收入 / 业务量）得出。由于基础运营企业资费计划较多，选择同类业务平均单价作为参考，公正合理，便于监督，符合国际经验。从国际上看，韩国等国家也都是选择业务平均单价作为资源池转售模式下批发价制定的比较对象。

为了更好地推动产业健康发展，转售业务批发价与基础运营商零售价之间应该有一定的差异，以保障转售企业有合理的生存空间。批发价指导意见，统一了大家对基础运营商零售价格水平的认识。不同的转售模式下，应该适用不同的对标基准。模组套餐转售模式下批发价应该对标基础电信企业的主流套餐的价格水平，资源池转售下各项业务批发价应该对标基础电信企业同类业务的平均单价。如果将资源池模式下流量批发价与基础电信企业某款套餐进行对比，则是很片面的一种观点。一方面，基础电信企业套餐众多，与某一款比较，很难有说服力；另一方面，基础电信企业套餐是有门槛的，资源池转售模式基本无门槛，两者销售场景是有区别的。

（2）明确了批发价调整频次。在批发价调整指导意见中，对调整的频次做出一年至少调整一次的规定，并鼓励根据实际情况一年内及时、多次对批发价格进行调整。这样既可适应电信运营市场竞争形势的需要，又有一定的灵活性。

（3）明确了常态化工作机制。规定了基础电信企业和转售企业分别确定负责批发价格谈判、协调的专业人员，建立常态化沟通交流平台，落实指导意见中关于批发价调整的要求。双方应该基于互利共赢的原则友好协商，努力达成一致意见。若双方无法达成一致意见，可在政府指导下进一步协商。

工业和信息化部颁发移动通信转售业务批发价调整指导意见，及时发挥了政府主管部门在塑造产业良性生态系统中的宏观指导作用，且没有干涉企业主体运营、合作中的微观行为，符合国际惯例。从全球实践来看，绝大多数国家和地区 MVNO 批发价格皆由市场机制主导。欧盟、美国、日本、中国香港均明文规定 MVNO 批发价格应通过商业谈判确定，政府在商业协议和价格管控上不做强制约束。在占全球主流的市场主导模式下，政府主要通过制定事前法定批发义务和价格形成原则，事后反不正当竞争仲裁、处罚的方式进行配套监管，为 MVNO 商业谈判及良性发展营造有利环境。

第二部分　统计数据

公用通信网统计信息

2011—2015 年电信业主要指标发展情况（一）

指 标 名 称	单位	2011 年	2012 年	2013 年	2014 年	2015 年	5 年平均增长率（%）
电信综合价格下降水平	%	4.4	1.6	6.0	11.6	24.0	
电信业务总量	亿元	11 725.8	12 982.4	15 707.2	18 138.3	23 346.3	
电信业务收入	亿元	9 880.4	10 758.3	11 668.7	11 908.0	11 665.2	3.4
非话音收入所占比重	%	45.73	48.81	52.95	60.23	69.51	
电信固定资产投资	亿元	3 382.2	3 616.2	3 742.6	4 006.2	4 524.8	
占全社会投资比重	%	1.09	0.97	0.84	0.78	0.81	
全社会固定资产投资	亿元	311 485.1	374 694.7	447 074.4	512 761.0	562 000.0	
电信增加值	亿元	5 433.6	5 709.1	6 108.2	6 661.3	6 682.5	4.2
占GDP比重	%	1.15	1.10	1.07	1.05	0.99	
GDP	亿元	473 104.0	519 470.1	568 845.2	636 463.0	676 708.0	
固定电话用户	万户	28 509.8	27 815.3	26 698.5	24 943.0	23 099.6	-4.1
移动电话用户	万户	98 625.3	111 215.5	122 911.3	128 609.3	127 139.7	5.2
互联网宽带接入用户	万户	15 000.1	17 518.3	18 890.9	20 048.3	25 946.6	11.6
互联网网民人数	万人	51 300.0	56 400.0	61 758.0	64 875.0	68 826.0	6.1
女性网民所占比重	%	44.1	44.2	44.0	43.6	46.4	
固定本地电话通话时长	亿分钟	4 227.4	3 577.7	3 023.1	2 613.9	2 251.1	
固定长途电话通话时长	亿分钟	856.9	700.7	590.6	530.1	472.6	-11.2
移动电话通话时长	亿分钟	50 472.6	55 444.9	58 229.7	59 012.7	57 648.9	2.7
移动短信业务量	亿条	8 790.0	8 973.1	8 921.0	7 674.2	6 991.8	-4.5
移动互联网接入流量	万GB	54 083.1	87 926.1	126 715.7	206 193.6	418 753.3	50.6
网页长度（总字节数）	GB	3 160 028	4 902 328	7 133 363	8 879 006	14 129 575	34.9

注：1. 2012 年之前（含 2012 年）的电信业务总量按照 2010 年不变单价测算，2013 年以后的电信业务总量按照 2013 年微调后的 2010 年不变单价测算。

2. 根据国家统计局编制的《中国统计摘要（2015）》，调整以前年度的全社会固定资产投资和 GDP，并重新计算相应的比重。

3. 固定长途电话通话时长和移动电话通话时长中分别包括了从固定和移动电话发起的 IP 电话通话时长。

4. 部分企业自 2015 年年报起调整移动电话用户类及互联网宽带接入用户类指标报送口径，行业数据受到影响。

2011—2015 年电信业主要指标发展情况（二）

指标名称	单位	2011 年	2012 年	2013 年	2014 年	2015 年	5 年平均增长率（%）
光缆线路长度	万公里	1 211.9	1 479.3	1 745.4	2 061.3	2 486.3	15.5
长途光缆线路长度	万公里	84.2	86.8	89.0	92.8	96.5	2.8
本地网中继光缆线路长度	万公里	617.0	723.4	834.4	997.7	1 160.9	13.5
接入网光缆线路长度	万公里	510.7	669.2	821.9	970.7	1 228.9	19.2
局用交换机容量	万门	43 428.4	43 749.3	41 089.3	40 517.1	26 446.5	−9.4
移动电话基站数	万个	175.2	206.6	241.0	350.8	465.6	21.6
移动短消息中心容量	万条	561 726.5	622 055.7	696 593.4	713 067.8	722 682.2	5.2
互联网宽带接入端口	万个	23 239.4	32 108.4	35 945.3	40 546.1	57 709.4	20.0
IPv4地址数	万个	33 044.0	33 053.5	33 030.8	33 199.0	24 698.3	−5.7
域名数	万个	774.8	1 341.2	1 844.1	2 060.1	3 102.1	32.0
其中：CN域名数	万个	352.9	750.8	1 082.9	1 108.9	1 636	35.9
网站数	万个	229.6	268.1	320.2	335.0	423.0	13.0
互联网国际出口带宽	Mbit/s	1 389 529	1 899 792	3 406 824	4 118 663	5 392 116	31.2
固定电话普及率	部/百人	21.3	20.6	19.6	18.2	16.8	
移动电话普及率	部/百人	73.6	82.5	90.3	94.0	92.5	
互联网普及率	%	38.3	42.1	45.8	47.9	50.3	

注：1．IPv4 地址数、域名数、网站数、互联网国际出口带宽和互联网普及率等数据均来源 CNNIC 发布的《第 35 次中国互联网络发展状况统计报告》。

2．以前年度的互联网普及率根据最新发布的数据调整。

3．部分企业自 2015 年年报起调整互联网宽带接入端口类指标报送口径，行业数据受到影响。

2015年电信业务总量、收入、投资、增加值分省情况

	电信业务总量		电信业务收入		电信固定资产投资		电信增加值	
	2015年（亿元）	比2014年（%）	2015年（亿元）	比2014年（%）	2015年（亿元）	比2014年（%）	2015年（亿元）	比2014年（%）
全　国	**23 346.3**	**28.7**	**11665.2**	**−2.0**	**4524.8**	**13.0**	**6682.5**	**−0.5**
东　部	**12 424.0**	**28.7**	**6324.0**	**−2.1**	**2088.1**	**13.5**	**3502.9**	**−3.5**
北　京	923.4	34.5	567.7	2.0	166.8	5.3	283.2	−5.9
天　津	261.0	25.8	158.5	−2.0	53.3	16.9	85.4	−4.5
河　北	866.5	19.0	456.8	−5.3	186.5	17.1	248.2	−4.5
辽　宁	729.4	24.1	371.9	−7.0	163.9	24.1	189.9	−8.8
上　海	778.8	30.8	535.7	0.0	124.4	8.3	285.0	−4.5
江　苏	1 800.5	36.3	838.3	−2.2	291.3	11.5	493.7	0.6
浙　江	1 613.5	41.1	752.4	−0.9	238.9	10.6	393.3	−5.8
福　建	860.6	24.0	433.3	−1.9	150.0	11.8	231.9	−2.8
山　东	1 269.1	19.0	632.0	−3.8	243.1	30.7	383.1	1.4
广　东	3 150.0	26.3	1 485.2	−2.0	435.7	9.1	862.4	−4.7
海　南	171.3	33.1	92.2	1.4	34.3	7.6	46.9	4.6
中　部	**5 336.1**	**27.0**	**2 671.7**	**−0.8**	**1 124.5**	**15.0**	**1 392.2**	**−2.7**
山　西	472.8	19.8	248.5	−6.2	134.3	20.5	129.0	−3.3
吉　林	351.1	18.0	177.0	−4.3	85.6	6.3	83.9	−7.0
黑龙江	459.3	19.0	239.1	−5.3	130.4	34.3	128.4	−4.2
安　徽	707.3	28.8	374.7	0.3	137.1	6.8	221.9	5.9
江　西	550.4	39.6	257.1	1.9	103.0	10.8	185.3	41.5
河　南	1 164.4	30.2	556.5	1.5	250.5	20.9	297.6	2.9
湖　北	828.3	33.5	410.4	0.8	138.2	4.2	196.1	−12.8
湖　南	802.5	20.9	408.5	0.0	145.3	14.3	149.9	−31.4
西　部	**5 586.2**	**30.4**	**2 674.6**	**0.2**	**1 155.4**	**6.8**	**1413.1**	**6.9**
内蒙古	377.1	19.1	213.9	−4.1	105.1	20.1	107.3	−0.9
广　西	607.9	30.5	293.5	2.3	120.4	22.4	153.9	0.4
重　庆	493.6	33.1	222.7	0.0	106.6	28.6	180.1	61.8
四　川	1 159.0	27.4	551.2	0.9	219.9	17.4	251.1	−5.8
贵　州	481.4	36.0	226.0	1.6	107.8	13.1	107.4	−1.0
云　南	757.3	40.5	311.8	0.0	105.3	−21.7	179.0	16.6
西　藏	53.8	18.4	40.8	4.7	19.6	−34.2	7.8	−13.7
陕　西	699.5	34.4	320.2	−3.0	123.6	−6.3	177.2	−0.1
甘　肃	349.3	32.3	176.8	5.7	78.2	11.4	93.7	10.2
青　海	101.7	31.7	52.1	0.0	26.5	−7.3	24.9	8.9
宁　夏	123.2	34.1	59.1	1.1	32.4	25.1	28.8	0.4
新　疆	382.6	16.3	206.4	−1.0	110.1	0.5	102.0	4.4
总部及直属			−5.1	−105.7	156.9	45.5	374.3	13.1

注：2014年电信业务总量按照2013年微调后的2010年不变单价测算，增长率为可比口径比较。

2011—2015 年电信用户发展情况

指 标 名 称	单位	2011 年	2012 年	2013 年	2014 年	2015 年
固定电话用户	万户	28 509.8	27 815.3	26 698.5	24 943.0	23 099.6
其中：无线市话用户	万户	1 785.2	1 224.9	870.9	154.3	102.7
占固定电话用户比重	%	6.3	4.4	3.3	0.6	0.4
城市电话用户	万户	19 121.7	18 893.4	18 456.8	17 627.9	17 320.8
城市住宅电话用户	万户	11 411.6	11 013.2	10 474.3	9 896.1	9 240.8
农村电话用户	万户	9 388.1	8 921.9	8 241.7	7 315.1	5 778.9
农村住宅电话用户	万户	7 861.2	7 315.8	6 643.4	5 769.2	4 659.0
移动电话用户	万户	98 625.3	111 215.5	122 911.3	128 609.3	127 139.7
其中：3G移动电话用户	万户	12 842.4	23 280.3	40 161.1	48 525.5	27 573.0
4G移动电话用户					9 728.4	43 038.1
3G/4G移动电话用户占比	%	13.0	20.9	32.7	45.3	55.5
互联网拨号用户	万户	550.7	569.8	485.1	441.6	331.6
互联网宽带接入用户	万户	15 000.1	16 985.3	18 890.9	20 048.3	25 946.6
其中：*x*DSL用户	万户	11 467.7	11 464.9	10 716.5	8 938.6	5 238.1
LAN用户	万户	3 399.8	3 413.4	3 980.2	4 180.5	5 601.7
FTTH/O用户	万户		2 038.1	4 082.2	6 831.6	14 833.7
其中：城市宽带接入用户	万户	11 691.4	13 260.9	14 153.6	15 174.6	19 547.2
农村宽带接入用户	万户	3 308.8	3 724.4	4 737.3	4 873.7	6 398.4
卫星移动通信系统用户	户	16 362	19 933	29 117	40 651	51 010

注：1．互联网拨号、互联网宽带接入用户为基础电信企业合计数。

2．互联网宽带接入用户自 2011 年起不包括 WLAN 用户，2012 年和 2013 年按调整后统计口径。

3．部分企业自 2015 年年报起调整移动电话用户类及互联网宽带接入用户类指标报送口径，行业数据受到影响。

2015 年移动电话用户分省情况

（单位：万户）

	移动电话用户	其中：3G 移动电话用户		其中：4G 移动电话用户	
	本期	本期	所占比重（%）	本期	所占比重（%）
全　国	**127 139.7**	**27 573.0**	**21.7**	**43 038.1**	**33.9**
东　部	**62 765.2**	**13 240.9**	**21.1**	**22 509.0**	**35.9**
北　京	3 944.4	849.6	21.5	1 434.7	36.4
天　津	1 369.7	349.4	25.5	455.0	33.2
河　北	6 135.6	1 283.8	20.9	1 996.3	32.5
辽　宁	4 289.8	904.6	21.1	1 301.0	30.3
上　海	3 132.4	822.1	26.2	1 219.9	38.9
江　苏	7 993.1	1 676.9	21.0	3 404.9	42.6
浙　江	7 283.7	1 371.0	18.8	2 946.6	40.5
福　建	4 154.0	746.1	18.0	1 542.4	37.1
山　东	9 088.8	1 970.0	21.7	2 259.3	24.9
广　东	1 4479.7	3 089.1	21.3	5 595.3	38.6
海　南	894.1	178.4	19.9	353.5	39.5
中　部	**33 061.4**	**7 045.5**	**21.3**	**10 434.5**	**31.6**
山　西	3 241.4	699.8	21.6	941.3	29.0
吉　林	2 511.5	499.8	19.9	658.9	26.2
黑龙江	3 329.8	705.6	21.2	845.7	25.4
安　徽	4 188.3	886.8	21.2	1 347.0	32.2
江　西	3 030.4	622.2	20.5	1 119.5	36.9
河　南	7 537.4	1 574.6	20.9	2 413.9	32.0
湖　北	4 530.5	948.5	20.9	1 599.7	35.3
湖　南	4 692.0	1 108.3	23.6	1 508.5	32.2
西　部	**31 312.6**	**7 286.6**	**23.3**	**10 094.6**	**32.2**
内蒙古	2 377.1	501.2	21.1	702.3	29.5
广　西	3 594.9	666.7	18.5	1 297.6	36.1
重　庆	2 737.7	600.6	21.9	955.6	34.9
四　川	6 798.3	1 688.6	24.8	2 097.4	30.9
贵　州	2 941.5	533.9	18.2	994.7	33.8
云　南	3 740.1	708.7	18.9	1 360.2	36.4
西　藏	268.7	130.3	48.5	0.9	0.3
陕　西	3 567.1	629.6	17.6	1 549.7	43.4
甘　肃	2 105.3	454.6	21.6	726.7	34.5
青　海	517.1	152.8	29.5	141.5	27.4
宁　夏	636.6	141.1	22.2	263.8	41.4
新　疆	2 028.4	1 078.5	53.2	4.4	0.2

注：部分企业自 2015 年年报起调整移动电话用户类指标报送口径，行业数据受到影响。

2015 年固定电话用户分省情况

（单位：万户）

	固定电话用户		其中：无线市话用户			固定电话用户中：	
	本期	比 2014 年	本期	比 2014 年	所占比重（%）	城市用户	农村用户
全　国	**23 099.6**	**−1 843.4**	**102.7**	**−51.7**	**0.4**	**17 320.8**	**5 778.9**
东　部	**12 368.7**	**−1 147.3**	**40.2**	**−22.6**	**0.3**	**9 354.5**	**3 014.2**
北　京	784.6	−46.6	3.5	−1.0	0.4	638.0	146.7
天　津	343.8	−16.9	1.5	−1.0	0.4	340.7	3.1
河　北	978.2	−106.9	5.3	−0.8	0.5	766.7	211.5
辽　宁	1 036.2	−115.0	4.5	−1.1	0.4	906.5	129.8
上　海	797.3	−42.9	0.00	−1.9	0.0	797.3	0.00
江　苏	1 973.0	−160.6	4.4	−3.9	0.2	1 218.0	755.0
浙　江	1 471.0	−170.9	0.00	−12.7	0.0	1 095.6	375.4
福　建	888.5	−44.8	0.00	0.00	0.0	563.9	324.7
山　东	1 118.0	−300.3	20.9	−0.1	1.9	774.1	343.9
广　东	2 807.1	−143.5	0.00	0.00	0.0	2 131.3	675.8
海　南	171.0	1.0	0.00	0.00	0.0	122.5	48.5
中　部	**5 589.8**	**−491.5**	**30.9**	**−7.4**	**0.6**	**4 047.0**	**1 542.8**
山　西	444.6	−109.7	1.6	−0.9	0.4	354.2	90.4
吉　林	572.3	−2.5	22.7	−1.3	4.0	448.6	123.7
黑龙江	596.0	−44.5	2.0	−0.4	0.3	503.8	92.2
安　徽	739.4	−100.4	0.00	−1.7	0.0	505.3	234.1
江　西	568.4	−9.0	0.1	0.0	0.0	363.8	204.6
河　南	1 009.7	−133.4	4.3	−2.3	0.4	679.5	330.1
湖　北	872.5	−34.9	0.1	0.0	0.0	632.5	240.0
湖　南	787.0	−57.1	0.2	−0.8	0.0	559.2	227.8
西　部	**5 141.1**	**−204.6**	**31.6**	**−21.6**	**0.6**	**3 919.2**	**1 221.9**
内蒙古	324.5	−34.6	9.4	−1.3	2.9	277.6	47.0
广　西	439.7	−60.2	0.0	0.0	0.0	312.0	127.7
重　庆	559.6	−20.0	0.1	−0.4	0.0	431.2	128.3
四　川	1 353.4	59.2	21.6	0.1	1.6	939.1	414.4
贵　州	312.5	−26.6	0.00	−0.4	0.0	249.6	62.9
云　南	377.5	−52.3	0.2	−3.5	0.1	294.1	83.4
西　藏	34.9	−0.9	0.00	−1.6	0.0	34.7	0.2
陕　西	723.3	−27.5	0.1	−10.8	0.0	558.0	165.2
甘　肃	326.0	−15.3	0.00	−0.1	0.0	261.9	64.1
青　海	104.2	4.0	0.2	0.00	0.2	91.5	12.7
宁　夏	84.4	−18.4	0.00	−0.4	0.0	73.8	10.6
新　疆	501.2	−12.1	0.0	−3.2	0.0	395.8	105.4

2015 年互联网宽带接入用户分省情况

（单位：万户）

	互联网宽带接入用户	其中：FTTH/O 用户	互联网宽带接入用户中：	
			城市用户	农村用户
全　国	**25 946.6**	**14 833.7**	**19 547.2**	**6 398.4**
东　部	**13 599.1**	**7 867.8**	**9 948.6**	**3 650.5**
北　京	491.9	329.7	406.0	85.9
天　津	249.8	214.7	244.3	5.5
河　北	1 317.2	910.8	890.8	426.5
辽　宁	860.5	599.6	679.4	181.0
上　海	568.8	467.8	566.4	2.4
江　苏	2 346.3	1 079.3	1 464.5	881.8
浙　江	1 906.8	1 277.0	1 403.3	503.6
福　建	1 044.8	511.5	702.6	342.2
山　东	1 980.8	1 235.7	1 379.2	601.7
广　东	2 682.7	1 167.0	2 104.9	577.8
海　南	149.5	74.9	107.3	42.2
中　部	**6 708.8**	**3 749.4**	**5 223.9**	**1 484.9**
山　西	723.9	439.5	602.0	121.9
吉　林	427.3	192.1	357.8	69.4
黑龙江	519.5	219.9	436.6	82.9
安　徽	913.3	565.0	655.5	257.8
江　西	710.9	486.7	508.0	202.9
河　南	1 489.0	1 007.0	1 070.0	419.0
湖　北	1 014.4	413.5	859.5	154.9
湖　南	910.5	425.8	734.5	176.0
西　部	**5 638.7**	**3 216.5**	**4 374.6**	**1 263.1**
内蒙古	365.7	193.6	281.4	84.3
广　西	715.8	386.9	562.0	153.8
重　庆	602.7	335.6	513.1	89.6
四　川	1 424.0	1 155.4	961.4	462.6
贵　州	386.8	213.2	313.9	72.8
云　南	537.3	222.7	445.5	91.8
西　藏	29.6	15.6	29.6	0.0
陕　西	689.9	209.7	571.4	118.5
甘　肃	302.7	129.0	241.9	60.8
青　海	82.3	51.5	72.9	8.3
宁　夏	92.5	60.4	84.6	7.8
新　疆	409.5	242.9	296.8	112.7

注：1．互联网宽带接入用户为基础电信企业合计数。

2．互联网宽带接入用户自 2011 年起不包括 WLAN 用户，2012 年和 2013 年按调整后统计口径。

3．部分企业自 2015 年年报起调整互联网宽带接入用户类指标报送口径，行业数据受到影响。

2011—2015 年固定电话用户分省情况

（单位：万户）

	2011 年	2012 年	2013 年	2014 年	2015 年
全　国	**28 509.8**	**27 815.3**	**26 698.5**	**24 943.0**	**23 099.6**
东　部	**15 291.6**	**15 082.6**	**14 500.2**	**13 516.1**	**12 368.7**
北　京	883.9	883.2	867.6	831.3	784.6
天　津	333.9	353.7	352.8	360.6	343.8
河　北	1 242.7	1 207.7	1 152.4	1 085.1	978.2
辽　宁	1 352.1	1 285.1	1 222.4	1 151.2	1 036.2
上　海	926.4	902.9	869.2	840.2	797.3
江　苏	2 370.9	2 387.2	2 289.8	2 133.6	1 973.0
浙　江	1 947.9	1 882.5	1 781.3	1 641.9	1 471.0
福　建	1 015.0	1 017.3	983.5	933.3	888.5
山　东	1 896.6	1 854.2	1 707.6	1 418.3	1 118.0
广　东	3 147.1	3 135.8	3 099.9	2 950.6	2 807.1
海　南	175.0	173.0	173.6	170.0	171.0
中　部	**7 346.1**	**7 021.8**	**6 633.2**	**6 081.3**	**5 589.8**
山　西	682.2	685.2	584.4	554.2	444.6
吉　林	579.3	578.8	579.0	574.8	572.3
黑龙江	793.5	776.1	747.8	640.5	596.0
安　徽	1 243.9	1 091.4	976.7	839.8	739.4
江　西	673.9	644.2	622.4	577.4	568.4
河　南	1 341.4	1 288.7	1 224.4	1 143.0	1 009.7
湖　北	1 020.3	1 003.6	984.0	907.4	872.5
湖　南	1 011.6	953.9	914.4	844.1	787.0
西　部	**5 872.1**	**5 710.9**	**5 565.2**	**5 345.7**	**5 141.1**
内蒙古	379.5	368.3	377.2	359.1	324.5
广　西	650.9	599.3	546.3	499.9	439.7
重　庆	571.3	575.7	580.3	579.5	559.6
四　川	1 382.9	1 347.1	1 313.7	1 294.2	1 353.4
贵　州	404.0	380.4	363.0	339.1	312.5
云　南	540.1	524.3	485.4	429.8	377.5
西　藏	40.5	40.5	40.4	35.9	34.9
陕　西	775.5	772.1	769.3	750.8	723.3
甘　肃	396.4	377.8	364.3	341.3	326.0
青　海	104.2	102.5	101.8	100.2	104.2
宁　夏	108.5	105.0	104.7	102.7	84.4
新　疆	518.3	517.9	518.7	513.3	501.2

2011—2015 年移动电话用户分省情况

（单位：万户）

	2011 年	2012 年	2013 年	2014 年	2015 年
全　国	**98 625.3**	**111 215.5**	**122 911.3**	**128 609.3**	**127 139.7**
东　部	**49 939.7**	**56 101.6**	**61 702.2**	**63 718.1**	**62 765.2**
北　京	2 576.0	3 168.0	3 373.8	4 076.4	3 944.4
天　津	1 235.6	1 325.2	1 323.2	1 351.8	1 369.7
河　北	5 094.5	5 513.1	6 006.2	6 229.1	6 135.6
辽　宁	3 836.5	4 291.3	4 583.6	4 535.6	4 289.8
上　海	2 620.6	3 008.3	3 200.7	3 292.7	3 132.4
江　苏	6 684.8	7 471.4	7 942.0	8 070.4	7 993.1
浙　江	5 756.0	6 442.6	7 071.8	7 370.6	7 283.7
福　建	3 553.2	4 049.2	4 303.3	4 276.7	4 154.0
山　东	7 118.1	7 588.9	8 333.4	8 664.1	9 088.8
广　东	10 792.8	12 468.0	14 706.1	14 943.4	14 479.7
海　南	671.6	775.6	858.3	907.4	894.1
中　部	**25 173.9**	**28 472.3**	**31 450.8**	**33 602.6**	**33 061.4**
山　西	2 446.9	2 764.6	3 105.5	3 332.3	3 241.4
吉　林	2 004.1	2 257.0	2 372.1	2 612.3	2 511.5
黑龙江	2 376.6	2 663.9	3 020.4	3 457.8	3 329.8
安　徽	3 259.4	3 609.8	3 958.9	4 215.9	4 188.3
江　西	2 322.1	2 573.4	2 806.9	2 938.5	3 030.4
河　南	5 062.0	5 787.6	7 200.2	7 712.9	7 537.4
湖　北	3 953.7	4 554.1	4 416.8	4 606.8	4 530.5
湖　南	3 749.1	4 262.0	4 570.0	4 726.1	4 692.0
西　部	**23 474.9**	**26 621.8**	**29 756.4**	**31 287.9**	**31 312.6**
内蒙古	2 316.2	2 550.1	2 690.6	2 634.6	2 377.1
广　西	2 532.7	2 884.1	3 285.6	3 553.8	3 594.9
重　庆	1 801.2	2 069.6	2 380.8	2 589.9	2 737.7
四　川	4 817.9	5 498.2	6 283.3	6 608.5	6 798.3
贵　州	2 044.3	2 321.4	2 662.6	2 885.3	2 941.5
云　南	2 589.5	2 895.8	3 395.8	3 748.5	3 740.1
西　藏	196.4	235.5	265.6	291.8	268.7
陕　西	2 907.2	3 264.8	3 512.5	3 607.2	3 567.1
甘　肃	1 614.7	1 763.5	1 976.2	2 058.6	2 105.3
青　海	463.5	537.2	542.4	544.0	517.1
宁　夏	520.5	591.0	627.2	688.3	636.6
新　疆	1 670.9	2 010.6	2 133.9	2 077.4	2 028.4

注：1. 全国数大于分省数之和，是由于部分 3G 上网卡用户不能拆分到省所致。
　　2. 部分企业自 2015 年年报起调整移动电话用户类指标报送口径，行业数据受到影响。

2011—2015 年互联网宽带接入用户分省情况

（单位：万户）

	2011 年	2012 年	2013 年	2014 年	2015 年
全　国	**15 000.1**	**17 518.3**	**18 890.9**	**20 048.3**	**25 946.6**
东　部	**8 344.7**	**9 495.9**	**10 105.8**	**10 640.0**	**13 599.1**
北　京	510.8	473.7	480.4	482.4	491.9
天　津	186.7	204.8	188.4	208.8	249.8
河　北	824.5	963.9	1 031.6	1 127.6	1 317.2
辽　宁	655.1	707.9	726.9	772.1	860.5
上　海	493.5	541.0	511.1	532.2	568.8
江　苏	1 171.0	1 350.7	1 431.3	1 523.4	2 346.3
浙　江	1 019.7	1 152.6	1 242.7	1 276.1	1 906.8
福　建	605.2	738.0	835.6	899.2	1 044.8
山　东	1 154.1	1 364.1	1 465.1	1 523.9	1 980.8
广　东	1 643.9	1 903.6	2 081.7	2 174.1	2 682.7
海　南	80.4	95.5	110.9	120.3	149.5
中　部	**3 702.3**	**4 424.2**	**4 833.5**	**5 171.3**	**6 708.8**
山　西	416.1	504.8	521.3	571.1	723.9
吉　林	307.4	364.6	379.6	414.9	427.3
黑龙江	385.4	435.8	459.6	484.6	519.5
安　徽	432.6	507.0	546.8	563.8	913.3
江　西	313.0	372.0	410.1	434.2	710.9
河　南	784.5	927.6	1 000.5	1 087.9	1 489.0
湖　北	580.1	708.0	813.3	869.7	1 014.4
湖　南	483.1	604.4	702.4	744.9	910.5
西　部	**2 953.1**	**3 598.2**	**3 951.6**	**4 237.1**	**5 638.7**
内蒙古	231.0	274.8	284.4	316.8	365.7
广　西	414.8	507.1	559.6	592.4	715.8
重　庆	319.9	388.1	438.8	475.4	602.7
四　川	668.4	823.0	835.2	883.1	1 424.0
贵　州	204.8	243.9	292.4	310.9	386.8
云　南	298.0	375.5	404.7	424.9	537.3
西　藏	12.8	17.1	19.1	22.1	29.6
陕　西	369.8	439.6	506.2	552.4	689.9
甘　肃	133.6	163.3	192.2	213.9	302.7
青　海	41.6	49.9	54.9	61.4	82.3
宁　夏	52.2	60.9	71.1	78.2	92.5
新　疆	206.1	255.0	293.0	305.7	409.5

注：1. 互联网宽带接入用户为基础电信企业合计数。

2. 互联网宽带接入用户自 2011 年起不包括 WLAN 用户，2012 年和 2013 年按调整后统计口径。

3. 部分企业自 2015 年年报起调整互联网宽带接入用户类指标报送口径，行业数据受到影响。

2011—2015 年电信业务使用量发展情况

指标名称	单位	2011 年	2012 年	2013 年	2014 年	2015 年	2015 年比 2014 年（%）
固定本地电话通话时长	亿分钟	4 227.4	3 577.7	3 023.1	2 613.9	2 251.1	−13.9
固定长途电话通话时长	亿分钟	856.9	700.7	590.6	530.1	472.6	−10.8
移动电话通话时长（来去话合计）	亿分钟	50 472.6	55 444.9	58 229.7	59 012.7	57 648.9	−2.3
移动电话去话通话时长	亿分钟	25 056.0	27 603.5	28 987.7	29 270.1	28 499.9	−2.6
非漫游去话通话时长	亿分钟	23 083.2	24 999.7	25 911.0	25 865.6	25 069.6	−3.1
国内漫游去话通话时长	亿分钟	1 967.4	2 597.1	3 068.7	3 396.1	3 422.9	0.8
国际漫游去话通话时长	亿分钟	2.6	3.4	4.6	4.8	4.2	−11.9
港澳台漫游去话通话时长	亿分钟	2.8	3.3	3.5	3.6	3.2	−11.7
移动电话来话通话时长	亿分钟	25 416.6	27 841.4	29 241.9	29 742.6	29 149.0	−2.0
移动短信业务量	亿条	8 790.0	8 973.1	8 921.0	7 674.2	6 991.8	−8.9
其中：点对点短信业务量	亿条	5 371.7	5 000.2	4 313.4	3 523.3	2 705.7	−23.2
移动彩信业务量	亿条	599.8	696.6	856.7	647.4	617.5	−4.6
其中：点对点彩信业务量	亿条	45.6	49.5	52.7	46.9	41.5	−11.6
移动互联网接入流量	万G	54 083.1	87 926.1	126 715.7	206 193.6	418 753.3	103.1
其中：无线上网卡流量	万G		42 861.8	33 827.0	25 875.6	40 378.2	56.0
手机上网流量	万G		44 404.0	91 972.0	179 064.4	375 909.5	109.9
固定电话互联互通通话时长	亿分钟	2 470.6	2 151.2	1 912.4	1 751.4	1 665.5	−4.9
移动电话互联互通通话时长	亿分钟	6 879.3	7 756.3	8 722.8	9 076.6	8 905.9	−1.9
短信互联互通业务量	亿条	1 561.0	1 505.0	1 419.7	1 223.7	946.1	−22.7

注：固定长途电话通话时长和移动电话通话时长中分别包括了从固定和移动电话发起的 IP 电话通话时长。

2015 年固定电话通话量分省情况

（单位：万分钟）

	固定本地电话通话时长		固定长途电话通话时长				
	2015 年	比 2014 年（%）	2015 年	比 2014 年（%）	其 中：		
					国内长途	国际	港澳台
全　国	**22 511 123.1**	**-13.9**	**4 725 601.1**	**-10.9**	**4 650 369.2**	**41 678.2**	**33 553.7**
东　部	**13 444 891.7**	**-13.7**	**3 147 932.6**	**-8.6**	**3 076 778.3**	**38 558.3**	**32 595.9**
北　京	1 170 771.9	-13.7	447 656.8	5.5	438 679.5	5 219.2	3 758.0
天　津	256 826.0	-13.1	42 169.7	-7.3	41 430.3	564.0	175.4
河　北	1 148 132.7	-1.7	154 587.2	-11.2	154 314.0	241.4	31.8
辽　宁	966 695.4	-13.6	165 095.2	17.7	162 312.6	2 573.3	209.3
上　海	1 535 207.8	-14.3	398 275.8	-9.2	378 160.4	14 033.3	6 082.1
江　苏	1 657 184.0	-13.7	349 124.9	-0.3	344 989.4	2 911.4	1 224.1
浙　江	1 313 687.9	-12.3	292 874.7	-1.9	289 953.4	2 042.2	879.1
福　建	885 595.0	-13.6	127 728.4	-26.5	124 762.6	1 198.5	1 767.2
山　东	1 480 698.3	-17.8	169 853.5	-23.3	168 329.7	1 224.8	299.0
广　东	2 900 589.0	-16.1	980 016.8	-14.7	953 721.8	8 350.7	17 944.3
海　南	129 503.8	-14.7	20 549.7	-32.9	20 124.5	199.5	225.7
中　部	**4 457 369.3**	**-17.1**	**870 299.7**	**-13.0**	**867 984.8**	**1 819.4**	**495.5**
山　西	302 973.6	-19.5	43 869.4	-22.6	43 837.9	21.9	9.6
吉　林	208 921.0	-17.3	59 179.9	-9.6	58 413.5	740.3	26.1
黑龙江	447 399.8	-13.9	58 588.9	-17.5	58 365.7	208.5	14.7
安　徽	664 063.2	-14.6	242 689.3	-15.2	242 395.8	200.5	93.0
江　西	394 001.7	-12.9	99 120.9	-2.9	98 954.8	83.3	82.8
河　南	896 886.7	-24.4	101 516.7	-20.4	101 313.5	156.2	47.0
湖　北	715 952.2	-13.0	158 320.3	-8.8	157 940.3	275.5	104.6
湖　南	827 171.2	-16.5	107 014.3	-9.5	106 763.2	133.3	117.8
西　部	**4 608 862.1**	**-11.0**	**707 368.8**	**-17.2**	**705 606.1**	**1 300.4**	**462.3**
内蒙古	269 259.4	-7.5	53 221.5	-7.5	53 108.6	104.6	8.3
广　西	698 949.4	-0.7	74 160.1	-20.1	73 948.8	121.8	89.4
重　庆	512 906.2	-10.9	54 731.2	0.8	54 457.5	175.8	97.8
四　川	1 076 652.5	-11.2	181 086.2	-10.0	180 718.3	238.1	129.7
贵　州	237 685.0	-8.9	39 777.5	-23.7	39 745.6	16.8	15.2
云　南	401 900.5	-13.0	57 502.9	-27.2	57 386.1	71.9	45.0
西　藏	20 804.2	-20.1	5 229.5	-28.5	5 225.6	3.4	0.5
陕　西	604 670.7	-14.3	91 423.5	-19.6	91 175.3	192.9	55.4
甘　肃	154 481.7	-15.5	35 385.4	-21.4	35 340.6	35.4	9.4
青　海	64 685.6	-13.4	17 361.4	-19.7	17 358.2	2.2	1.1
宁　夏	52 976.4	-14.1	17 158.7	-12.1	17 143.7	10.6	4.3
新　疆	513 890.6	-17.4	80 331.0	-27.2	79 997.7	327.1	6.2

2015 年移动电话通话量分省情况（一）

（单位：万分钟）

	移动电话通话时长		其中：			
			去话通话时长		来话通话时长	
	2015 年	比 2014 年(%)	2015 年	比 2014 年(%)	2015 年	比 2014 年(%)
全　国	**576 489 037.9**	**-2.3**	**284 998 577.7**	**-2.6**	**291 490 460.2**	**-2.0**
东　部	**275 661 049.5**	**-4.1**	**138 804 782.1**	**-41.3**	**136 856 267.3**	**-3.8**
北　京	15 628 777.1	-2.0	8 604 120.4	0.3	7 024 656.7	-4.7
天　津	6 372 059.1	-3.6	3 245 936.4	-3.9	3 126 122.6	-3.3
河　北	26 232 265.7	-3.2	12 732 769.6	-4.4	13 499 496.1	-2.0
辽　宁	20 614 447.5	-3.6	10 333 185.6	-4.5	10 281 261.9	-2.6
上　海	12 382 039.9	-3.8	6 369 483.5	-3.9	6 012 556.3	-3.6
江　苏	35 230 218.6	-2.4	17 581 230.5	-2.8	17 648 988.1	-2.0
浙　江	31 227 803.9	-4.3	15 869 314.4	-5.0	15 358 489.5	-3.7
福　建	19 515 090.2	-7.5	9 992 818.6	-5.6	9 522 271.6	-9.5
山　东	39 184 857.4	-2.1	19 278 338.7	-2.8	19 906 518.7	-1.4
广　东	64 552 456.5	-6.1	32 402 751.6	-6.7	32 149 705.0	-5.6
海　南	4 721 033.7	-2.1	2 394 832.8	-2.0	2 326 200.8	-2.1
中　部	**146 452 877.7**	**-1.2**	**69 902 516.3**	**-14.7**	**76 550 361.5**	**-0.9**
山　西	14 670 480.3	-3.9	7 180 030.6	-4.9	7 490 449.7	-2.9
吉　林	11 809 600.0	-4.5	5 726 323.0	-5.0	6 083 277.0	-4.0
黑龙江	15 163 320.8	-3.2	7 292 818.3	-3.5	7 870 502.5	-3.0
安　徽	17 252 775.2	-0.3	8 148 623.2	-0.3	9 104 152.0	-0.4
江　西	13 697 037.8	-0.1	6 587 959.8	-0.4	7 109 078.1	0.1
河　南	32 889 452.9	0.6	15 356 543.9	0.8	17 532 909.0	0.5
湖　北	18 520 342.2	-0.2	8 893 411.0	-0.5	9 626 931.3	0.0
湖　南	22 449 868.5	-0.8	10 716 806.6	-1.0	11 733 061.9	-0.6
西　部	**154 375 110.7**	**-0.1**	**76 291 279.3**	**-4.8**	**78 083 831.3**	**0.2**
内蒙古	12 410 899.2	-3.9	6 117 397.4	-4.4	6 293 501.9	-3.3
广　西	15 563 988.0	-0.4	7 533 360.5	-0.8	8 030 627.5	-0.1
重　庆	13 383 379.2	-1.5	6 585 379.0	-1.9	6 798 000.2	-1.0
四　川	31 994 592.0	0.4	15 550 235.3	0.5	16 444 356.7	0.3
贵　州	15 519 618.1	3.2	7 675 110.9	3.2	7 844 507.3	3.3
云　南	17 885 693.1	-0.3	8 939 108.9	-0.8	8 946 584.2	0.2
西　藏	1 494 754.3	2.5	779 027.6	1.9	715 726.7	3.2
陕　西	16 524 607.4	-2.6	8 273 130.1	-3.9	8 251 477.3	-1.3
甘　肃	10 475 240.9	2.9	5 103 082.7	2.3	5 372 158.2	3.5
青　海	2 656 450.3	-0.3	1 341 776.2	-1.0	1 314 674.1	0.4
宁　夏	3 199 349.3	-0.2	1 597 067.0	-0.9	1 602 282.4	0.5
新　疆	13 266 539.0	1.0	6 796 603.9	1.1	6 469 935.0	0.9

2015 年移动电话通话量分省情况（二）

（单位：万分钟）

	移动电话去话通话时长中：					
	按长途地区分		按漫游地区分			
	国内长途	国际长途	非漫游	国内漫游	国际漫游	港澳台漫游
全　国	**65 741 139.4**	**110 467.5**	**250 695 767.7**	**34 228 875.9**	**42 272.4**	**31 661.8**
东　部	**35 618 521.1**	**89 844.6**	**121 517 991.9**	**17 226 889.5**	**32 208.1**	**27 692.6**
北　京	3 012 711.7	11 023.8	7 457 827.5	1 139 262.8	5 084.5	1 945.7
天　津	681 527.1	2 107.2	2 997 562.6	246 980.1	1 063.7	330.1
河　北	1 706 170.2	1 357.0	11 832 887.8	899 010.3	659.1	212.4
辽　宁	1 747 582.7	3 487.7	9 567 863.4	763 305.0	1 730.6	286.6
上　海	2 022 488.8	18 698.8	5 499 025.6	862 254.7	7 837.8	365.5
江　苏	4 591 428.6	7 297.4	15 279 691.3	2 297 476.9	2 727.7	1 334.6
浙　江	4 387 539.4	8 320.1	13 732 998.1	2 131 069.5	4 241.8	1 005.0
福　建	2 482 128.3	4 830.7	8 847 810.9	1 142 252.3	1 287.6	1 467.8
山　东	3 456 870.8	3 807.7	17 572 578.3	1 704 084.3	1 258.9	417.1
广　东	11 182 574.8	28 220.8	26 441 952.3	5 934 703.8	5 982.0	20 113.5
海　南	347 498.7	693.4	2 287 794.3	106 489.9	334.4	214.2
中　部	**14 749 269.9**	**8 915.0**	**61 324 753.2**	**8 570 570.1**	**4 953.7**	**2 239.3**
山　西	1 291 067.9	397.4	6 435 068.4	744 571.5	212.3	178.3
吉　林	980 050.3	879.3	5 200 285.2	525 522.3	334.9	180.5
黑龙江	1 253 824.0	1 021.2	6 682 419.4	609 690.7	493.8	214.4
安　徽	1 970 512.8	744.2	6 903 611.1	1 244 477.4	358.5	176.3
江　西	1 400 971.7	1 062.0	5 815 858.8	771 215.0	700.4	185.6
河　南	3 432 619.4	1 792.5	13 121 703.1	2 233 140.7	1 127.3	572.8
湖　北	2 131 512.5	1 556.2	7 695 126.2	1 197 121.1	645.8	517.9
湖　南	2 288 711.3	1 462.1	9 470 681.0	1 244 831.4	1 080.7	213.5
西　部	**15 373 348.4**	**11 707.9**	**67 853 022.6**	**8 431 416.3**	**5 110.6**	**1 729.9**
内蒙古	1 119 274.1	639.8	5 564 115.0	552 639.1	451.4	191.7
广　西	1 427 722.1	2 705.7	6 710 179.7	822 229.5	592.1	359.2
重　庆	1 051 541.3	850.2	5 992 462.2	592 185.8	494.0	237.1
四　川	3 579 891.1	1 768.7	13 465 427.3	2 083 513.5	948.2	346.3
贵　州	1 570 425.6	535.8	6 791 105.9	883 428.1	328.1	248.7
云　南	1 694 284.3	2 052.0	8 163 506.2	774 906.1	660.7	36.0
西　藏	244 715.9	30.2	629 187.0	149 830.1	7.7	2.8
陕　西	1 597 382.1	1 220.2	7 410 218.3	861 944.6	748.6	218.6
甘　肃	1 137 972.7	247.0	4 515 977.0	586 855.6	181.7	68.5
青　海	385 396.0	111.9	1 136 844.3	204 836.1	90.4	5.3
宁　夏	439 075.8	104.0	1 364 467.8	232 545.2	48.8	5.2
新　疆	1 125 667.5	1 442.7	6 109 532.0	686 502.7	558.9	10.4

2015 年移动互联网接入流量分省情况

（单位：万G）

	移动互联网接入流量		其中：按上网方式		
	2015 年	比 2014 年（%）	无线上网卡流量	手机上网流量	
				2015 年	比 2014 年（%）
全　国	**418 753.3**	**103.1**	**40 378.2**	**375 909.5**	**109.9**
东　部	**222 485.0**	**99.8**	**20 361.8**	**200 762.8**	**110.1**
北　京	15 334.8	96.8	1 758.8	13 520.8	138.4
天　津	5 458.9	80.3	1 314.2	4 141.4	112.0
河　北	12 965.4	80.5	441.6	12 456.6	89.5
辽　宁	19 434.5	202.7	8 437.9	10 717.0	109.1
上　海	10 818.8	86.5	1 090.0	9 667.1	99.8
江　苏	34 143.0	113.8	1 108.1	32 756.0	120.5
浙　江	33 327.2	107.4	2 578.4	30 708.6	145.4
福　建	14 351.0	95.0	680.0	13 382.8	107.4
山　东	17 936.6	67.9	1 012.4	16 805.6	92.3
广　东	55 458.7	89.4	1 668.9	53 624.4	95.4
海　南	3 256.2	87.8	271.6	2 982.5	118.5
中　部	**98 484.5**	**110.4**	**14 119.5**	**83 432.5**	**104.4**
山　西	6 779.9	82.1	292.4	6 464.4	96.1
吉　林	13 385.4	380.6	8 717.2	4 645.5	107.1
黑龙江	6 846.6	79.6	402.3	6 410.5	94.2
安　徽	11 536.0	93.5	168.9	11 349.3	97.0
江　西	10 176.9	126.4	327.9	9 787.7	129.7
河　南	19 685.1	86.9	880.4	18 802.2	110.0
湖　北	15 462.6	108.9	1 434.8	13 569.3	128.4
湖　南	14 612.0	80.4	1 895.5	12 403.6	75.5
西　部	**97 775.6**	**103.6**	**5 888.8**	**91 714.2**	**114.8**
内蒙古	5 698.1	57.7	192.7	5 465.4	104.7
广　西	10 156.9	106.4	170.2	9 986.4	120.4
重　庆	8 559.8	131.8	458.8	8 078.4	137.1
四　川	17 636.4	94.6	349.6	17 246.2	97.6
贵　州	8 488.1	148.3	1 106.9	7 375.7	139.5
云　南	16 174.6	123.7	825.8	15 342.8	137.2
西　藏	738.2	39.8	136.7	601.4	74.0
陕　西	13 994.7	106.7	523.3	13 456.4	118.7
甘　肃	5 783.2	105.4	109.4	5 670.6	113.3
青　海	2 237.4	109.2	647.3	1 589.4	104.1
宁　夏	2 743.1	109.2	387.4	2 321.4	122.1
新　疆	5 565.2	54.7	980.8	4 580.2	61.8

2015 年移动短信和彩信业务量分省情况

	移动短信业务量			移动彩信业务量		
	2015 年（万条）	比 2014 年（%）	点对点短信（万条）	2015 年（万条）	比 2014 年（%）	点对点彩信（万条）
全　国	**5 681 730.0**	**-12.0**	**3 108 489.2**	**476 722.0**	**-6.6**	**69 790.5**
东　部	**3 421 123.3**	**-7.8**	**1 448 304.8**	**249 486.7**	**-8.8**	**27 495.1**
北　京	1 298 492.7	36.6	138 797.6	76 218.8	-11.6	2 272.9
天　津	37 400.3	-18.8	21 139.7	284.5	-47.3	284.5
河　北	193 813.8	-5.3	164 548.5	1 415.8	-12.9	1 415.8
辽　宁	83 662.2	-23.4	68 913.7	2 681.2	-6.3	1 019.8
上　海	128 957.4	-22.0	91 795.2	14 761.8	-12.8	724.9
江　苏	572 254.1	-1.3	254 114.8	75 289.0	10.3	6 227.0
浙　江	241 940.2	-40.8	113 069.4	18 920.8	13.0	6 931.9
福　建	229 849.0	-18.8	130 125.7	8 307.2	-30.9	2 689.6
山　东	161 066.1	-11.1	127 296.4	19 003.6	-43.3	1 398.0
广　东	430 395.8	-41.8	304 804.9	30 877.6	-6.4	4 087.1
海　南	43 291.8	4.8	33 699.0	1 726.5	-13.8	443.6
中　部	**984 935.8**	**-25.5**	**734 345.7**	**91 933.0**	**-14.6**	**18 145.2**
山　西	58 729.8	-21.6	51 293.0	7 463.5	-24.3	3 737.4
吉　林	45 961.2	-16.5	34 161.7	1 258.2	-30.2	265.1
黑龙江	61 514.6	-23.4	45 202.7	413.9	-44.0	354.1
安　徽	193 014.7	-18.1	170 168.7	19 434.5	-0.5	1 831.3
江　西	117 398.4	-22.0	70 724.6	6 675.8	-11.9	709.0
河　南	132 680.9	-11.4	113 546.4	4 998.5	211.0	4 732.9
湖　北	223 981.7	-38.7	145 028.5	9 981.1	-23.4	4 728.7
湖　南	151 654.4	-28.0	104 220.2	41 707.6	-22.0	1 786.7
西　部	**1 275 671.0**	**-10.6**	**925 838.7**	**135 302.3**	**4.9**	**24 150.2**
内蒙古	49 106.1	-38.2	40 607.7	7 142.8	-39.3	4 081.9
广　西	121 969.1	-11.0	70 228.8	3 823.2	19.9	2 870.8
重　庆	97 817.4	0.1	77 948.6	63 510.0	64.4	1 157.4
四　川	289 650.2	-0.6	232 817.6	6 703.6	5.5	5 501.2
贵　州	87 401.4	-13.3	73 208.6	1 010.4	11.6	898.5
云　南	68 320.7	-28.4	62 646.2	5 163.2	17.7	2 267.3
西　藏	21 191.0	2.7	19 230.5	844.6	-14.3	249.5
陕　西	127 797.5	-25.2	99 263.8	33 548.9	-23.6	1 445.3
甘　肃	161 896.3	-5.1	110 225.4	8 206.7	-30.6	2 297.2
青　海	32 794.3	-22.1	22 210.0	2 040.6	-37.5	1 288.4
宁　夏	117 876.7	5.4	29 794.3	1 665.6	-29.5	449.7
新　疆	99 850.4	-8.0	87 657.3	1 642.9	11.1	1 642.9

2015 年互联互通业务量分省情况

	固定电话互联互通通话时长		移动电话互联互通通话时长		短信互联互通业务量	
	2015 年（万分钟）	比 2014 年（%）	2015 年（万分钟）	比 2014 年（%）	2015 年（万条）	比 2014 年（%）
全　国	**9 593 322.7**	**-2.1**	**20 631 096.8**	**3.3**	**2 614 188.1**	**-19.5**
东　部	**5 527 361.1**	**-3.4**	**9 428 925.7**	**2.4**	**1 322 123.1**	**-19.4**
北　京	283 317.6	-4.3	553 479.2	3.1	85 220.2	-20.2
天　津	71 543.3	5.3	188 767.2	5.6	25 923.9	17.2
河　北	177 987.3	8.5	1 113 420.1	10.2	72 424.9	-39.8
辽　宁	192 385.1	8.2	433 036.6	-0.9	36 684.4	-30.1
上　海	560 296.0	-12.8	541 646.7	1.5	81 361.2	-16.2
江　苏	608 534.6	-12.0	1 467 357.5	-0.1	302 420.7	-16.0
浙　江	1 128 495.5	3.9	1 256 673.3	15.7	156 294.1	-20.7
福　建	352 289.0	-3.7	936 453.7	0.4	140 718.6	-9.7
山　东	285 097.5	17.6	940 501.8	1.5	84 277.2	-31.7
广　东	1 804 447.9	-5.8	1 849 616.1	-5.2	307 874.0	-18.1
海　南	62 967.4	-12.2	147 973.6	3.3	28 924.0	1.2
中　部	**1 994 392.3**	**4.8**	**5 021 547.7**	**3.4**	**565 571.3**	**-19.2**
山　西	121 240.7	30.8	373 753.1	5.5	33 427.9	-24.8
吉　林	76 454.0	16.9	331 332.6	7.5	27 187.3	-22.6
黑龙江	97 316.9	23.3	426 967.7	-0.4	35 951.1	-30.6
安　徽	295 080.0	-4.7	811 610.0	3.6	129 111.5	-20.1
江　西	222 623.5	-0.2	498 257.4	-0.7	73 167.2	-11.6
河　南	376 184.3	22.1	950 405.8	7.1	72 863.2	-14.4
湖　北	377 351.1	-4.0	759 331.9	1.1	103 009.5	-21.5
湖　南	428 141.9	-0.8	869 889.2	3.5	90 853.6	-15.6
西　部	**2 071 569.3**	**-4.6**	**6 180 623.4**	**4.7**	**726 493.7**	**-19.9**
内蒙古	70 996.9	21.1	329 524.7	-1.4	34 683.3	-40.4
广　西	306 869.8	-9.8	599 458.1	0.9	57 164.1	-9.9
重　庆	216 476.1	-3.0	563 769.2	3.3	47 937.5	-12.7
四　川	435 701.7	0.1	1 412 430.1	7.9	203 929.4	-17.9
贵　州	135 616.5	-0.6	480 364.6	6.2	62 763.8	-17.1
云　南	175 902.6	-9.5	405 829.1	2.5	47 748.9	-23.9
西　藏	28 024.5	161.6	93 985.2	11.7	11 219.8	-24.6
陕　西	273 141.4	-2.8	749 234.7	-2.3	77 073.1	-35.8
甘　肃	121 998.5	-2.9	584 183.3	12.9	80 662.8	-9.4
青　海	32 584.9	-10.1	122 327.1	0.8	14 737.2	-29.4
宁　夏	42 913.3	-3.5	159 892.4	5.7	24 985.3	-21.9
新　疆	231 343.3	-18.8	679 624.7	7.2	63 588.5	-4.9

2011—2015 年电信通信能力发展情况

指标名称	单位	2011 年	2012 年	2013 年	2014 年	2015 年	2015 年比 2014 年（%）
光缆线路长度	万公里	1 211.9	1 479.3	1 745.4	2 061.3	2 486	20.6
长途光缆线路长度	万公里	84.2	86.8	89.0	92.8	97	3.9
本地网中继光缆线路长度	万公里	617.0	723.4	834.4	997.7	1 161	16.4
接入网光缆线路长度	万公里	510.7	669.2	821.9	970.7	1 229	26.6
光缆纤芯长度	万芯公里	24 175.6	29 620.8	37 425.9	45 054.9	54 794.2	21.6
长途光缆纤芯长度	万芯公里	2 174.5	2 295.0	2 398.5	2 544.1	2 820.1	10.9
本地网中继光缆纤芯长度	万芯公里	12 971.3	15 527.0	20 373.2	25 311.9	30 739.5	21.4
接入网光缆纤芯长度	万芯公里	9 029.8	11 798.8	14 654.2	17 198.9	21 234.7	23.5
固定长途电话交换机容量	万路端	1 602.3	1 579.7	1 280.5	982.9	811.1	−17.5
局用交换机容量	万门	43 428.4	43 749.3	41 089.3	40 517.1	26 446.5	−34.7
接入网设备容量	万门	20 995.1	23 371.5	22 572.4	25 882.2	17 541.1	−32.2
移动电话交换机容量	万户	171 636.0	184 023.8	196 557.3	205 024.9	218 150.0	6.4
移动电话基站	万个	175.2	206.6	241.0	350.8	465.6	32.7
其中：3G基站	万个	63.2	82.0	109.3	127.8	142.8	11.7
4G基站数	万个				84.9	177.4	109.0
移动电话话音信道	万个	8 706.0	9 284.8	9 733.2	9 947.0	10 263.3	3.2
移动短消息中心容量	万条	561 726.5	622 055.7	696 593.4	713 067.8	722 682.2	1.3
互联网宽带接入端口	万个	23 239.4	32 108.4	35 945.3	40 546.1	57 709.4	42.3
*x*DSL端口	万个	15 542.1	15 858.3	14 742.8	13 833.3	10 034.0	−27.5
FTTH/O端口	万个		7 289.5	11 505.0	16 384.6	34 197.4	108.7

注：1. 互联网宽带端口为基础电信企业合计数。

2. 部分企业自 2015 年年报起调整互联网宽带接入端口类指标报送口径，行业数据受到影响。

2015 年光缆线路长度分省情况

（单位：公里）

	光缆线路长度				
	2015 年	比 2014 年（%）	长途光缆	本地网中继光缆	接入网光缆
全　国	**24 863 348**	**20.6**	**965 283**	**11 608 850**	**12 289 215**
东　部	**11 302 538**	**22.2**	**259 041**	**4 862 831**	**618 0667**
北　京	275 461	14.0	4 088	117 769	153 604
天　津	163 995	10.2	3 714	55 627	104 654
河　北	1 031 586	17.4	36 794	446 414	548 378
辽　宁	770 702	21.4	24 636	430 552	315 514
上　海	475 025	16.5	5 142	126 955	342 928
江　苏	2 511 543	20.7	38 840	948 734	1 523 969
浙　江	2 072 207	25.1	26 300	1 041 696	1 004 211
福　建	831 927	12.7	23 278	325 153	483 496
山　东	1 371 672	37.2	36 737	733 204	601 731
广　东	1 645 703	22.3	56 136	574 035	1 015 532
海　南	152 717	27.3	3 376	62 692	86 649
中　部	**6 514 662**	**16.2**	**259 499**	**3 417 862**	**2 837 301**
山　西	765 679	13.0	30 891	476 927	257 861
吉　林	394 073	26.8	23 877	177 097	193 099
黑龙江	550 690	10.5	46 513	312 886	191 291
安　徽	972 903	19.0	30 944	334 577	607 382
江　西	593 135	1.6	21 115	454 666	117 353
河　南	1 231 505	19.9	33 578	704 624	493 303
湖　北	930 329	22.9	31 706	468 751	429 872
湖　南	1 076 349	15.1	40 875	488 334	547 140
西　部	**7 046 147**	**22.5**	**446 741**	**3 328 156**	**3 271 249**
内蒙古	465 966	16.5	71 490	246 787	147 689
广　西	652 917	17.6	38 953	217 530	396 434
重　庆	654 413	21.5	7 606	341 584	305 223
四　川	1 617 009	20.4	60 268	597 032	959 710
贵　州	656 959	42.4	35 562	397 965	223 432
云　南	795 267	34.9	49 361	409 159	336 747
西　藏	120 440	18.6	33 073	43 567	43 800
陕　西	708 295	19.9	29 199	376 256	302 840
甘　肃	481 774	11.9	32 446	250 231	199 097
青　海	146 152	15.3	40 560	65 537	40 055
宁　夏	115695	30.2	10 848	35 026	69 821
新　疆	631259	19.7	37 375	347 482	246 402

2015 年光缆纤芯长度分省情况

（单位：芯公里）

	光缆纤芯长度				
	2015 年	比 2014 年（%）	长途光缆	本地网中继光缆	接入网光缆
全　国	**54 794.2**	**21.6**	**2 820.1**	**30 739.5**	**21 234.7**
东　部	**28 725.6**	**21.6**	**974.2**	**15 969.5**	**11 781.8**
北　京	1 282.0	16.3	19.8	759.5	502.6
天　津	629.9	33.1	16.4	207.9	405.6
河　北	2 023.8	25.4	131.2	953.6	939.1
辽　宁	1 853.0	21.8	90.0	1 256.0	507.0
上　海	2 108.0	13.1	22.9	1 019.8	1 065.4
江　苏	5 028.7	26.7	185.5	2 721.8	2 121.5
浙　江	4 320.5	20.7	108.5	2 543.5	1 668.6
福　建	1 937.6	21.1	68.5	771.7	1 097.4
山　东	3 788.5	24.0	101.3	2 535.7	1 151.5
广　东	5 453.8	18.6	228.4	3 044.2	2 181.2
海　南	299.6	25.3	1.9	155.7	142.0
中　部	**12 070.2**	**18.3**	**737.9**	**6 817.2**	**4 515.2**
山　西	1 242.4	17.5	78.0	723.4	441.0
吉　林	748.1	31.1	61.4	337.8	348.9
黑龙江	932.0	19.7	109.6	472.4	350.1
安　徽	1 842.1	19.6	91.0	809.4	941.7
江　西	918.0	11.7	57.9	702.7	157.4
河　南	2 418.6	16.3	116.7	1 446.6	855.3
湖　北	1 763.3	18.9	102.8	1 106.2	554.4
湖　南	2 205.8	17.9	120.6	1 218.7	866.4
西　部	**13 998.5**	**24.6**	**1 108.0**	**7 952.8**	**4 937.7**
内蒙古	792.5	-15.9	135.4	439.9	217.2
广　西	1 169.0	22.6	80.7	488.1	600.2
重　庆	1 453.2	28.3	20.4	936.4	496.4
四　川	2 638.2	20.8	176.3	1 304.5	1 157.3
贵　州	1 570.1	67.7	163.2	1 055.1	351.8
云　南	1 437.1	31.4	101.5	811.8	523.7
西　藏	187.8	9.8	68.6	56.7	62.6
陕　西	1 901.7	33.7	86.9	1 313.1	501.8
甘　肃	1 035.2	16.0	76.6	563.0	395.7
青　海	298.9	4.3	99.7	111.2	87.9
宁　夏	242.4	34.8	35.3	91.5	115.7
新　疆	1 272.4	21.9	63.4	781.4	427.6

2015年固定通信能力分省情况

	固定长途电话交换机容量		局用交换机容量		其中：接入网设备容量	
	2015年（万路端）	比2014年（万路端）	2015年（万门）	比2014年（万门）	2015年（万门）	比2014年（万门）
全　国	**811.1**	**−171.8**	**26 446.5**	**−14 070.7**	**17 541.1**	**−8 341.1**
东　部	**442.0**	**−18.8**	**14 453.5**	**−4 000.1**	**9 517.4**	**−840.6**
北　京	51.5	−5.1	1 592.5	72.8	923.3	157.5
天　津	11.8	0.00	531.8	−185.9	496.7	−68.1
河　北	27.0	−4.9	1 125.6	−385.7	1 033.7	21.3
辽　宁	48.6	0.00	1 627.4	−453.9	1 323.2	−68.4
上　海	71.6	0.00	1 200.5	−74.0	511.3	5.5
江　苏	37.6	0.00	1 758.8	−1 025.7	879.1	−328.4
浙　江	85.2	0.00	1 211.1	−558.8	570.4	−154.7
福　建	9.5	0.00	922.4	−324.4	604.3	−175.9
山　东	31.3	−8.8	1 523.5	−722.2	1 457.2	−14.0
广　东	64.0	0.00	2 844.7	−312.9	1 630.6	−202.5
海　南	4.1	0.00	115.3	−29.3	87.7	−12.9
中　部	**206.3**	**−100.8**	**6 301.7**	**−7 887.8**	**4 189.3**	**−6 413.6**
山　西	30.2	0.00	542.6	−348.2	450.2	−82.0
吉　林	8.6	0.0	554.8	−331.8	362.7	−184.2
黑龙江	36.0	0.00	1 070.0	−6 331.9	785.6	−6167.7
安　徽	14.4	0.00	634.0	−115.0	304.2	−24.0
江　西	20.8	0.00	720.4	11.5	522.4	13.9
河　南	32.9	−100.9	1 044.0	−254.4	912.8	123.1
湖　北	17.0	0.00	920.4	−276.0	465.5	−50.1
湖　南	46.4	0.00	815.7	−241.9	385.9	−42.5
西　部	**163.9**	**−46.6**	**5 689.3**	**−2 182.8**	**3 834.4**	**−1 087.0**
内蒙古	18.4	−2.8	385.7	−155.6	322.7	−48.8
广　西	28.7	−3.7	1 318.8	−446.5	1 157.0	−400.6
重　庆	6.5	0.00	451.7	−405.6	263.1	−218.7
四　川	37.4	0.00	783.6	−376.2	621.2	−78.5
贵　州	6.3	−12.0	590.4	−156.3	398.2	−76.5
云　南	19.9	−2.5	667.2	−67.8	421.1	−42.0
西　藏	1.3	−0.1	11.5	−117.3	10.7	−85.5
陕　西	20.0	0.0	581.7	−96.7	334.7	−20.8
甘　肃	7.2	−0.4	276.4	−84.2	66.9	−17.1
青　海	9.3	−0.5	44.6	−8.9	7.7	−3.3
宁　夏	6.1	0.00	124.0	−36.0	71.5	13.8
新　疆	2.8	−24.4	453.8	−231.5	159.7	−109.0
总部及直属	4.6	0.00	2.0	0.00	0.00	0.00

2015 年移动通信能力分省情况

	移动电话交换机容量		移动电话基站		其中：		移动电话话音信道	移动短消息中心容量
					3G 基站	4G 基站		
	2015 年（万户）	比 2014 年（万户）	2015 年（万个）	比 2014 年（万个）	2015 年（万个）	2015 年（万个）	2015 年（万个）	2015 年（万条）
全　国	**218 150.0**	**13 125.1**	**465.6**	**114.8**	**142.8**	**177.4**	**10 263.3**	**722 682.2**
东　部	**102 682.8**	**8 948.8**	**219.8**	**52.4**	**66.5**	**86.4**	**4 837.2**	**353 300.5**
北　京	5 102.0	192.0	12.4	2.5	3.9	4.6	293.5	20 500.6
天　津	2 435.0	80.0	4.6	0.9	1.6	1.8	169.5	5 709.6
河　北	11 781.7	231.0	19.2	6.5	6.0	7.9	451.0	27 000.0
辽　宁	13 111.2	6 705.0	16.7	4.0	5.0	6.3	343.0	25 308.0
上　海	4 424.0	196.0	8.5	2.1	2.8	3.5	231.6	11 353.7
江　苏	10 633.1	160.0	32.5	7.1	8.7	13.3	698.1	52 200.0
浙　江	11 423.7	282.5	32.7	7.8	10.4	12.2	711.8	23 084.0
福　建	8 203.6	308.6	18.7	4.1	5.7	7.2	338.5	35 280.0
山　东	11 970.4	146.0	28.4	7.0	8.8	11.3	562.2	79 074.0
广　东	22 025.8	607.7	42.2	9.5	12.5	16.9	950.7	68 894.6
海　南	1 572.4	40.0	4.0	1.0	1.2	1.4	87.3	4 896.0
中　部	**56 307.3**	**1 938.9**	**121.7**	**29.8**	**37.9**	**45.7**	**2 457.0**	**170 808.6**
山　西	5 021.2	0.00	13.4	2.4	4.2	4.4	260.1	9 894.2
吉　林	3 731.0	−164.0	7.8	1.5	2.4	2.8	179.5	16 632.0
黑龙江	7 318.7	133.5	10.0	1.9	3.3	3.5	214.3	17 596.8
安　徽	8 407.8	845.9	16.6	4.7	5.3	6.3	368.2	30 096.0
江　西	4 085.9	0.00	13.8	3.7	4.0	5.2	253.0	36 822.0
河　南	11 713.0	616.0	25.0	6.8	8.2	9.2	486.8	26 137.4
湖　北	8 753.3	497.5	17.5	4.4	5.4	7.0	329.8	15 336.0
湖　南	7 276.4	10.0	17.7	4.3	5.1	7.3	365.4	18 294.1
西　部	**59 159.9**	**2 237.5**	**124.1**	**32.6**	**38.5**	**45.3**	**2 969.1**	**198 573.1**
内蒙古	6 257.3	372.0	9.4	2.7	3.0	3.0	274.5	17 064.0
广　西	5 181.1	557.8	13.8	3.9	4.0	5.3	270.2	16 560.0
重　庆	3 887.6	0.00	9.5	2.1	2.8	3.6	205.2	12 420.0
四　川	15 691.3	422.0	24.9	7.1	6.5	10.5	640.5	36 869.1
贵　州	4 908.0	-20.0	12.0	3.5	3.5	4.1	249.5	11 646.0
云　南	5 894.1	0.00	16.3	4.2	4.6	5.7	317.6	21 312.0
西　藏	448.0	55.0	1.7	0.6	0.5	0.4	40.3	1 008.0
陕　西	5 105.5	-30.6	13.7	1.8	4.7	5.1	277.3	37 872.0
甘　肃	2 997.0	363.2	7.8	2.3	2.8	3.3	221.7	20 854.0
青　海	1 308.0	40.0	2.9	0.7	1.0	1.0	75.8	3 780.0
宁　夏	1 224.0	78.0	2.5	0.8	0.8	1.0	68.7	5 004.0
新　疆	6 258.0	400.0	9.7	2.9	4.2	2.3	327.8	14 184.0

2015 年互联网宽带接入端口分省情况

（单位：万个）

	互联网宽带接入端口		其中：				FTTH/O端口
			xDSL 端口		LAN 端口		
	2015 年	比 2014 年	2015 年	比 2014 年	2015 年	比 2014 年	2015 年
全　国	**57 709.4**	**17 163.3**	**10 034.0**	**−3 799.3**	**8 529.9**	**2 750.9**	**34 197.4**
东　部	**30 143.5**	**8 368.0**	**5 137.4**	**−1 881.8**	**4 308.7**	**1 269.5**	**18 228.1**
北　京	1 580.5	420.7	240.6	−42.4	52.6	4.9	1 120.8
天　津	470.2	72.6	27.9	−59.9	19.9	1.6	392.9
河　北	2 948.5	743.8	163.4	−250.3	37.8	−1.9	2 190.8
辽　宁	2 710.8	627.2	279.1	−279.5	192.8	51.9	1 761.9
上　海	1 464.8	60.3	177.2	−56.7	269.8	69.5	999.8
江　苏	4 697.3	1 193.9	615.1	−512.2	1 483.4	667.4	2 426.2
浙　江	4 768.9	2 136.3	859.2	−92.7	558.4	105.3	3 251.2
福　建	2 335.3	716.6	477.6	−43.0	517.2	174.1	1 232.2
山　东	4 003.4	1 054.3	58.6	−484.0	714.7	62.7	2 575.2
广　东	4 765.5	1 167.8	2 123.8	−59.5	411.3	91.8	2 060.6
海　南	398.4	174.5	115.1	−1.8	50.9	42.1	216.6
中　部	**14 781.4**	**5 003.1**	**2 151.3**	**−1 227.7**	**2 367.0**	**833.6**	**8 752.9**
山　西	1 345.9	349.1	50.2	−203.7	252.9	94.1	890.0
吉　林	987.2	181.2	158.8	−39.4	169.0	−7.8	371.0
黑龙江	1 308.8	264.8	184.6	−78.6	141.6	−6.7	585.0
安　徽	2 211.5	1 035.8	170.1	−273.4	349.4	170.1	1 619.3
江　西	1 693.2	718.1	472.1	−44.6	401.3	249.5	735.3
河　南	3 241.9	1 225.5	164.9	−433.3	169.2	2.5	2 569.5
湖　北	2 061.1	795.1	404.6	−90.6	297.4	8.8	1 301.2
湖　南	1 931.8	433.4	546.0	−64.2	586.1	323.0	681.6
西　部	**12 784.5**	**3 792.2**	**2 745.3**	**−689.7**	**1 854.2**	**647.8**	**7 216.4**
内蒙古	916.0	176.1	44.9	−93.3	154.9	56.3	472.2
广　西	1 530.9	404.8	314.9	−9.4	329.4	28.5	781.5
重　庆	1 349.4	386.0	351.3	−63.8	104.1	32.1	758.2
四　川	3 117.9	917.5	382.0	−266.1	451.4	297.1	2 125.0
贵　州	875.8	295.1	188.6	−73.4	210.2	105.0	368.6
云　南	1 151.1	409.7	279.8	−86.0	136.1	20.3	689.2
西　藏	51.0	2.9	9.2	−8.2	15.1	0.4	24.8
陕　西	1 539.3	468.9	522.2	−23.1	245.0	52.3	683.1
甘　肃	820.5	347.3	262.3	−13.5	125.4	37.3	409.6
青　海	208.1	74.0	53.7	−2.3	7.0	0.9	139.1
宁　夏	200.8	20.5	35.7	−48.1	1.0	-0.3	155.9
新　疆	1 023.8	289.5	300.8	−2.4	74.8	18.0	609.3

注：部分企业自 2015 年年报起调整互联网宽带接入端口类指标报送口径，行业数据受到影响。

2011—2015 年电信财务、投资、服务水平发展情况

指 标 名 称	单位	2011 年	2012 年	2013 年	2014 年	2015 年	2015 年比 2014 年（%）
电信业务收入	万元	98 804 120	107 582 895	116 686 662	119 079 749	116 651 582	−2.0
其中：增值电信业务收入	万元	20 694 546	21 639 505	23 294 534	20 022 400	19 087 526	−4.7
固定通信业务收入	万元	27 057 896	28 024 632	29 841 735	33 786 638	34 557 632	2.3
移动通信业务收入	万元	71 746 225	79 558 264	86 844 928	85 939 775	82 093 950	−4.5
电信业务成本	万元	49 801 512	52 403 387	57 806 485	65 548 541	76 988 874	17.5
电信利润总额	万元	16 682 595	17 973 112	12 131 168	16 515 595	16 454 772	−0.4
电信增加值	万元	54 336 271	57 091 147	61 082 349	66 613 289	66 825 088	0.3
电信资产总额	万元	234 085 228	251 773 375	265 199 411	282 283 475	306 411 906	8.5
电信固定资产原值	万元	287 710 839	314 555 154	331 894 471	353 482 243	346 653 245	−1.9
电信固定资产净值	万元	133 423 230	141 195 578	146 481 990	153 441 148	147 050 412	−4.2
电信固定资产投资完成额	万元	33 821 538	36 162 164	37 425 689	40 062 002	45 248 447	12.9
固定通信投资	万元	1 961 538	2 286 540	437 747	374 953	98 819	−73.6
移动通信投资	万元	13 584 886	13 754 525	13 317 547	18 084 371	20 570 253	13.7
互联网及数据通信投资	万元	4 383 863	4 179 085	5 111 215	4 002 364	7 163 219	79.0
创新及增值平台投资	万元	2 442 856	1 560 395	1 657 183	1 414 104	1 419 552	0.4
业务支撑系统投资	万元	1 468 161	1 546 884	1 661 670	1 486 113	1 642 740	10.5
传输投资	万元	5 668 008	8 301 250	9 428 384	9 612 320	10 060 742	4.7
局房及营业场所投资	万元	1 939 842	2 014 550	2 740 405	2 568 707	3 027 202	17.8
电信其他投资	万元	2 372 383	2 518 937	3 071 538	2 519 069	1 265 919	−49.7
移动电话漫游国家和地区							
中国电信	个	258	258	258	258	245	
中国移动	个	237	237	242	251	255	
中国联通	个	246	247	250	251	251	
固定电话普及率	部/百人	21.3	20.7	19.6	18.2	16.8	
城市固定电话普及率	部/百人	30.0	27.4	25.2	24.0	22.5	
移动电话普及率	部/百人	73.6	82.6	90.3	94.0	92.5	
互联网宽带接入普及率	%	11.2	13.0	13.9	14.7	18.9	
开通互联网宽带业务的行政村比重	%	84.0	87.9	91.0	93.5	94.8	

注：财务指标的增长率为可比口径比较，其中收入指标的增长率为未扣除“营改增”影响。

2015 年电信主要经济效益分省情况（一）

（单位：万元）

	电信业务收入	其中：增值业务收入	电信业务收入中：固定通信	电信业务收入中：移动通信	电信业务成本
全　国	**116 651 582.2**	**19 087 525.9**	**34 557 632.3**	**82 093 949.9**	**76 988 874.4**
东　部	**63 240 179.9**	**10 728 932.4**	**18 738 995.2**	**44 501 184.6**	**37 391 964.7**
北　京	5 677 028.6	1 421 805.7	2 135 035.7	3 541 992.9	3 473 302.1
天　津	1 585 010.6	275 198.5	486 035.4	1 098 975.2	1 064 873.7
河　北	4 568 184.5	626 752.3	1 076 095.0	3 492 089.5	2 838 779.3
辽　宁	3 719 307.9	721 955.9	1 099 015.8	2 620 292.1	2 413 250.9
上　海	5 356 816.1	1 052 674.3	2 333 882.6	3 022 933.5	3 195 781.1
江　苏	8 383 393.7	1 336 987.2	2 273 435.6	6 109 958.1	4 633 343.0
浙　江	7 524 231.1	1 268 292.6	2 145 799.5	5 378 431.6	4 443 203.1
福　建	4 332 552.9	692 038.6	1 133 758.7	3 198 794.3	2 550 251.0
山　东	6 319 672.1	1 072 321.0	1 552 722.0	4 766 950.1	3 625 385.7
广　东	14 852 103.1	2 123 974.5	4 307 938.9	10 544 164.1	8 561 631.7
海　南	921 879.4	136 931.9	195 276.0	726 603.4	592 163.1
中　部	**26 717 170.9**	**3 999 295.9**	**5 918 468.5**	**20 798 702.4**	**16 464 325.5**
山　西	2 484 765.2	410 806.6	586 481.6	1 898 283.5	1 661 989.8
吉　林	1 769 647.6	221 126.6	469 966.4	1 299 681.2	1 337 958.7
黑龙江	2 390 753.2	369 078.9	604 520.5	1 786 232.7	1 669 487.8
安　徽	3 746 839.5	517 218.1	83 1810.1	2 915 029.4	2 084 546.7
江　西	2 570 996.9	427 407.4	584 414.3	1 986 582.6	1 515 734.5
河　南	5 565 365.3	847 749.1	1 055 392.0	4 509 973.3	3 378 260.9
湖　北	4 104 182.2	576 252.4	995 247.7	3 108 934.5	2 428 456.1
湖　南	4 084 621.1	629 656.8	790 636.0	3 293 985.2	2 387 891.1
西　部	**26 745 666.6**	**3 621 303.7**	**5 828 365.8**	**20 917 300.8**	**17 301 691.3**
内蒙古	2 139 097.9	289 684.0	469 599.1	1 669 498.7	1 469 471.6
广　西	2 935 059.3	378 714.0	723 044.4	2 212 015.0	1 767 688.0
重　庆	2 226 857.7	293 826.8	536 102.1	1 690 755.6	1 500 735.4
四　川	5 511 594.1	728 583.6	1 369 894.7	4 141 699.4	3 530 905.3
贵　州	2 259 972.6	305 571.7	395 458.8	1 864 513.7	1 551 676.1
云　南	3 118 477.8	497 505.5	584 780.6	2 533 697.2	1 867 403.4
西　藏	407 986.2	55 450.8	72 017.5	335 968.7	351 911.6
陕　西	3 201 601.7	412 917.0	661 625.2	2 539 976.5	1 866 370.3
甘　肃	1 768 445.9	249 582.2	331 808.9	1 436 637.0	1 135 249.1
青　海	521 020.6	81 315.6	131 704.9	389 315.7	389 155.2
宁　夏	591 393.3	63 847.2	115 185.5	476 207.8	389 102.1
新　疆	2 064 159.8	264 305.3	437 144.1	1 627 015.6	1 482 023.3
总部及直属	−51 435.2	737 993.9	4 071 802.8	−4 123 238.0	5 830 892.9

2015 年电信主要经济效益分省情况（二）

（单位：万元）

	电信利润总额	增加值	资产总额	固定资产原值	固定资产净值
全　国	**16 454 771.6**	**66 825 088.3**	**306 411 905.5**	**346 653 244.8**	**147 050 412.0**
东　部	**13 223 779.0**	**35 028 834.3**	**142 224 723.3**	**174 820 485.8**	**69 974 556.6**
北　京	1 155 952.6	2 831 700.4	11 585 710.9	14 684 109.2	5 950 933.0
天　津	199 066.4	853 787.4	3 403 301.7	4 677 364.6	1 976 784.6
河　北	802 157.9	2 482 487.1	9 804 619.1	13 787 441.0	5 499 587.8
辽　宁	377 557.7	1 898 727.0	8 490 685.5	13 013 312.3	5 217 632.9
上　海	1 021 380.6	2 849 625.5	10 946 631.7	14 464 679.7	5 378 530.5
江　苏	1 778 159.8	4 937 021.2	16 694 369.1	22 026 342.8	9 160 495.8
浙　江	1 543 548.0	3 932 535.1	16 614 305.7	19 392 357.6	8 077 726.1
福　建	753 051.0	2 318 849.9	9 418 550.2	12 152 594.4	4 839 700.7
山　东	1 422 487.4	3 830 860.7	13 633 013.2	18 688 626.8	7 412 349.4
广　东	4 040 302.8	8 624 016.3	39 571 937.0	39 427 076.3	15 356 263.6
海　南	130 114.9	469 223.8	2 061 599.2	2 506 581.1	1 104 552.1
中　部	**4 184 886.2**	**13 921 864.8**	**56 737 793.9**	**76 039 983.0**	**32 500 164.9**
山　西	197 026.4	1 290 038.5	5 801 894.2	8 068 446.4	3 595 034.6
吉　林	-14 321.0	838 838.5	4 120 127.2	7 359 960.3	2 927 923.6
黑龙江	173 137.4	1 284 420.0	5 579 893.1	9 444 510.5	4 075 133.6
安　徽	844 698.6	2 218 949.1	7 627 032.2	9 327 521.0	4 070 650.6
江　西	419 474.8	1 853 283.9	5 056 512.8	6 660 806.4	2 912 186.2
河　南	1 029 671.1	2 976 467.8	11 674 456.0	14 928 927.6	6 325 910.5
湖　北	792 975.8	1 960 725.6	7 912 200.9	10 778 252.5	43 36 351.5
湖　南	742 223.1	1 499 141.5	8 965 677.6	9 471 558.3	4 256 974.5
西　部	**2 940 075.2**	**14 131 241.2**	**55 234 857.5**	**73 903 789.5**	**33 793 994.6**
内蒙古	143 864.7	1 072 540.9	4 691 228.9	7 272 840.4	3 197 388.6
广　西	473 651.6	1 538 530.3	5 704 697.2	7 570 257.1	3 250 603.7
重　庆	243 033.1	1 800 640.5	4 406 233.9	6 672 886.8	2 999 878.9
四　川	568 209.1	2 511 117.8	10 777 022.0	12 911 519.0	5 931 840.6
贵　州	272 382.7	1 073 965.9	4 644 418.0	5 773 085.4	2 835 535.1
云　南	579 128.1	1 790 365.3	6 648 214.9	8 119 748.1	3 572 264.2
西　藏	−150 463.8	77 608.9	891 066.9	1 189 981.5	640 707.4
陕　西	478 427.1	1 771 928.9	6 456 689.6	8 888 691.9	3 977 006.5
甘　肃	237 699.4	937 244.1	3 724 820.7	5 103 808.3	2 440 915.0
青　海	-23 500.9	249 316.1	1 343 167.5	1 707 880.9	894 351.5
宁　夏	20 723.7	287 650.9	1 272 598.4	1 801 059.2	813 470.4
新　疆	96 920.5	1 020 331.7	4 674 699.6	689 2031.1	3 240 032.7
总部及直属	−3 893 968.9	3 743 148.1	52 214 532.0	21 888 988.6	10 781 696.9

2015 年电信固定资产投资分省情况

（单位：万元）

	电信固定资产投资	其中：							
		固定通信	移动通信	互联网及数据	创新及增值平台	业务支撑系统	传输投资	局房及营业场所	其他投资
全　国	**45 248 446.7**	**98 819.3**	**20 570 253.1**	**7 163 219.4**	**1 419 552.1**	**1 642 739.7**	**10 060 741.9**	**3 027 202.3**	**1 265 918.9**
东　部	**20 880 670.8**	**71 651.9**	**9 791 462.1**	**3 487 754.8**	**783 562.5**	**677 394.8**	**4 483 443.9**	**1 254 600.2**	**330 800.7**
北　京	1 668 231.4	15 932.6	896 902.4	196 326.0	54 002.9	54 893.8	300 566.7	139 035.4	10 571.8
天　津	532 964.9	863.4	239 029.5	103 283.5	12 993.4	31 706.5	108 373.1	31 923.6	4 791.9
河　北	1 864 947.1	2 299.8	885 367.0	443 666.3	16 281.3	40 355.2	425 473.8	41 095.7	10 408.2
辽　宁	1 638 714.0	6 261.0	705 227.6	426 748.4	42 666.6	37 409.5	368 913.5	67 053.5	−155 66.0
上　海	1 243 514.3	11 908.6	514 449.8	164 455.5	92 281.8	80 593.1	252 074.5	94 226.4	33 524.7
江　苏	2 912 642.8	6 311.9	1 409 774.0	442 847.3	174 100.6	70 434.7	584 932.1	189 514.9	34 727.3
浙　江	2 389 000.3	1 547.9	1 087 157.0	375 791.9	139 982.5	72 374.8	524 540.5	139 603.3	48 002.4
福　建	1 499 966.4	2 396.5	815 500.9	199 301.7	65 474.2	42 326.9	279 068.6	90 503.0	5 394.5
山　东	2 430 678.9	15 135.4	1 082 606.1	507 311.9	52 079.6	64 091.0	556 972.2	133 466.1	19 016.7
广　东	4 357 430.4	6 625.7	2 015 894.8	565 476.0	126 550.4	169 482.7	1 003 520.6	294 629.8	175 250.4
海　南	342 580.5	2 369.2	139 553.0	62 546.5	7 149.3	13 726.8	79 008.3	33 548.5	4 678.9
中　部	**11 244 682.8**	**16 734.4**	**5 298 231.3**	**1 985 973.7**	**218 810.0**	**342 781.5**	**2 615 455.7**	**632 876.7**	**133 819.6**
山　西	1 343 395.9	2 608.8	667 728.7	192 822.1	31 447.3	29 675.2	340 173.1	79 943.4	−1 002.6
吉　林	856 170.6	1 478.5	327 877.7	218 304.9	11 950.1	37 079.4	186 560.4	34 361.6	38 558.1
黑龙江	1 303 609.3	3 828.4	524 696.6	346 446.8	12 123.2	38 844.2	278 922.6	100 841.4	-2 093.9
安　徽	1 370 955.6	-390.0	725 513.5	169 488.6	33 553.7	40 906.4	320 424.1	70 348.5	11 110.8
江　西	1 030 182.3	179.7	459 167.2	131 702.1	32 281.0	60 301.9	256 526.7	78 335.5	11 688.2
河　南	2 505 403.7	7 221.7	1 217 759.0	463 961.2	23 598.6	59 793.2	628 004.0	82 621.2	22 444.9
湖　北	1 381 581.6	798.5	683 498.5	262 109.7	43 071.7	42 182.6	223 758.4	100 853.7	25 308.5
湖　南	1 453 383.9	1 008.7	691 990.2	201 138.2	30 784.6	33 998.6	381 086.4	85 571.5	27 805.7
西　部	**11 554 150.6**	**10 433.0**	**5 378 188.3**	**1 684 461.2**	**298 278.1**	**345 085.2**	**2 910 233.9**	**821 462.3**	**106 008.5**
内蒙古	1 051 168.5	491.4	403 858.3	179 852.6	7 375.6	26 499.8	318 549.8	102 473.7	12 067.3
广　西	1 203 884.0	1 285.2	580 479.6	159 545.4	19 214.8	45 655.0	331 738.0	63 350.5	2 615.5
重　庆	1 066 046.0	1 857.5	502 168.6	178 689.7	34 274.5	28 975.0	181 476.1	117 799.9	20 804.8
四　川	2 199 393.7	1 856.0	1 157 120.4	288 861.5	43 999.7	49 851.8	515 344.5	122 881.2	19 478.6
贵　州	1 077 886.6	1 198.7	433 115.4	174 337.3	29 797.9	38 038.5	279 188.2	67 535.2	54 675.6
云　南	1 053 179.1	240.5	496 770.4	152 509.8	27 499.4	25 918.8	277 348.5	63 942.4	8 949.3
西　藏	195 913.5	39.8	89 978.5	14 106.2	16 269.1	9 595.8	70 595.8	29 416.2	−34 087.9
陕　西	1 235 711.2	526.8	559 525.4	214 251.0	26 913.2	32 246.2	320 966.0	98 810.3	−17 527.7
甘　肃	782 100.9	290.6	406 281.2	73 621.3	33 788.4	23 944.6	194 810.7	29 498.4	19 865.7
青　海	264 690.0	506.4	107 479.9	38 005.0	24 342.6	17 291.4	54 431.1	21 007.5	1 626.2
宁　夏	323 666.1	857.3	131 746.4	50 943.3	14 478.0	12 883.4	88 835.1	19 909.4	4 013.2
新　疆	1 100 511.0	1 282.9	509 664.4	159 738.3	20 324.9	34 184.8	276 950.2	84 837.7	13 528.0
总部及直属	1 568 942.5	0.00	102 371.3	5 029.7	118 901.5	277 478.2	51 608.5	318 263.1	695 290.1

2015 年电信通信水平分省情况

	固定电话普及率	城市固定电话普及率	移动电话普及率	互联网宽带接入普及率	城市互联网宽带接入普及率	村互联网宽带接入普及率	家庭互联网宽带接入普及率
	（部 / 百人）	（部 / 百人）	（部 / 百人）	（%）	（%）	（%）	（%）
全　国	**16.8**	**22.5**	**92.5**	**18.9**	**25.3**	**10.6**	**54.1**
东　部	**21.7**	**25.6**	**110.3**	**23.9**	**27.3**	**17.9**	**67.6**
北　京	36.1	34.0	181.7	22.7	21.6	29.3	68.7
天　津	22.2	26.8	88.5	16.2	19.2	2.0	52.3
河　北	13.2	20.9	82.6	17.7	24.3	11.3	56.7
辽　宁	23.6	30.7	97.9	19.6	23.0	12.7	52.4
上　海	33.0	36.8	129.7	23.5	26.2	0.9	58.9
江　苏	24.7	23.4	100.2	29.4	28.2	31.8	80.0
浙　江	26.6	30.1	131.5	34.4	38.5	26.6	85.1
福　建	23.1	23.5	108.2	27.2	29.2	23.8	75.4
山　东	11.4	14.3	92.3	20.1	25.5	13.6	57.8
广　东	25.9	28.9	133.5	24.7	28.5	16.6	74.2
海　南	18.8	24.4	98.2	16.4	21.4	10.3	55.2
中　部	**13.0**	**18.1**	**76.8**	**15.6**	**23.3**	**7.2**	**46.1**
山　西	12.1	18.0	88.5	19.8	30.5	7.2	61.9
吉　林	20.8	29.5	91.2	15.5	23.5	5.6	44.6
黑龙江	15.6	22.8	87.4	13.6	19.7	5.2	37.3
安　徽	12.0	16.3	68.2	14.9	21.1	8.5	43.7
江　西	12.4	15.4	66.4	15.6	21.6	9.2	54.3
河　南	10.7	15.3	79.5	15.7	24.1	8.3	49.0
湖　北	14.9	19.0	77.4	17.3	25.8	6.1	49.3
湖　南	11.6	16.2	69.2	13.4	21.3	5.3	35.1
西　部	**13.8**	**21.7**	**84.3**	**15.2**	**24.2**	**6.6**	**43.0**
内蒙古	12.9	18.3	94.7	14.6	18.6	8.5	38.2
广　西	9.2	13.8	75.0	14.9	24.9	6.1	44.6
重　庆	18.5	23.5	90.8	20.0	27.9	7.6	51.3
四　川	16.5	24.0	82.9	17.4	24.6	10.8	48.0
贵　州	8.9	16.8	83.3	11.0	21.2	3.6	33.3
云　南	8.0	14.3	78.9	11.3	21.7	3.4	32.0
西　藏	10.8	41.6	82.9	9.1	35.5	0.0	33.3
陕　西	19.1	27.3	94.0	18.2	27.9	6.8	49.5
甘　肃	12.5	23.3	81.0	11.6	21.5	4.1	35.8
青　海	17.7	30.9	87.9	14.0	24.6	2.8	42.3
宁　夏	12.6	20.0	95.3	13.8	22.9	2.6	40.6
新　疆	21.2	36.4	86.0	17.4	27.3	8.9	47.3

注：1. 普及率采用 2015 年常住人口数和 2010 年人口普查的家庭数。

2. 部分企业自 2015 年年报起调整移动电话用户、互联网宽带接入用户统计口径，普及率受到影响。

2011—2015年固定电话普及率分省情况

（单位：部/百人）

	2011年	2012年	2013年	2014年	2015年
全 国	**21.3**	**20.6**	**19.6**	**18.2**	**16.8**
东 部	**27.8**	**27.2**	**25.8**	**23.9**	**21.7**
北 京	45.0	43.7	41.0	38.6	36.1
天 津	25.7	26.1	24.0	23.8	22.2
河 北	17.3	16.7	15.7	14.7	13.2
辽 宁	30.9	29.3	27.8	26.2	23.6
上 海	40.2	38.5	36.0	34.6	33.0
江 苏	30.1	30.2	28.8	26.8	24.7
浙 江	35.8	34.5	32.4	29.8	26.6
福 建	27.5	27.3	26.1	24.5	23.1
山 东	19.8	19.2	17.5	14.5	11.4
广 东	30.1	29.9	29.1	27.5	25.9
海 南	20.1	19.7	19.4	18.8	18.8
中 部	**17.4**	**16.6**	**15.5**	**14.2**	**13.0**
山 西	19.1	19.1	16.1	15.2	12.1
吉 林	21.1	21.1	21.0	20.9	20.8
黑龙江	20.7	20.2	19.5	16.7	15.6
安 徽	20.9	18.3	16.2	13.8	12.0
江 西	15.1	14.4	13.8	12.7	12.4
河 南	14.3	13.7	13.0	12.1	10.7
湖 北	17.8	17.4	17.0	15.6	14.9
湖 南	15.4	14.5	13.7	12.5	11.6
西 部	**16.3**	**15.8**	**15.0**	**14.5**	**13.8**
内蒙古	15.4	14.8	15.1	14.3	12.9
广 西	14.1	12.9	10.3	10.5	9.2
重 庆	19.8	19.7	19.5	19.4	18.5
四 川	17.2	16.7	16.2	15.9	16.5
贵 州	11.6	11.0	10.4	9.7	8.9
云 南	11.7	11.3	10.4	9.1	8.0
西 藏	13.5	13.4	12.9	11.3	10.8
陕 西	20.8	20.6	20.4	19.9	19.1
甘 肃	15.5	14.7	14.1	13.2	12.5
青 海	18.5	18.0	17.6	17.2	17.7
宁 夏	17.1	16.4	16.0	15.5	12.6
新 疆	23.7	23.4	22.9	22.3	21.2

2011—2015 年移动电话普及率分省情况

（单位：部/百人）

	2011 年	2012 年	2013 年	2014 年	2015 年
全　国	**73.6**	**82.5**	**90.3**	**94.0**	**92.5**
东　部	**90.7**	**101.2**	**109.8**	**112.7**	**110.3**
北　京	131.3	156.9	159.5	189.5	181.7
天　津	95.1	97.8	89.9	89.1	88.5
河　北	70.8	76.1	81.9	84.4	82.6
辽　宁	87.7	97.9	104.4	103.3	97.9
上　海	113.8	128.2	132.5	135.7	129.7
江　苏	85.0	94.6	100.0	101.4	100.2
浙　江	105.7	117.9	128.6	133.8	131.5
福　建	96.2	108.8	114.0	112.4	108.2
山　东	74.2	78.7	85.6	88.5	92.3
广　东	103.4	118.7	138.2	139.3	133.5
海　南	77.3	88.4	95.9	100.4	98.2
中　部	**59.5**	**67.2**	**73.7**	**78.4**	**76.8**
山　西	68.5	76.9	85.6	91.3	88.5
吉　林	73.0	82.1	86.2	94.9	91.2
黑龙江	62.0	69.5	78.8	90.2	87.4
安　徽	54.7	60.5	65.7	69.3	68.2
江　西	52.0	57.3	62.1	64.7	66.4
河　南	53.8	61.6	76.5	81.7	79.5
湖　北	69.0	79.1	76.2	79.2	77.4
湖　南	57.1	64.6	68.3	70.1	69.2
西　部	**65.1**	**73.5**	**80.0**	**84.9**	**84.3**
内蒙古	93.7	102.7	107.7	105.2	94.7
广　西	54.9	62.1	62.2	74.8	75.0
重　庆	62.4	70.9	80.2	86.6	90.8
四　川	59.9	68.3	77.5	81.2	82.9
贵　州	58.8	66.9	76.0	82.2	83.3
云　南	56.3	62.5	72.5	79.5	78.9
西　藏	65.2	77.7	85.1	91.9	82.9
陕　西	77.8	87.2	93.3	95.6	94.0
甘　肃	63.1	68.8	76.5	79.5	81.0
青　海	82.3	94.6	93.9	93.2	87.9
宁　夏	82.2	92.5	95.9	104.0	95.3
新　疆	76.5	91.0	94.2	90.4	86.0

注：部分企业自 2015 年年报起调整移动电话用户统计口径，普及率受到影响。

2015年地（市）电信用户发展情况

	固定电话用户（户）	固定电话普及率（部/百人）	移动电话用户（户）	移动电话普及率（部/百人）	互联网宽带接入用户（户）	互联网宽带接入普及率（部/百人）
北京市	**7 846 282**	**36.15**	**39 444 417**	**181.73**	**4 918 987**	**22.66**
天津市	**3 437 712**	**22.22**	**13 697 413**	**88.54**	**2 498 399**	**16.15**
河北省	9 781 836	13.17	61 355 630	82.63	13 172 159	17.74
石家庄市	1 437 992	13.84	10 315 659	99.31	2 502 030	24.09
唐山市	1 331 252	17.37	7 104 435	92.69	1 504 803	19.63
秦皇岛市	600 408	19.87	3 011 016	99.63	654 959	21.67
邯郸市	684 497	7.37	6 853 531	73.78	1 214 812	13.08
邢台市	787 855	10.94	5 190 677	72.11	1 097 412	15.24
保定市	1 465 653	12.92	9 112 469	80.31	2 090 629	18.43
张家口市	443 474	10.08	3 378 789	76.83	624 287	14.20
承德市	299 075	8.53	2 709 300	77.30	529 598	15.11
沧州市	1 148 066	15.85	5 749 446	79.40	1 101 801	15.22
廊坊市	823 178	18.55	4 518 781	101.83	1 081 718	24.38
衡水市	760 386	17.31	3 411 526	77.68	770 110	17.54
山西省	**4 445 605**	**12.13**	**32 413 861**	**88.46**	**7 239 409**	**19.76**
太原市	1 094 851	25.73	6 341 259	149.03	1 629 868	38.30
大同市	372 712	11.09	2 878 003	85.65	636 899	18.95
阳泉市	163 100	11.83	1 370 151	99.35	342 020	24.80
长治市	373 822	11.11	2 810 664	83.51	600 382	17.84
晋城市	288 214	12.58	2 127 362	92.82	413 096	18.02
朔州市	165 620	9.55	1 430 914	82.52	228 422	13.17
晋中市	507 815	15.45	3 852 980	117.23	848 795	25.83
运城市	327 536	6.30	2 887 545	55.50	646 767	12.43
忻州市	490 332	15.80	2 822 421	90.93	697 420	22.47
临汾市	389 476	8.92	3 497 932	80.16	746 230	17.10
吕梁市	272 127	7.21	2 394 647	63.41	449 498	11.90
内蒙古自治区	**3 245 140**	**12.92**	**23 770 692**	**94.66**	**3 656 468**	**14.56**
呼和浩特市	727 760	24.69	3 698 892	125.51	604 831	20.52
包头市	354 093	12.97	2 905 915	106.45	477 284	17.48
乌海市	117 381	21.39	613 036	111.71	119 576	21.79
赤峰市	420 997	9.75	3 329 861	77.08	547 954	12.68
通辽市	299 379	9.58	2 363 796	75.64	382 664	12.25
鄂尔多斯市	218 438	10.90	1 797 802	89.71	234 346	11.69
呼伦贝尔市	410 253	16.19	2 813 529	111.06	460 712	18.19
巴彦淖尔市	239 232	14.32	1 479 022	88.51	223 135	13.35
乌兰察布市	205 220	9.62	1 588 865	74.46	230 626	10.81
兴安盟	102 137	6.36	1 563 903	97.41	169 037	10.53

（续表）

	固定电话用户（户）	固定电话普及率（部 / 百人）	移动电话用户（户）	移动电话普及率（部 / 百人）	互联网宽带接入用户（户）	互联网宽带接入普及率（部 / 百人）
锡林郭勒盟	107 173	10.31	1 353 675	130.17	159 048	15.29
阿拉善盟	43 081	18.03	262 499	109.87	47 252	19.78
辽宁省	**10 362 399**	**23.65**	**42 898 084**	**97.89**	**8 604 652**	**19.63**
沈阳市	2 132 378	29.40	12 684 314	174.86	1 706 776	23.53
大连市	2 294 470	38.84	7 032 778	119.04	1 340 345	22.69
鞍山市	731 739	20.87	3 235 730	92.27	728 546	20.78
抚顺市	464 906	21.18	1 927 174	87.81	448 871	20.45
本溪市	313 937	20.48	1 270 920	82.93	400 044	26.10
丹东市	657 950	27.35	1 841 850	76.57	466 697	19.40
锦州市	749 533	24.33	2 545 220	82.62	615 481	19.98
营口市	496 008	21.13	1 967 133	83.80	487 674	20.77
阜新市	386 704	20.18	1 354 455	70.68	402 045	20.98
辽阳市	320 895	17.81	1 752 683	97.27	392 325	21.77
盘锦市	347 559	26.98	1 375 408	106.79	292 208	22.69
铁岭市	353 167	11.68	1 983 510	65.59	392 366	12.97
朝阳市	612 746	18.02	1 985 396	58.38	465 992	13.70
葫芦岛市	500 408	17.85	1 941 475	69.25	465 256	16.60
吉林省	**5 723 004**	**20.79**	**25 115 003**	**91.22**	**4 272 535**	**15.52**
长春市	1 810 437	23.91	8 534 376	112.73	1 387 591	18.33
吉林市	923 443	21.42	3 950 218	91.61	750 056	17.39
四平市	472 497	14.06	2 780 460	82.74	383 683	11.42
辽源市	259 959	21.32	1 047 978	85.95	166 549	13.66
通化市	518 211	23.10	1 849 651	82.44	337 737	15.05
白山市	372 330	29.15	1 092 157	85.49	204 328	15.99
松原市	374 963	12.93	2 333 177	80.44	276 349	9.53
白城市	368 557	18.45	1 674 765	83.84	288 483	14.44
延边朝鲜族自治州	622 554	29.21	1 852 232	86.91	477 896	22.42
黑龙江省	**5 959 507**	**15.63**	**33 298 387**	**87.36**	**5 195 447**	**13.63**
哈尔滨市	2 222 009	22.38	10 544 613	106.22	1 713 683	17.26
齐齐哈尔市	616 326	11.05	3 598 526	64.50	571 793	10.25
鸡西市	287 770	15.48	1 639 353	88.18	242 005	13.02
鹤岗市	116 151	10.71	1 096 986	101.12	155 476	14.33
双鸭山市	232 615	15.46	1 320 000	87.74	214 951	14.29
大庆市	313 455	11.13	2 999 145	106.46	347 644	12.34
伊春市	165 671	13.36	922 545	74.38	179 160	14.44
佳木斯市	409 347	16.47	2 451 876	98.63	385 190	15.50
七台河市	97 183	10.51	796 498	86.14	126 259	13.65
牡丹江市	449 300	16.86	2 371 504	89.00	462 299	17.35
黑河市	236 967	13.71	1 362 445	78.83	209 405	12.12
绥化市	717 174	12.50	3 800 002	66.24	498 769	8.69

（续表）

	固定电话用户（户）	固定电话普及率（部/百人）	移动电话用户（户）	移动电话普及率（部/百人）	互联网宽带接入用户（户）	互联网宽带接入普及率（部/百人）
大兴安岭地区	95 539	18.68	394 826	77.21	88 811	17.37
上海市	**7 972 902**	**33.01**	**31 324 118**	**129.69**	**5 687 597**	**23.55**
江苏省	**19 729 922**	**24.74**	**79 930 892**	**100.21**	**23 463 183**	**29.42**
南京市	2 797 084	34.27	10 513 628	128.82	3 491 987	42.79
无锡市	1 949 450	30.18	8 204 096	127.00	2 355 393	36.46
徐州市	1 384 984	16.17	7 349 041	85.80	1 680 510	19.62
常州市	1 397 638	29.81	5 193 742	110.76	1 792 259	38.22
苏州市	3 406 785	32.33	14 056 671	133.40	4 617 773	43.82
南通市	2 089 219	28.61	6 621 110	90.67	1 942 537	26.60
连云港市	835 885	18.98	3 578 223	81.24	1 048 694	23.81
淮安市	768 973	16.03	3 721 843	77.57	917 199	19.12
盐城市	1 252 303	17.35	5 724 298	79.33	1 421 681	19.70
扬州市	1 187 948	26.62	4 287 375	96.08	1 264 789	28.34
镇江市	872 259	27.64	3 007 532	95.31	949 427	30.09
泰州市	1 202 324	25.96	3 952 538	85.35	1 145 815	24.74
宿迁市	585 043	12.21	3 720 899	77.68	835 079	17.43
浙江省	**14 709 722**	**26.56**	**72 836 622**	**131.50**	**19 068 330**	**34.43**
杭州市	293 5111	33.36	14 817 766	168.41	3 806 307	43.26
宁波市	2 629 204	34.43	11 506 746	150.67	3 196 184	41.85
温州市	1 843 571	20.15	11 165 257	122.02	2 687 278	29.37
嘉兴市	1 145 321	25.23	5 399 307	118.93	1 600 200	35.25
湖州市	962 041	33.09	3 687 190	126.83	957 512	32.94
绍兴市	1 483 125	30.01	5 463 963	110.57	1 537 616	31.12
金华市	1 224 444	22.66	7 291 619	134.97	1 958 613	36.25
衢州市	438 721	20.67	2 169 086	102.21	549 694	25.90
舟山市	339 699	29.82	1 433 521	125.85	435 865	38.26
台州市	1 248 281	20.79	7 605 064	126.65	1 833 305	30.53
丽水市	460 244	21.69	2 297 047	108.27	505 748	23.84
安徽省	**7 394 299**	**12.04**	**41 883 247**	**68.17**	**9 132 916**	**14.87**
合肥市	1 492 735	19.68	7 680 419	101.27	1 839 185	24.25
芜湖市	552 174	15.42	2 888 821	80.68	775 636	21.66
蚌埠市	405 072	12.70	2 304 640	72.27	514 639	16.14
淮南市	299 811	12.81	1 671 168	71.41	459 965	19.65
马鞍山市	389 048	17.72	1 720 398	78.34	486 853	22.17
淮北市	264 632	12.43	1 477 355	69.41	377 394	17.73
铜陵市	170 632	23.26	709 382	96.69	218 749	29.82
安庆市	719 272	13.52	2 999 091	56.37	711 647	13.38
黄山市	282 537	20.90	1 019 348	75.40	269 374	19.92
滁州市	476 409	12.10	2 755 150	69.96	597 031	15.16
阜阳市	535 053	7.01	4 419 034	57.87	683 644	8.95

（续表）

	固定电话用户（户）	固定电话普及率（部 / 百人）	移动电话用户（户）	移动电话普及率（部 / 百人）	互联网宽带接入用户（户）	互联网宽带接入普及率（部 / 百人）
宿州市	385 949	7.17	3 403 729	63.25	558 914	10.39
六安市	485 675	8.60	3 088 367	54.67	532 808	9.43
亳州市	314 013	6.41	2 751 333	56.12	400 700	8.17
池州市	219 240	15.46	1 031 224	72.72	243 927	17.20
宣城市	402 047	15.76	1 963 579	76.97	462 462	18.13
福建省	**8 885 442**	**23.15**	**41 539 784**	**108.20**	**10 448 034**	**27.22**
福州市	1 835 905	25.25	8 898 752	122.39	2 358 572	32.44
厦门市	1 312 232	35.74	5 717 931	155.72	1 648 277	44.89
莆田市	644 366	22.92	2 858 045	101.65	756 434	26.90
三明市	497 041	19.90	2 312 130	92.57	540 339	21.63
泉州市	2 055 156	24.79	9 025 502	108.88	2 257 041	27.23
漳州市	903 841	18.45	450 2311	91.92	976 751	19.94
南平市	511 507	19.44	2 548 318	96.86	628 494	23.89
龙岩市	551 855	21.47	2 597 712	101.07	582 179	22.65
平潭	76 928	18.91	312 077	76.73	76 775	18.88
宁德市	496 611	17.47	2 767 187	97.33	623 143	21.92
江西省	**5 683 992**	**12.45**	**30 304 030**	**66.37**	**7 109 416**	**15.57**
南昌市	1 205 397	23.50	5 410 505	105.50	1 427 677	27.84
景德镇市	205 418	12.76	1 174 875	72.96	377 967	23.47
萍乡市	274 895	14.67	1 331 151	71.04	331 426	17.69
九江市	783 600	16.40	3 109 589	65.08	838 087	17.54
新余市	145 805	12.66	943 877	81.98	252 262	21.91
鹰潭市	152 781	13.44	874 594	76.94	212 545	18.70
赣州市	942 319	11.14	5 598 878	66.18	1 143 615	13.52
吉安市	461 631	9.51	2 776 797	57.18	620 915	12.79
宜春市	564 471	10.35	3 454 778	63.32	675 427	12.38
抚州市	226 618	5.73	2 135 191	54.00	502 444	12.71
上饶市	721 057	10.88	3 493 853	52.70	727 033	10.97
山东省	**11 179 930**	**11.35**	**90 888 130**	**92.30**	**19 808 175**	**20.12**
济南市	1 643 254	23.65	8 850 174	127.36	2 456 355	35.35
青岛市	1 769 108	19.96	11 188 226	126.25	2 614 899	29.51
淄博市	814 518	17.78	4 784 566	104.46	939 532	20.51
枣庄市	398 026	10.56	3 001 272	79.63	658 441	17.47
东营市	456 133	22.04	2 479 621	119.83	655 267	31.67
烟台市	811 043	11.62	7 452 175	106.77	1 692 234	24.25
潍坊市	1 114 938	12.08	8 599 951	93.21	1 612 979	17.48
济宁市	447 462	5.48	6 619 036	81.11	1 269 705	15.56
泰安市	637 628	11.53	4 507 342	81.54	940 904	17.02
威海市	555 248	19.82	3 485 172	124.40	886 564	31.64

（续表）

	固定电话用户（户）	固定电话普及率（部 / 百人）	移动电话用户（户）	移动电话普及率（部 / 百人）	互联网宽带接入用户（户）	互联网宽带接入普及率（部 / 百人）
日照市	276 527	9.78	2 491 127	88.14	638 137	22.58
莱芜市	202 170	15.43	1 116 778	85.24	269 441	20.57
临沂市	615 569	6.09	8 186 053	81.00	1 604 173	15.87
德州市	436 304	7.77	4 213 962	75.02	859 806	15.31
聊城市	378 722	6.42	4 483 071	76.00	889 224	15.08
滨州市	417 686	11.01	3 273 575	86.29	749 539	19.76
菏泽市	205 544	2.47	6 155 649	73.88	1 070 929	12.85
河南省	**10 096 582**	**10.65**	**75 374 195**	**79.51**	**14 889 846**	**15.71**
郑州市	2 150 622	23.82	12 788 285	141.64	3 020 127	33.45
开封市	388 826	8.36	3 343 852	71.93	605 677	13.03
洛阳市	1 080 167	16.39	5 627 549	85.37	1 289 494	19.56
平顶山市	426 663	8.66	3 637 201	73.83	652 010	13.24
安阳市	647 020	12.74	4 444 144	87.49	928 079	18.27
鹤壁市	172 066	10.81	1 309 980	82.32	291 904	18.34
新乡市	831 543	14.66	5 074 769	89.44	1 090 472	19.22
焦作市	433 651	12.32	2 874 196	81.66	762 555	21.67
濮阳市	278 995	7.76	2 899 414	80.64	575 037	15.99
许昌市	490 515	11.42	3 295 619	76.72	641 747	14.94
漯河市	235 182	9.17	1 834 841	71.57	388 834	15.17
三门峡市	222 799	9.98	1 855 244	83.12	356 551	15.97
南阳市	715 774	7.03	6 414 403	63.03	1 004 671	9.87
商丘市	617 311	8.43	5 606 722	76.60	974 769	13.32
信阳市	466 541	7.29	3 949 390	61.75	676 796	10.58
周口市	456 013	5.18	5 245 050	59.53	767 747	8.71
驻马店市	389 770	5.61	4 470 093	64.36	715 236	10.30
济源市	93 470	13.37	703 752	100.67	148 122	21.19
湖北省	**8 725 161**	**14.91**	**45 305 157**	**77.42**	**10 143 604**	**17.34**
武汉市	2 680 886	26.48	13 369 172	132.07	3 250 378	32.11
黄石市	421 984	17.27	1 981 127	81.06	446 765	18.28
十堰市	406 095	12.12	2 456 841	73.34	475 458	14.19
宜昌市	606 254	14.82	3 286 553	80.35	746 999	18.26
襄阳市	728 480	13.14	3 853 418	69.52	824 089	14.87
鄂州市	190 823	18.09	766 345	72.66	235 960	22.37
荆门市	333 527	11.55	2 028 442	70.27	409 199	14.18
孝感市	587 684	12.17	2 794 281	57.88	597 618	12.38
荆州市	628 669	10.99	3 745 234	65.50	802 303	14.03
黄冈市	784 661	12.61	3 433 486	55.19	686 877	11.04
咸宁市	416 764	16.85	1 570 163	63.50	409 782	16.57
随州市	260 783	11.97	1 511 342	69.36	360 219	16.53

（续表）

	固定电话用户（户）	固定电话普及率（部 / 百人）	移动电话用户（户）	移动电话普及率（部 / 百人）	互联网宽带接入用户（户）	互联网宽带接入普及率（部 / 百人）
恩施土家族苗族自治州	283 693	8.60	2 467 927	74.85	417 868	12.67
仙桃市	167 429	14.13	638 024	53.86	185 544	15.66
潜江市	103 758	10.92	658 336	69.28	143 962	15.15
天门市	111 545	8.36	702 645	52.65	138 675	10.39
神农架林区	12 160	15.88	41 949	54.77	11 927	15.57
湖南省	**7 869 871**	**11.60**	**46 920 189**	**69.17**	**9 104 838**	**13.42**
长沙市	1 793 521	25.31	10 610 949	149.72	1 834 334	25.88
株洲市	605 356	15.62	3 245 819	83.73	681 208	17.57
湘潭市	318 493	11.53	2 397 185	86.75	475 588	17.21
衡阳市	828 316	11.57	3 916 973	54.71	783 863	10.95
邵阳市	623 289	8.76	3 298 225	46.37	664 168	9.34
岳阳市	726 112	13.22	3 968 818	72.27	726 228	13.22
常德市	604 002	10.52	3 354 678	58.44	862 350	15.02
张家界市	152 458	10.21	95 4152	63.91	241 852	16.20
益阳市	355 966	8.25	2 634 627	61.03	437 317	10.13
郴州市	529 112	11.49	3 369 813	73.20	625 943	13.60
永州市	341 554	6.56	2 468 693	47.45	503 690	9.68
怀化市	408 744	8.59	2 902 994	60.99	502 189	10.55
娄底市	400 948	10.56	2 577 109	67.90	461 046	12.15
湘西土家族苗族自治州	182 000	7.11	1 220 350	47.66	305 093	11.92
广东省	**28 071 148**	**25.87**	**144 796 739**	**133.47**	**26 826 724**	**24.73**
广州市	5 075 751	39.52	28 715 271	223.57	5 093 944	39.66
韶关市	544 534	18.97	2 265 646	78.93	514 288	17.92
深圳市	5 364 011	50.84	28 832 918	273.29	4 610 462	43.70
珠海市	740 862	46.80	3 568 211	225.41	909 400	57.45
汕头市	1 337 386	24.56	5 921 651	108.77	1 066 955	19.60
佛山市	2 532 733	34.85	12 274 972	168.89	2 411 913	33.18
江门市	1 345 281	30.04	4 738 898	105.82	1 146 941	25.61
湛江市	659 567	9.28	4 702 666	66.17	942 899	13.27
茂名市	643 853	10.78	3 407 963	57.05	734 980	12.30
肇庆市	675 448	16.97	3 142 446	78.94	727 905	18.29
惠州市	1 091 695	23.36	5 129 917	109.77	1 418 147	30.34
梅州市	567 858	13.22	2 499 574	58.21	516 744	12.03
汕尾市	367 540	12.36	1 807 652	60.79	285 471	9.60
河源市	435 626	14.48	1 691 303	56.23	385 433	12.81
阳江市	459 975	18.61	1 961 362	79.35	439 403	17.78
清远市	401 402	10.68	2 826 324	75.21	498 666	13.27
东莞市	2 956 192	35.64	18 037 747	217.47	2 257 051	27.21
中山市	1 084 852	34.37	5 893 812	186.75	1 388 040	43.98

（续表）

	固定电话用户（户）	固定电话普及率（部 / 百人）	移动电话用户（户）	移动电话普及率（部 / 百人）	互联网宽带接入用户（户）	互联网宽带接入普及率（部 / 百人）
潮州市	565 378	20.93	2 344 828	86.81	440 255	16.30
揭阳市	844 451	14.18	3 569 052	59.93	687 563	11.54
云浮市	376 753	15.60	1 463 805	60.62	350 307	14.51
广西壮族自治区	**4 396 667**	**9.17**	**35 948 780**	**74.96**	**7 157 848**	**14.92**
南宁市	868 806	12.78	7 467 436	109.88	2 012 296	29.61
柳州市	406 757	10.65	3 598 037	94.23	831 105	21.77
桂林市	523 914	10.84	3 959 095	81.93	838 878	17.36
梧州市	223 109	7.62	1 760 922	60.11	352 194	12.02
北海市	217 163	13.83	1 696 799	108.07	330 064	21.02
防城港市	120 517	13.55	864 091	97.13	160 062	17.99
钦州市	274 601	8.78	1 942 917	62.15	335 344	10.73
贵港市	352 155	8.41	2 382 614	56.87	413 207	9.86
玉林市	555 802	9.96	3 448 620	61.79	571 730	10.24
百色市	268 004	7.63	2 410 965	68.63	359 791	10.24
贺州市	113 190	5.70	1 246 704	62.77	205 183	10.33
河池市	223 443	6.55	2 231 581	65.40	338 310	9.92
来宾市	120 806	5.64	1 409 665	65.87	209 311	9.78
崇左市	128 400	6.36	1 529 507	75.71	200 397	9.92
海南省	**1 710 131**	**18.78**	**8 940 493**	**98.16**	**1 494 487**	**16.41**
海口市	653 447	30.55	3 127 152	146.18	604 725	28.27
三亚市	256 418	35.51	1 193 574	165.31	203 965	28.25
三沙市	194	48.62	5 339	1338.10	67	16.79
五指山市	18 233	17.48	99 530	95.40	21 896	20.99
琼海市	112 774	23.01	458 609	93.59	97 830	19.96
儋州市	112 114	11.80	686 754	72.28	99 572	10.48
文昌市	93 947	17.33	467 499	86.25	73 431	13.55
万宁市	93 647	16.96	405 209	73.38	69 953	12.67
东方市	51 083	12.41	315 536	76.68	43 316	10.53
定安县	32 367	11.34	200 758	70.37	28 372	9.94
屯昌县	26 197	10.15	172 598	66.86	21 961	8.51
澄迈县	44 853	9.49	355 243	75.13	45 561	9.64
临高县	40 776	9.41	266 796	61.58	29 915	6.91
白沙黎族自治县	18 631	11.07	120 948	71.87	16 114	9.57
昌江黎族自治县	33 786	15.01	181 071	80.44	27 583	12.25
乐东黎族自治县	38 586	8.36	333 523	72.22	32 133	6.96
陵水黎族自治县	44 298	13.77	295 795	91.96	43 247	13.45
保亭黎族苗族自治县	20 487	13.91	123 703	83.99	18 020	12.23
琼中黎族苗族自治县	18 293	10.50	130 887	75.16	16 827	9.66
重庆市	**5 595 472**	**18.55**	**27 377 100**	**90.76**	**6 027 209**	**19.98**

（续表）

	固定电话用户（户）	固定电话普及率（部 / 百人）	移动电话用户（户）	移动电话普及率（部 / 百人）	互联网宽带接入用户（户）	互联网宽带接入普及率（部 / 百人）
四川省	**13 534 449**	**16.50**	**67 982 584**	**82.87**	**14 240 212**	**17.36**
成都市	5 002 967	35.26	20 531 457	144.71	4 733 348	33.36
自贡市	452 514	16.70	1 906 890	70.39	492 626	18.19
攀枝花市	302 154	24.55	1 167 468	94.87	301 796	24.53
泸州市	537 728	12.67	3 172 878	74.73	643 804	15.16
德阳市	540 357	15.28	3 017 616	85.33	733 522	20.74
绵阳市	788 007	16.97	4 442 475	95.69	931 057	20.05
广元市	380 261	15.05	1 966 505	77.84	367 878	14.56
遂宁市	314 540	9.65	1 909 906	58.60	358 463	11.00
内江市	527 602	14.23	2 250 419	60.68	458 514	12.36
乐山市	570 302	17.53	2 806 152	86.26	603 923	18.56
南充市	774 836	12.29	3 956 594	62.76	859 970	13.64
眉山市	413 944	13.93	2 273 048	76.50	487 481	16.41
宜宾市	541 558	12.14	3 372 025	75.60	627 811	14.07
广安市	324 462	10.11	2 137 762	66.58	355 782	11.08
达州市	564 143	10.23	3 302 796	59.90	567 247	10.29
雅安市	244 415	15.99	1 299 332	85.02	283 570	18.55
巴中市	274 524	8.29	1 975 108	59.64	287 301	8.68
资阳市	348 860	9.70	2 186 558	60.79	381 100	10.60
阿坝藏族羌族自治州	140 699	15.48	662 880	72.95	174 642	19.22
甘孜藏族自治州	108 034	9.61	699 477	62.22	132 053	11.75
凉山彝族自治州	382 581	8.40	2 945 277	64.69	458 305	10.07
贵州省	**3 125 351**	**8.85**	**29 414 975**	**83.34**	**3 867 594**	**10.96**
贵阳市	948 298	21.93	7 909 891	182.94	1 225 997	28.35
六盘水市	198 857	6.95	2 402 015	83.96	267 693	9.36
遵义市	662 136	10.81	5 223 546	85.30	709 055	11.58
安顺市	181 813	7.91	1 688 835	73.45	220 305	9.58
毕节市	265 604	4.08	3 362 844	51.64	307 061	4.72
铜仁市	176 264	5.69	2 010 968	64.92	221 493	7.15
黔西南布依族苗族自治州	159 287	5.66	2 016 679	71.70	275 909	9.81
黔东南苗族侗族自治州	287 737	8.27	2 534 416	72.86	348 039	10.00
黔南布依族苗族自治州	245 363	7.58	2 265 643	70.02	292 043	9.03
云南省	**3 775 184**	**7.96**	**3 7400 637**	**78.87**	**5 372 729**	**11.33**
昆明市	1 278 994	19.59	9 541 181	146.16	1 593 827	24.42
曲靖市	335 060	5.64	3 897 324	65.60	582 570	9.81
玉溪市	147 954	6.35	1 913 135	82.08	369 250	15.84
保山市	123 260	4.86	1 753 303	69.17	211 917	8.36
昭通市	152 111	2.86	2 841 749	53.43	243 387	4.58
丽江市	117 639	9.34	926 066	73.55	163 939	13.02

（续表）

	固定电话用户（户）	固定电话普及率（部/百人）	移动电话用户（户）	移动电话普及率（部/百人）	互联网宽带接入用户（户）	互联网宽带接入普及率（部/百人）
普洱市	164 748	6.40	1 885 403	73.25	191 671	7.45
临沧市	156 669	6.35	1 660 887	67.33	159 799	6.48
楚雄彝族自治州	160 480	5.92	1 756 258	64.74	321 624	11.86
红河哈尼族彝族自治州	299 946	6.58	3 179 757	69.74	450 116	9.87
文山壮族苗族自治州	205 015	5.77	2 186 580	61.52	231 646	6.52
西双版纳傣族自治州	121 789	10.59	1 335 153	116.05	218 969	19.03
大理白族自治州	281 284	8.05	2 468 250	70.65	378 563	10.84
德宏傣族景颇族自治州	155 002	12.62	1 233 353	100.44	168 999	13.76
怒江傈僳族自治州	38 920	7.26	380 343	70.92	46 708	8.71
迪庆藏族自治州	36 313	8.98	441 734	109.21	39 738	9.82
西藏自治区	**349 135**	**10.78**	**2 686 689**	**82.93**	**296 090**	**9.14**
拉萨市	170 877	33.62	983 132	193.42	85 311	16.78
昌都地区	29 011	14.65	358 205	180.88	18 455	9.32
山南地区	31 167	9.05	263 822	76.62	103 764	30.14
日喀则地区	44 247	6.03	477 185	65.06	22 912	3.12
那曲地区	23 537	25.35	286 110	308.10	13 320	14.34
阿里地区	13 136	1.95	98 437	14.60	36 230	5.38
林芝地区	37 162	7.75	219 813	45.82	16 098	3.36
陕西省	**7 232 758**	**19.07**	**35 670 689**	**94.04**	**6 899 408**	**18.19**
西安市	3 143 907	35.92	13 396 083	153.06	3 023 201	34.54
铜川市	132 231	15.74	644 654	76.73	117 793	14.02
宝鸡市	647 566	17.31	2 887 660	77.20	571 766	15.29
咸阳市	540 053	10.95	3 652 044	74.04	643 898	13.05
渭南市	799 673	15.04	3 985 570	74.95	831 823	15.64
延安市	338 378	15.39	2 143 110	97.48	286 873	13.05
汉中市	525 829	15.39	2 461 313	72.04	444 194	13.00
榆林市	512 452	15.30	3 415 076	101.94	422 417	12.61
安康市	345 236	13.13	1 825 650	69.42	334 302	12.71
商洛市	247 433	10.55	1 259 425	53.68	223 113	9.51
甘肃省	**3 259 890**	**12.54**	**21 053 240**	**80.99**	**3 026 613**	**11.64**
兰州市	858 265	23.62	4 595 379	126.49	883 516	24.32
嘉峪关市	115 121	49.15	379 002	161.80	94 902	40.51
金昌市	84 929	18.17	459 829	98.38	104 678	22.40
白银市	228 586	13.32	1 276 425	74.38	190 717	11.11
天水市	343 322	10.49	2 131 879	65.14	260 061	7.95
武威市	190 261	10.44	1 308 168	71.76	198 121	10.87
张掖市	213 865	17.73	1 136 953	94.26	192 159	15.93
平凉市	305 965	14.74	1 157 601	55.76	234 209	11.28
酒泉市	143 040	12.94	1 823 256	164.98	160 380	14.51
庆阳市	172 615	7.77	1 773 614	79.84	165 184	7.44

（续表）

	固定电话用户（户）	固定电话普及率（部 / 百人）	移动电话用户（户）	移动电话普及率（部 / 百人）	互联网宽带接入用户（户）	互联网宽带接入普及率（部 / 百人）
定西市	216 069	7.84	1 445 907	52.49	184 409	6.69
陇南市	216 880	8.43	1 741 228	67.68	209 022	8.12
临夏回族自治州	118 652	6.01	1 283 794	65.00	87 556	4.43
甘南藏族自治州	52 320	7.54	540 143	77.86	61 684	8.89
青海省	**1 041 594**	**17.70**	**5 170 962**	**87.88**	**822 819**	**13.98**
西宁市	663 422	33.40	2 305 575	116.07	497 659	25.05
海东地区	121 846	7.30	1 063 176	63.72	85 444	5.12
海北藏族自治州	33 597	11.57	256 012	88.13	32 030	11.03
黄南藏族自治州	19 185	7.33	205 662	78.53	22 217	8.48
海南藏族自治州	45 553	9.96	373 285	81.65	39 317	8.60
果洛藏族自治州	14 593	7.77	153 558	81.77	15 551	8.28
玉树藏族自治州	20 925	5.33	248 173	63.26	22 140	5.64
海西蒙古族藏族自治州	57 175	20.90	304 048	111.15	51 832	18.95
格尔木市	65 300	50.34	261 463	201.58	56 633	43.66
宁夏回族自治区	**843 551**	**12.63**	**6 366 319**	**95.32**	**924 612**	**13.84**
银川市	423 669	20.69	2 675 584	130.63	449 531	21.95
石嘴山市	117 569	15.86	752 266	101.46	139 670	18.84
吴忠市	119 232	9.06	1 127 507	85.70	146 121	11.11
固原市	80 674	6.38	904 583	71.49	81 161	6.41
中卫市	101 281	9.16	872 115	78.92	108 128	9.78
新疆维吾尔自治区	5 011 694	21.24	20 283 585	85.96	4 095 380	17.36
乌鲁木齐市	1 352 191	52.46	5 033 837	195.31	1 231 510	47.78
克拉玛依市	122 973	43.06	591 554	207.12	125 598	43.98
吐鲁番地区	183 208	29.28	689 344	110.17	100 719	16.10
哈密地区	209 725	35.40	792 462	133.76	176 678	29.82
昌吉回族自治州	431 440	30.78	1 708 646	121.89	360 797	25.74
博尔塔拉蒙古自治州	152 502	31.49	570 069	117.73	108 046	22.31
巴音郭楞蒙古自治州	419 623	30.52	1 556 588	113.20	325 513	23.67
阿克苏地区	331 658	13.81	2 074 874	86.37	275 465	11.47
克孜勒苏柯尔克孜自治州	53 574	9.57	443 884	79.26	49 526	8.84
喀什地区	344 881	8.29	2 676 543	64.34	227 805	5.48
和田地区	139 785	6.55	1 491 308	69.93	115 512	5.42
伊犁哈萨克自治州	592 304	20.29	202 723	6.94	441 561	15.12
塔城地区	225 967	21.58	734 514	70.15	200 861	19.18
阿勒泰地区	219 479	33.08	701 345	105.70	182 402	27.49
石河子市	232 401	37.48	1 015 927	163.86	173 400	27.97

注：部分省（区）的地市用户数之和不等于全省总数，是由于个别公司无法将用户数拆分到地市一级所致。

增值电信业务统计信息

2011—2015 年增值电信业务主要指标发展情况

指标名称	单位	2011年	2012年	2013年	2014年	2015年
增值电信企业个数	个	21 291	20 815	22 099	24 001	26 388
其中：国有控股企业	个	1 615	1 455	1 901	1 967	2 186
民营控股企业	个	19 199	18 436	19 591	20 016	21 346
其中：互联网数据中心业务(IDC)企业	个	279	244	274	357	506
呼叫中心业务企业	个	1 648	1 099	1 138	1 138	1 356
互联网接入服务业务(ISP)企业	个	1 168	914	957	1 083	1 339
移动网信息服务企业	个	9 290	5 618	5 307	4 506	5 704
互联网信息服务企业	个	13 962	9 238	9 823	10 599	11 988
增值电信业务收入	万元	18 138 694.0	25 107 201.4	33 169 995.4	42 293 542.9	54 435 838.2
其中：互联网数据中心业务(IDC)收入	万元	493 337.5	512 216.7	590 157.4	645 951.6	794 850.9
呼叫中心业务收入	万元	776 705.3	1 088 713.6	1 199 335.3	1 133 423.6	1 463 053.4
互联网接入服务业务(ISP)收入	万元	1 206 164.4	1 160 932.8	1 639 202.9	1 945 373.8	2 222 778.2
互联网信息服务收入	万元	11 267 697.8	15 649 342.4	21 863 039.5	30 263 166.0	39 381 492.4
其中：网络广告业务收入	万元	2 187 648.0	2 556 807.6	3 661 879.2	4 645 092.7	5 596 220.6
网络游戏业务收入	万元	3 689 857.3	6 741 159.5	6 088 308.5	7 228 460.3	8 966 283.7
电子商务平台收入	万元		3 369 045.3	5 987 391.1	10 786 179.7	15 698 148.5
增值电信企业从业人数	人	771 988	788 256	839 916	807 999	850 118

2015 年全国增值电信业务发展情况

指标名称	单位	2015 年	比 2014 年	同比增长（%）
增值电信企业个数	个	26 388	2 387	10.0
其中：国有控股企业	个	2 186	219	11.1
民营控股企业	个	21 346	1 330	6.6
其中：互联网数据中心业务(IDC)企业	个	506	149	41.7
呼叫中心业务企业	个	1 356	218	19.2
互联网接入服务业务(ISP)企业	个	1 339	256	23.6
移动网信息服务企业	个	5 704	1 198	26.6
互联网信息服务企业	个	11 988	1 389	13.1
增值电信业务收入	万元	54 435 838.2	12 142 295.3	28.7
其中：互联网数据中心业务(IDC)收入	万元	794 850.9	148 899.3	23.1
呼叫中心业务收入	万元	1 463 053.4	329 629.7	29.1
互联网接入服务业务(ISP)收入	万元	2 222 778.2	277 404.4	14.3
互联网信息服务收入	万元	39 381 492.4	9 118 326.4	30.1
其中：网络广告业务收入	万元	5 596 220.6	951 128.0	20.5
网络游戏业务收入	万元	8 966 283.7	1 737 823.4	24.0
电子商务平台收入	万元	15 698 148.5	4 911 968.8	45.5
互联网接入服务业务宽带接入用户	户	40 482 107	23 925 566	144.5
增值电信企业从业人数	人	850 118	42 119	5.2

2015 年增值电信业务主要指标分省情况

	增值电信企业个数		增值电信业务收入		增值电信从业人数	
	2015 年（个）	比 2014 年（个）	2015 年（万元）	比 2014 年增长（%）	2015 年（人）	比 2014 年（人）
全　国	**26 388**	**2 387**	**54 435 838.2**	**28.7**	**850 118**	**42 119**
东　部	**18 446**	**1 394**	**51 005 806.6**	**29.7**	**696 304**	**32 012**
北　京	5 924	824	17 640 672.7	24.1	196 314	18 643
天　津	215	-3	347 798.1	14.8	6 340	156
河　北	704	-21	149 743.0	29.4	13 076	-2 614
辽　宁	558	-495	215 568.6	28.2	16 103	-1 310
上　海	1 275	157	9 460 336.3	88.3	81 740	10 335
江　苏	1 888	170	4 584 521.2	35.4	69 756	-769
浙　江	2 159	494	4 798 190.9	11.1	71 128	25 763
福　建	977	155	1 121 037.4	9.8	25 842	-2 894
山　东	700	-18	428 777.1	21.6	38 757	-8 991
广　东	3 882	194	12 147 148.9	17.7	173 623	-6 546
海　南	164	-63	112 012.6	10.6	3 625	239
中　部	**4 787**	**794**	**1 617 000.4**	**30.2**	**87 342**	**13 767**
山　西	152	24	22 951.8	45.5	2 211	131
吉　林	318	-317	51 893.6	-5.0	7 051	-8 261
黑龙江	953	166	115 557.8	-33.4	12 578	6 703
安　徽	374	36	291 825.8	-13.5	11 533	-1 388
江　西	717	565	189 565.0	397.9	6 502	4 108
河　南	531	87	337 461.1	68.0	16 429	6 188
湖　北	1 107	150	286 159.0	45.5	13 403	1 156
湖　南	635	83	321 586.3	43.2	17 635	5 130
西　部	**3 155**	**199**	**1 813 031.2**	**5.2**	**66 472**	**-3 660**
内蒙古	204	-40	43 782.5	18.2	3 474	-1 505
广　西	268	17	92 862.2	6.8	4 782	-577
重　庆	535	91	285 869.5	15.9	14 098	731
四　川	970	78	1 018 040.0	-1.5	17 909	-4 332
贵　州	273	-186	112 906.2	15.5	7 730	-295
云　南	205	-6	68 055.3	6.2	3 937	-349
西　藏						
陕　西	335	252	132 056.2	20.0	9 384	2 001
甘　肃	82	16	19 663.0	36.6	1 575	657
青　海	34	5	4 431.2	47.0	331	-42
宁　夏	91	-32	7 534.1	22.3	1 017	80
新　疆	158	4	27 830.9	14.8	2 235	-29

专用通信网统计信息

2015 年专用通信网电信业务量分省情况

	固定电话用户（户）	其中：住宅电话用户（户）	宽带接入用户（户）
全　国	**2 029 873**	**991 873**	**1 072 847**
东　部	**888 594**	**468 280**	**404 471**
北　京	88 261	36 350	35 049
天　津	57 440	15 634	13 155
河　北	114 885	93 239	85 931
辽　宁	185 516	90 247	110 865
上　海			
江　苏	87 127	22 010	42
浙　江	36 072	2 639	11
福　建			
山　东	238 779	176 373	128 908
广　东	80 137	31 788	30 486
海　南	377		24
中　部	**760 313**	**319 136**	**497 600**
山　西	35 877	21 630	25 147
吉　林	43 463	61 725	73 309
黑龙江	335 830	81 532	251 210
安　徽	76 714	32 846	34 400
江　西			
河　南	268 429	121 403	113 534
湖　北			
湖　南			
西　部	**380 966**	**204 457**	**170 776**
内蒙古	23 428	6 105	205
广　西			
重　庆			
四　川			
贵　州			
云　南	12 361	8 652	80
西　藏	844	149	78
陕　西			
甘　肃	123 521	68 480	59 863
青　海			
宁　夏	40 142	24 421	13 794
新　疆	180 670	96 650	96 756

2015 年专用通信网通信能力分省情况

	长途光缆线路长度（公里）	本地网中继光缆线路长度（公里）	接入网光缆线路长度（公里）	长途电话交换机容量（路端）	本地电话交换机容量（门）	宽带接入端口（个）
全　国	**182 553.6**	**136 498.7**	**28 434.2**	**149 292**	**3 654 814**	**1 291 674**
东　部	**61 105.3**	**62 990.6**	**17 450.8**	**33 022**	**1 806 406**	**465 596**
北　京		251.0	280.0		130 000	11
天　津	0.0	4 031.7	0.0	10 000	92 000	7 022
河　北	2 305.8	1 651.9	3 205.0	0	162 864	134 040
辽　宁	44 030.0	8 346.0	1 305.0	38	367 800	115 624
上　海						
江　苏	600.0	92.0	62.0	6 300	124 784	16
浙　江	5 488.0	45 169.0	9 170.0	166	347 096	51 672
福　建						
山　东	198.5	3 086.5	2 071.0	2 356	441 300	103 692
广　东	8 483.0	287.0	1 295.0	14 162	140 562	53 423
海　南		75.4	62.8			96
中　部	**32 823.8**	**49 654.1**	**6 761.6**	**76 631**	**1 437 870**	**623 845**
山　西		112.0			99 557	59 291
吉　林	11 670.8	2 306.3	1 199.5			203 327
黑龙江	21 098.9	10 793.9	2 234.8	9 431	583 452	143 718
安　徽	0.0	1 096.9	50.0	0	157 644	36 508
江　西						
河　南	54.1	35 345.0	3 277.3	67 200	597 217	181 001
湖　北						
湖　南						
西　部	**88 624.5**	**23 854.0**	**4 221.8**	**39 639**	**410 538**	**202 233**
内蒙古	1 216.5	66.7	148.0	21	55 000	5
广　西						
重　庆						
四　川						
贵　州						
云　南	58 816.0	685.9		648	41 593	109
西　藏	0.0	46.2	46.2	0	3 000	1 536
陕　西						
甘　肃	18 091.0	11 798.5	2 856.6	19 260	226 230	75 498
青　海						
宁　夏	610.0	4 636.7	50.0	3 840	65 115	23 985
新　疆	9 891.0	6 620.0	1 121.0	15 870	19 600	101 100

2015 年专用通信网基本情况分省情况

	固定资产原值（万元）	固定资产净值（万元）	固定资产投资完成额（万元）	通信从业人员（人）
全　国	**254 446 934.9**	**84 680 399.3**	**245 816 573.7**	**18 854.0**
东　部	**1 463 846.0**	**634 110.4**	**83 850.3**	**9 585.0**
北　京	6 812.0	1 631.0	199.0	602
天　津	89 589.3	33 907.68	9 936.03	674
河　北	32 941.69	11 918.3	1 694	926
辽　宁	3 80155	119 983	12 901	3 020
上　海				
江　苏	1 410	1 137	1 185	505
浙　江	672 487	329 351	30 163	598
福　建				
山　东	80 812.04	36 289.46	25 555.82	1 961
广　东	187 741	87 995	0	1 234
海　南	11 897.99	11 897.99	2 216.49	65
中　部	**346 956.4**	**171 216.1**	**33 126.5**	**4 710.0**
山　西	15 840.5	10 922.9		63
吉　林	39 671.0	19 785.1	8 076.1	111
黑龙江	89 608.2	37 936.1	2 281.9	1 950
安　徽	9 278.06	3 501.58	0	299
江　西				
河　南	192 558.6	99 070.41	22 768.5	2 287
湖　北				
湖　南				
西　部	**252 636 132.5**	**83 875 072.8**	**245 699 596.8**	**4 559.0**
内蒙古	13 947.54	1 269.76	27.45	1 056
广　西				
重　庆				
四　川				
贵　州				
云　南	74 366.1	67 558.7	4 268.1	258
西　藏				66
陕　西				
甘　肃	252 412 401	83 744 019	245 680 578	1 590
青　海				
宁　夏	53 351.85	25 656.29	12 493.28	378
新　疆	82 066	36 569	2 230	1 211

互联网统计信息

2011—2015年互联网主要指标发展情况

指标名称	单位	2011年	2012年	2013年	2014年	2015年
互联网网民数	万人	51 300	56 400	61 758	64 875	68 826
其中：手机网民数	万人	35 600	41 997	50 006	55 678	61 981
手机网民所占比重	%	69.4	74.5	81.0	85.8	90.1
男性网民所占比重	%	55.9	55.8	56.0	56.4	53.6
女性网民所占比重	%	44.1	44.2	44.0	43.6	46.4
城市网民所占比重	%	73.5	72.4	71.4	72.5	71.6
农村网民所占比重	%	26.5	27.6	28.6	27.5	28.4
互联网普及率	%	38.3	42.1	45.8	47.9	50.3
城市互联网普及率	%	54.6	57.4	60.3	62.8	—
农村互联网普及率	%	20.7	24.2	28.1	28.8	—
IPv4地址数	万个	33 044.0	33 053.5	33 030.8	33 199.0	33 652.0
域名数	万个	774.8	1 341.2	1 844.1	2 060.1	3 102.1
其中：CN域名数	万个	352.9	750.8	1 082.9	1 108.9	1 636.4
网站数	万个	229.6	268.1	320.2	335.0	422.9
网页总数	万个	8 658 230	12 274 682	15 004 076	18 991 865	21 229 622
静态网页	万个	5 936 498	6 037 935	8 969 675	11 274 475	13 144 783
动态网页	万个	2 721 732	6 236 747	6 034 402	7 717 390	8 084 839
网页长度（总字节数）	GB	3 160 028	4 902 328	7 133 363	8 879 006	14 129 575
互联网国际出口带宽	Mbit/s	1 389 529	1 899 792	3 406 824	4 118 663	5 392 116

注：部分省（区）的地市用户数之和不等于全省总数，是由于个别公司无法将用户数拆分到地市一级所致。

2015 年互联网主要指标分省情况

	域名数（个）	其中：CN 域名数（个）	网站数（个）	网页数（万个）	网页长度（总字节数）（GB）
全　国	**31 013 620**	**16 356 700**	**4 229 293**	**21 229 622.4**	**14 129 575**
东　部	**20 969 428**	**10 365 975**	**2 796 011**	**17 700 970.1**	**12 367 283**
北　京	4 857 287	2 496 687	514 532	8 501 840.2	7 147 484
天　津	349 484	101 637	44 097	256 538.7	157 849
河　北	603 877	216 158	119 178	630 949.9	425 189
辽　宁	481 901	211 081	111 056	184 054.7	112 357
上　海	2 047 614	925 805	371 696	1 023 781.0	589 266
江　苏	1 303 497	464 561	214 247	1 199 967.4	569 466
浙　江	2 087 873	1 099 503	262 049	2 532 235.7	1 435 623
福　建	2 006 013	899 579	247 506	546 580.8	298 342
山　东	1 993 458	1 419 776	226 118	388 823.1	227 513
广　东	4 971 380	2 494 617	670 539	2 260 988.6	1 333 828
海　南	267 044	36 571	14 993	175 210.0	70 366
中　部	**4 878 785**	**2 763 501**	**509 846**	**2 441 136.3**	**1 207 925**
山　西	215 073	81 210	49 713	217 518.1	105 424
吉　林	147 495	50 925	24 921	134 479.3	56 294
黑龙江	721 259	582 049	36 795	61 188.5	42 364
安　徽	488 784	198 219	55 581	245 359.6	110 029
江　西	356 249	171 808	30 979	322 767.4	89 306
河　南	1 032 483	435 841	166 217	920 384.0	539 599
湖　北	1 331 569	969 740	86 625	246 085.3	103 831
湖　南	585 873	273 709	59 015	293 354.1	161 077
西　部	**2 771 600**	**1 061 574**	**361 401**	**1 087 516.0**	**554 367**
内蒙古	86 570	32 469	14 499	45 204.3	22 446
广　西	376 388	226 363	36 876	55 473.2	26 919
重　庆	335 075	113 812	44 396	140 632.9	94 609
四　川	1 044 052	333 665	158 218	436 770.9	222 073
贵　州	136 166	67 693	13 021	32 992.3	17 322
云　南	169 587	71 331	18 727	130 328.6	81 208
西　藏	11 486	4 370	1 076	10 244.5	6 854
陕　西	324 972	120 887	48 896	120 743.3	41 886
甘　肃	136 857	36 102	9 364	26 689.1	8 495
青　海	25 522	5 557	2 605	3 405.1	3 514
宁　夏	38 130	9 885	5 051	33 495.1	9 927
新　疆	86 795	39 440	8 672	51 536.7	19 114
其　他	2 393 807	2 165 650	562 035		

注：CN 下域名总数不含 .EDU.CN 下网站。

2011—2015 年互联网网民数分省情况

（单位：万人）

	2011 年	2012 年	2013 年	2014 年	2015 年
全　国	**51 300**	**56 400**	**61 758**	**64 875**	**68 826**
东　部	**27 414**	**29 394**	**31 506**	**32 940**	**34 521**
北　京	1 379	1 458	1 556	1 593	1 647
天　津	719	793	866	904	956
河　北	2 597	3 008	3 389	3 603	3 731
辽　宁	2 092	2 199	2 453	2 580	2 731
上　海	1 525	1 606	1 683	1 716	1 773
江　苏	3 685	3 952	4 095	4 274	4 416
浙　江	3 052	3 221	3 330	3 458	3 596
福　建	2 102	2 280	2 402	2 471	2 648
山　东	3 625	3 866	4 329	4 634	4 789
广　东	6 300	6 627	6 992	7 286	7 768
海　南	338	384	411	421	466
中　部	**12 897**	**1 4481**	**16 234**	**17 126**	**18 260**
山　西	1 405	1 589	1 755	1 838	1 975
吉　林	966	1 062	1 163	1 243	1 313
黑龙江	1 206	1 329	1 514	1 599	1 707
安　徽	1 585	1 869	2 150	2 225	2 395
江　西	1 088	1 267	1 468	1 543	1 759
河　南	2 582	2 856	3 283	3 474	3 703
湖　北	2 129	2 309	2 491	2 625	2 723
湖　南	1 936	2 200	2 410	2 579	2 685
西　部	**11 000**	**12 525**	**14 018**	**14 776**	**16 043**
内蒙古	854	965	1 093	1 142	1 259
广　西	1 353	1 586	1 774	1 848	2 033
重　庆	1 068	1 195	1 293	1 357	1 445
四　川	2 229	2 562	2 835	3 022	3 260
贵　州	840	991	1 146	1 222	1 346
云　南	1 140	1 321	1 528	1 643	1 761
西　藏	90	101	115	123	142
陕　西	1 429	1 551	1 689	1 745	1 886
甘　肃	700	795	894	951	1 005
青　海	208	238	274	289	318
宁　夏	207	258	283	295	326
新　疆	882	962	1 094	1 139	1 262

2011—2015 年互联网普及率分省情况

（单位：%）

	2011 年	2012 年	2013 年	2014 年	2015 年
全　国	**38.3**	**42.1**	**45.8**	**47.9**	**50.3**
北　京	70.3	72.2	75.2	75.3	76.5
天　津	55.6	58.5	61.3	61.4	63.0
河　北	36.1	41.5	46.5	49.1	50.5
辽　宁	47.8	50.2	55.9	58.8	62.2
上　海	66.2	68.4	70.7	71.1	73.1
江　苏	46.8	50.0	51.7	53.8	55.5
浙　江	56.1	59.0	60.8	62.9	65.3
福　建	57.0	61.3	64.1	65.5	69.6
山　东	37.8	40.1	44.7	47.6	48.9
广　东	60.4	63.1	66.0	68.5	72.4
海　南	38.9	43.7	46.4	47.0	51.6
山　西	39.3	44.2	48.6	50.6	54.2
吉　林	35.2	38.6	42.3	45.2	47.7
黑龙江	31.5	34.7	39.5	41.7	44.5
安　徽	26.6	31.3	35.9	36.9	39.4
江　西	24.4	28.5	32.6	34.1	38.7
河　南	27.5	30.4	34.9	36.9	39.2
湖　北	37.2	40.1	43.1	45.3	46.8
湖　南	29.5	33.3	36.3	38.6	39.9
内蒙古	34.6	38.9	43.9	45.7	50.3
广　西	29.4	34.2	37.9	39.2	42.8
重　庆	37.0	40.9	43.9	45.7	48.3
四　川	27.7	31.8	35.1	37.3	40.0
贵　州	24.2	28.6	32.9	34.9	38.4
云　南	24.8	28.5	32.8	35.1	37.4
西　藏	29.9	33.3	37.4	39.4	44.6
陕　西	38.3	41.5	45.0	46.4	50.0
甘　肃	27.4	31.0	34.7	36.8	38.8
青　海	36.9	41.9	47.8	50.0	54.5
宁　夏	32.8	40.3	43.7	45.1	49.3
新　疆	40.4	43.6	49.0	50.3	54.9

国际电信统计信息（国际电联统计数据）

2011—2015 年全球电信业主要指标发展情况（一）

指 标 名 称	单位	2011 年	2012 年	2013 年	2014 年	2015 年
（固定）电话主线运营数	百万线	1 201.0	1 178.4	1 138.1	1 090.3	1 049.2
其中：发达国家	百万线	539.6	526.0	510.1	497.5	483.7
发展中国家	百万线	661.4	652.4	628.0	592.8	565.5
其中：非洲	百万线	11.9	11.5	10.1	10.1	10.5
阿拉伯国家	百万线	34.6	34.4	32.6	29.5	29.8
亚太地区	百万线	536.5	528.1	501.5	475.9	448.8
独联体国家	百万线	73.5	72.3	69.4	66.2	62.8
欧洲	百万线	257.6	250.4	245.5	239.8	235.1
美洲	百万线	268.3	264.0	261.0	253.0	246.5
蜂窝移动电话用户数	百万户	5 863.1	6 232.0	6 666.4	7 005.6	7 215.6
其中：发达国家	百万户	1 410.5	1 447.0	1 481.0	1535.7	1 577.3
发展中国家	百万户	4 452.5	4 784.9	5 185.4	5 469.9	5 638.3
其中：非洲	百万户	438.4	507.1	580.0	643.8	709.5
阿拉伯国家	百万户	348.8	378.5	404.5	413.4	420.5
亚太地区	百万户	3 000.3	3 204.9	3 468.8	3 681.3	3 794.6
独联体国家	百万户	357.8	367.6	386.3	389.8	399.9
欧洲	百万户	729.7	742.8	748.8	747.6	751.6
美洲	百万户	952.4	994.4	1 041.0	1 092.0	1 101.9
互联网网民数	百万人	2 215.5	2 458.8	2 660.2	2 931.1	3 207.1
其中：发达国家	百万人	841.4	897.6	922.7	951.9	979.9
发展中国家	百万人	1 374.2	1 561.2	1 737.5	1 979.2	2 227.1
其中：非洲	百万人	99.6	120.4	147.5	178.0	209.5
阿拉伯国家	百万人	92.8	105.2	117.9	133.6	148.5
亚太地区	百万人	988.7	1110.7	1 229.7	1 397.5	1 557.3
独联体国家	百万人	111.1	139.1	153.5	163.0	172.8
欧洲	百万人	419.5	434.5	447.0	466.6	478.8
美洲	百万人	483.0	526.1	540.6	566.8	613.3
固定（有线）互联网宽带接入用户数	百万户	588.0	635.3	709.5	730.3	820.2
其中：发达国家	百万户	305.7	320.6	344.3	353.7	368.6
发展中国家	百万户	282.2	314.8	365.2	376.5	451.6
其中：非洲	百万户	1.6	1.9	2.9	3.5	5.1
阿拉伯国家	百万户	7.8	9.2	11.6	13.5	16.1
亚太地区	百万户	250.8	276.0	314.2	319.4	364.7
独联体国家	百万户	25.9	31.1	35.9	38.0	41.4
欧洲	百万户	153.5	159.4	172.4	176.7	183.1
美洲	百万户	142.1	151.2	164.5	170.6	181.0

注：数据来自 ITU，根据最新发布数据对往年数据调整。

2011—2015 年全球电信业主要指标发展情况（二）

指标名称	单位	2011 年	2012 年	2013 年	2014 年	2015 年
每百人（固定）电话主线运营数	线/百人	17.17	16.66	15.90	15.07	14.34
其中：发达国家	线/百人	43.40	42.18	40.79	39.75	38.55
发展中国家	线/百人	11.50	11.19	10.63	9.91	9.33
其中：非洲	线/百人	1.43	1.34	1.14	1.12	1.13
阿拉伯国家	线/百人	9.82	9.58	8.89	7.91	7.82
亚太地区	线/百人	13.67	13.32	12.53	11.77	11.00
独联体国家	线/百人	26.11	25.67	24.61	23.68	22.44
欧洲	线/百人	41.63	40.33	39.39	38.34	37.48
美洲	线/百人	28.33	27.59	27.00	25.92	25.01
每百人蜂窝移动电话用户数	户/百人	83.84	88.08	93.14	96.82	98.61
其中：发达国家	户/百人	113.46	116.03	118.41	122.69	125.68
发展中国家	户/百人	77.43	82.10	87.79	91.40	93.01
其中：非洲	户/百人	52.33	58.94	65.64	70.97	76.20
阿拉伯国家	户/百人	99.13	105.40	110.44	110.79	110.50
亚太地区	户/百人	76.46	80.86	86.66	91.09	93.02
独联体国家	户/百人	127.17	130.48	136.98	139.31	142.82
欧洲	户/百人	117.94	119.61	120.15	119.55	119.81
美洲	户/百人	100.57	103.93	107.71	111.87	111.79
每百人互联网网民数	%	31.68	34.75	37.17	40.51	43.83
其中：发达国家	%	67.68	71.97	73.77	76.05	78.08
发展中国家	%	23.90	26.79	29.42	33.07	36.74
其中：非洲	%	11.89	13.99	16.69	19.62	22.50
阿拉伯国家	%	26.38	29.28	32.18	35.80	39.01
亚太地区	%	25.20	28.02	30.72	34.58	38.18
独联体国家	%	39.47	49.39	54.41	58.24	61.69
欧洲	%	67.80	69.97	71.73	74.62	76.32
美洲	%	51.00	54.99	55.94	58.07	62.22
每百人固定（有线）互联网宽带接入用户数	户/百人	8.41	8.98	9.91	10.09	11.21
其中：发达国家	户/百人	24.59	25.71	27.53	28.26	29.37
发展中国家	户/百人	4.91	5.40	6.18	6.29	7.45
其中：非洲	户/百人	0.19	0.22	0.33	0.39	0.54
阿拉伯国家	户/百人	2.21	2.57	3.17	3.63	4.23
亚太地区	户/百人	6.39	6.96	7.85	7.90	8.94
独联体国家	户/百人	9.19	11.03	12.72	13.59	14.78
欧洲	户/百人	24.81	25.67	27.66	28.26	29.18
美洲	户/百人	15.00	15.80	17.02	17.47	18.36

注：数据来自 ITU，根据最新发布数据对往年数据调整。

2011—2015 年主要国家和地区每百人电话主线数
2011—2015 main telephone lines per 100 inhabitants

（单位： 线 / 百人）

国家和地区	2011 年	2012 年	2013 年	2014 年	2015 年
中国	20.84	20.20	19.27	17.90	16.48
日本	50.79	50.47	47.99	50.09	50.18
韩国	60.47	61.42	61.57	59.54	58.06
印度尼西亚	15.84	15.39	12.30	10.37	8.75
菲律宾	3.74	3.61	3.20	3.09	2.99
泰国	10.01	9.55	9.04	8.46	7.88
新加坡	38.87	37.48	36.35	36.19	35.98
马来西亚	15.73	15.69	15.26	14.61	14.34
印度	2.69	2.50	2.32	2.13	1.99
巴基斯坦	3.25	3.27	3.50	2.65	1.59
沙特阿拉伯	16.69	16.97	17.13	12.33	12.53
伊朗	36.81	37.63	38.33	37.44	38.27
埃及	10.98	10.60	8.31	7.57	7.36
南非	9.34	9.25	7.34	6.86	7.72
德国	62.01	60.51	58.87	56.89	54.93
英国	53.27	52.88	52.88	52.35	52.65
法国	63.49	62.11	60.79	60.03	59.91
意大利	36.40	35.72	34.59	33.70	33.10
俄罗斯	30.78	29.45	28.34	26.82	25.70
荷兰	42.80	42.97	42.52	41.34	41.27
波兰	17.94	15.57	14.33	12.62	11.11
西班牙	42.76	41.87	41.31	41.17	40.64
瑞典	47.44	43.83	41.04	39.23	36.67
瑞士	61.89	59.04	56.86	53.63	50.25
土耳其	20.82	18.73	18.09	16.52	14.99
乌克兰	27.69	26.76	26.15	24.64	21.62
美国	45.51	43.65	41.63	39.83	37.52
加拿大	52.99	50.88	48.10	46.18	44.33
墨西哥	16.75	17.04	16.24	15.47	15.88
巴西	21.85	22.30	22.48	21.84	21.45
阿根廷	23.87	23.01	23.31	23.50	24.01
澳大利亚	46.49	45.43	44.34	38.89	37.95
新西兰	42.59	42.15	41.06	40.65	40.25

注：数据来自 ITU，根据最新发布数据对往年数据调整。

2011—2015 年主要国家和地区每百人移动电话用户数
2011—2015 mobile cellular subscribers per 100 inhabitants

（单位：户 / 百人）

国家和地区	2011 年	2012 年	2013 年	2014 年	2015 年
中国	72.07	80.76	88.71	92.27	93.16
日本	104.27	110.91	116.32	120.23	125.05
韩国	107.74	109.43	111.00	115.71	118.46
印度尼西亚	102.46	114.22	125.36	128.78	132.35
菲律宾	99.09	105.45	104.50	111.22	118.13
泰国	116.33	127.29	140.05	144.44	125.81
新加坡	150.12	152.13	155.92	146.89	146.14
马来西亚	127.48	141.33	144.72	148.83	143.91
印度	73.20	69.92	70.78	74.48	78.84
巴基斯坦	61.81	67.06	70.13	73.33	66.92
沙特阿拉伯	194.51	187.36	184.20	179.56	176.59
伊朗	74.30	76.10	84.25	87.79	93.38
埃及	105.08	119.92	121.51	114.31	110.99
南非	123.20	130.56	145.64	149.19	159.27
德国	109.66	111.59	120.92	120.42	116.71
英国	123.60	124.76	124.61	123.58	125.75
法国	94.08	97.38	98.50	101.21	102.61
意大利	158.15	159.63	158.82	154.29	151.32
俄罗斯	142.05	145.33	152.84	155.14	159.95
荷兰	118.98	117.97	116.16	116.42	123.54
波兰	131.29	141.55	149.08	148.89	148.71
西班牙	113.06	108.36	106.89	107.95	107.90
瑞典	121.22	124.57	125.53	127.84	130.38
瑞士	127.38	132.06	136.78	136.68	142.01
土耳其	89.41	91.46	92.96	94.79	96.02
乌克兰	121.34	130.34	138.06	144.08	144.02
美国	94.44	96.01	97.08	110.20	117.59
加拿大	77.83	79.57	80.61	81.04	81.93
墨西哥	79.24	83.35	87.26	84.65	85.30
巴西	119.00	125.00	135.31	138.95	126.59
阿根廷	149.09	156.56	162.53	146.48	143.91
澳大利亚	104.61	105.59	106.84	131.23	132.80
新西兰	109.20	110.36	105.78	112.05	121.83

注：数据来自 ITU，根据最新发布数据对往年数据调整。

2011—2015 年主要国家和地区每百人互联网网民数
2011—2015 percentage of Individuals using the Internet

（单位：%）

国家和地区	2011 年	2012 年	2013 年	2014 年	2015 年
中国	38.30	42.30	45.80	47.90	50.30
日本	79.05	79.50	88.22	89.11	93.33
韩国	83.76	84.07	84.77	87.87	89.90
印度尼西亚	12.28	14.52	14.94	17.14	21.98
菲律宾	29.00	36.24	37.00	39.69	40.70
泰国	23.67	26.46	28.94	34.89	39.32
新加坡	71.00	72.00	80.90	79.03	82.10
马来西亚	61.00	65.80	57.06	63.67	71.06
印度	10.07	12.58	15.10	21.00	26.00
巴基斯坦	9.00	9.96	10.90	13.80	18.00
沙特阿拉伯	47.50	54.00	60.50	64.71	69.62
伊朗	19.00	22.73	29.95	39.35	44.08
埃及	25.60	26.40	29.40	33.89	35.90
南非	33.97	41.00	46.50	49.00	51.92
德国	81.27	82.35	84.17	86.19	87.59
英国	85.38	87.48	89.84	91.61	92.00
法国	77.82	81.44	81.92	83.75	84.69
意大利	54.39	55.83	58.46	61.96	65.57
俄罗斯	49.00	63.80	67.97	70.52	73.41
荷兰	91.42	92.86	93.96	93.17	93.10
波兰	61.95	62.31	62.85	66.60	68.00
西班牙	67.60	69.81	71.64	76.19	78.69
瑞典	92.77	93.18	94.78	92.52	90.61
瑞士	85.19	85.20	86.34	87.40	87.97
土耳其	43.07	45.13	46.25	51.04	53.74
乌克兰	28.71	35.27	40.95	46.24	49.26
美国	69.73	74.70	71.40	73.00	74.55
加拿大	83.00	83.00	85.80	87.12	88.47
墨西哥	37.18	39.75	43.46	44.39	57.43
巴西	45.69	48.56	51.04	54.55	59.08
阿根廷	51.00	55.80	59.90	64.70	69.40
澳大利亚	79.49	79.00	83.45	84.00	84.56
新西兰	81.23	82.00	82.78	85.50	88.22

注：数据来自 ITU，根据最新发布数据对往年数据调整。

2011—2015 年主要国家和地区固定电话主线运营数
2011—2015 main telephone lines in operation

（单位： 万线）

国家和地区	2011 年	2012 年	2013 年	2014 年	2015 年
中国	28 511.5	27 815.3	26 698.5	24 943.0	23 099.6
日本	6 466.9	6 422.5	6 101.9	6 361.0	6 363.3
韩国	2 946.9	3 009.9	3 033.3	2 948.1	2 888.3
印度尼西亚	3 861.7	3 798.3	3 072.3	2 622.5	2 238.6
菲律宾	355.6	349.3	314.9	309.3	303.9
泰国	666.1	637.7	605.6	569.0	530.9
新加坡	201.8	198.8	196.7	199.7	202.2
马来西亚	452.3	458.9	453.6	441.0	439.5
印度	3 283.5	3 094.1	2 903.3	2 700.0	2 551.8
巴基斯坦	572.2	586.2	637.1	489.8	299.1
沙特阿拉伯	463.3	480.2	494.0	362.2	374.7
伊朗	2 776.7	2 875.8	2 968.9	2 937.6	3 041.9
埃及	871.4	855.7	682.1	631.6	623.5
南非	485.4	484.7	387.6	364.8	413.1
德国	5 140.0	5 010.0	4 870.0	4 702.1	4 535.2
英国	3 325.2	3 319.7	3 338.4	3 323.8	3 361.3
法国	4 037.0	3 971.0	3 908.0	3 880.5	3 892.9
意大利	2 210.5	2 174.9	2 109.8	2 058.1	2 023.6
俄罗斯	4 415.1	4 216.8	4 047.3	3 821.3	3 652.5
荷兰	713.3	718.2	712.5	694.6	695.2
波兰	685.3	595.1	547.7	482.2	424.5
西班牙	1 988.9	1 957.5	1 938.4	1 937.8	1 918.0
瑞典	448.2	416.9	392.8	377.9	355.5
瑞士	489.9	472.2	459.3	437.5	414.0
土耳其	1 521.1	1 386.0	1 355.2	1 252.9	1 149.3
乌克兰	1 268.1	1 218.2	1 183.1	1 046.1	911.3
美国	14 331.9	13 859.5	13 323.3	12 849.5	12 199.1
加拿大	1 827.4	1 772.6	1 692.1	1 640.4	1 590.2
墨西哥	1 999.7	2 058.8	1 986.4	1 914.6	1 988.7
巴西	4 302.6	4 430.5	4 503.8	4 412.8	4 367.7
阿根廷	972.3	945.6	966.2	982.2	1 012.0
澳大利亚	1 057.3	1 047.1	1 035.0	919.0	908.0
新西兰	188.0	188.0	185.0	185.0	185.0

注：数据来自 ITU，根据最新发布数据对往年数据调整。

2011—2015 年主要国家和地区移动电话用户数
2011—2015 mobile cellular subscribers

（单位：万户）

国家和地区	2011 年	2012 年	2013 年	2014 年	2015 年
中国	98 625.3	111 215.5	12 2911.3	128 609.3	130 573.8
日本	13 276.1	14 112.9	14 788.8	15 269.6	15 859.1
韩国	5 250.7	5 362.4	5 468.1	5 729.0	5 893.5
印度尼西亚	24 980.6	28 196.4	31 322.7	32 558.3	33 842.6
菲律宾	9 419.0	10 197.8	10 282.4	11 132.6	12 025.5
泰国	7 744.9	8 501.2	9 384.9	9 709.6	8 479.7
新加坡	779.4	806.8	843.8	810.4	821.1
马来西亚	3 666.1	4 132.5	4 300.5	4 492.9	4 411.1
印度	89 386.2	86 472.1	88 630.4	94 400.9	101 105.4
巴基斯坦	10 889.5	12 015.1	12 773.7	13 576.2	12 590.0
沙特阿拉伯	5 400.0	5 300.0	5 310.4	5 273.6	5 279.6
伊朗	5 604.3	5 815.8	6 524.6	6 889.1	7 421.9
埃及	8 342.5	9 679.9	9 970.5	9 531.6	9 401.6
南非	6 400.0	6 839.4	7 686.5	7 954.0	8 519.7
德国	9 090.0	9 240.0	10 003.4	9 952.9	9 636.0
英国	7 716.2	7 832.9	7 867.4	7 846.1	8 028.4
法国	5 981.6	6 226.0	6 332.4	6 542.5	6 668.1
意大利	9 604.1	9 718.9	9 686.3	9 422.6	9 252.0
俄罗斯	20 375.2	20 806.5	21 830.0	22 103.0	22 728.8
荷兰	1 982.9	1 971.7	1 946.7	1 956.2	2 080.9
波兰	5 016.0	5 408.6	5 697.3	5 690.5	5 683.8
西班牙	5 259.1	5 066.5	5 015.9	5 080.6	5 092.6
瑞典	1 145.4	1 184.8	1 201.4	1 231.2	1 263.9
瑞士	1 008.3	1 056.1	1 104.9	1 115.0	1 170.0
土耳其	6 532.2	6 768.1	6 966.1	7 188.8	7 363.9
乌克兰	5 557.6	5 934.4	6 245.9	6 117.0	6 072.0
美国	29 740.4	30 483.8	31 069.8	35 550.0	38 230.7
加拿大	2 684.0	2 772.0	2 836.0	2 878.9	2 939.0
墨西哥	9 458.3	10 072.7	10 674.8	10 479.8	10 683.1
巴西	23 435.8	24 832.4	27 110.0	28 072.9	25 781.4
阿根廷	6 072.3	6 432.8	6 736.2	6 123.4	6 066.4
澳大利亚	2 378.9	2 433.8	2 494.0	3 101.0	3 177.0
新西兰	482.0	492.2	476.6	510.0	560.0

注：数据来自 ITU，根据最新发布数据对往年数据调整。

2011—2015 年主要国家和地区固定（有线）互联网宽带接入用户数
2011—2015 fixed broadband Internet subscribers

（单位：万户）

国家和地区	2011 年	2012 年	2013 年	2014 年	2015 年
中国	15 648.7	17 518.3	18 890.9	20 048.3	26 014.5
日本	3 569.6	3 613.2	3 672.5	3 778.9	3 866.3
韩国	1 786.0	1 825.3	1 873.8	1 919.9	2 002.4
印度尼西亚	273.6	298.3	325.2	300.9	278.5
菲律宾	179.1	214.7	257.3	290.0	346.0
泰国	389.5	451.9	519.2	544.0	622.9
新加坡	140.8	143.3	149.3	147.4	148.6
马来西亚	250.7	292.1	293.9	306.1	274.3
印度	1 335.1	1 498.2	1 492.8	1 574.6	1 712.0
巴基斯坦	116.6	151.7	162.8	200.9	179.3
沙特阿拉伯	195.1	254.0	292.0	303.2	359.0
伊朗	212.0	380.4	516.1	742.6	863.4
埃及	184.5	228.9	267.6	306.8	382.6
南非	90.7	110.7	161.5	170.6	280.9
德国	2 725.7	2 795.7	2 862.4	2 957.3	3 070.7
英国	2 058.9	2 168.6	2 304.0	2 373.0	2 408.4
法国	2 274.9	2 398.0	2 494.0	2 597.0	2 686.7
意大利	1 351.9	1 376.3	1 401.3	1 437.0	1 454.9
俄罗斯	1 763.5	2 092.3	2 374.5	2 495.1	2 667.9
荷兰	649.8	665.4	679.2	685.1	702.9
波兰	697.2	688.8	703.1	723.4	744.3
西班牙	1 116.8	1 152.5	1 225.2	1 300.5	1 336.1
瑞典	302.7	307.3	314.8	328.1	349.6
瑞士	307.8	321.2	343.8	346.5	369.0
土耳其	759.1	786.9	889.3	886.6	950.5
乌克兰	317.0	364.5	399.7	394.6	497.9
美国	8 831.7	9 251.4	9 603.1	9 798.1	10 251.6
加拿大	1 128.3	1 169.0	1 209.4	1 256.8	1 306.0
墨西哥	1 156.6	1 307.7	1 229.5	1 266.9	1 458.4
巴西	1 783.3	1 912.0	2 136.1	2 358.9	2 492.2
阿根廷	457.2	514.9	625.1	650.9	677.9
澳大利亚	555.2	573.5	598.1	653.6	666.3
新西兰	117.8	127.2	131.6	141.0	145.0

注：数据来自 ITU，根据最新发布数据对往年数据调整。

2011—2015 年主要国家和地区每百人固定宽带接入用户数
2011—2015 fixed（wired）-broadband subscriptions per 100 inhabitants

（单位： 户 / 百人）

国家和地区	2011 年	2012 年	2013 年	2014 年	2015 年
中国	11.44	12.72	13.63	14.38	18.56
日本	28.04	28.39	28.88	29.76	30.49
韩国	36.65	37.25	38.04	38.78	40.25
印度尼西亚	1.12	1.21	1.30	1.19	1.09
菲律宾	1.88	2.22	2.61	2.90	3.40
泰国	5.85	6.77	7.75	8.09	9.24
新加坡	27.12	27.02	27.60	26.72	26.45
马来西亚	8.72	9.99	9.89	10.14	8.95
印度	1.09	1.21	1.19	1.24	1.34
巴基斯坦	0.66	0.85	0.89	1.08	0.95
沙特阿拉伯	7.03	8.98	10.13	10.32	12.01
伊朗	2.81	4.98	6.66	9.46	10.86
埃及	2.32	2.84	3.26	3.68	4.52
南非	1.75	2.11	3.06	3.21	5.25
德国	32.88	33.76	34.62	35.78	37.19
英国	32.98	34.54	36.49	37.38	37.72
法国	35.78	37.51	38.79	40.17	41.34
意大利	22.26	22.61	22.98	23.54	23.80
俄罗斯	12.29	14.61	16.62	17.51	18.77
荷兰	38.99	39.81	40.53	40.77	41.73
波兰	18.25	18.03	18.40	18.93	19.47
西班牙	24.01	24.65	26.11	27.63	28.31
瑞典	32.04	32.31	32.89	34.07	36.07
瑞士	38.89	40.17	42.56	42.47	44.79
土耳其	10.39	10.63	11.87	11.69	12.39
乌克兰	6.92	8.01	8.83	9.29	11.81
美国	28.04	29.14	30.00	30.32	31.53
加拿大	32.72	33.56	34.38	35.38	36.41
墨西哥	9.69	10.82	10.05	10.23	11.65
巴西	9.06	9.62	10.66	11.68	12.24
阿根廷	11.23	12.53	15.08	15.57	16.08
澳大利亚	24.41	24.88	25.62	27.66	27.85
新西兰	26.69	28.52	29.21	30.98	31.55

注：数据来自 ITU，根据最新发布数据对往年数据调整。

第三部分　附　录

统计指标解释

一、公用通信网

电信业务总量

是以货币形式表示的电信企业为社会提供各类电信服务的总数量，是用于观察电信业务发展变化总趋势的综合性总量指标。计量单位：元。

电信业务总量是以各类业务的实物量分别乘以相应的不变单价，求出各类业务的货币量加总求得。

不变单价是一定时期内计算业务总量的同度量因素，是根据基年各类电信业务量与相对应的电信业务收入测算的平均单价。不变单价的作用是在一定时期内保持电信业务总量不受价格变动的影响，能够比较准确地综合反映电信业务的发展情况。电信主管部门根据国家统一规定先后制定过七次全国不变单价，基本为 10 年一次。2010 年电信业务总量根据最新制定的 2010 年电信业务不变单价计算。

固定电话用户

是指报告期末在电信企业营业网点办理开户登记手续并已接入固定电话网上的全部电话用户。包括普通电话用户、无线市话用户、公共电话用户、窄带综合业务数字网（N － ISDN）用户、集中用户交换机（CENTREX）用户、模拟中继线用户等。计量单位：户。

固定电话用户按行政区划分为城市电话用户和农村电话用户。

城市电话用户是指按行政区划属于中央直辖市、省辖市、地级市、县级市的市区、市郊区及县城区范围内的电话用户数。包括分布在农村地区但以县团级以上建制的独立工矿区、林区、驻军的电话用户。

农村电话用户是指按行政区划属于城市范围以外的乡（镇）、村电话用户。

住宅电话用户是指私人付费或安装在居民住宅并按照私人或住宅电话用户登记注册和收费的各类电话用户。

无线市话用户是指在本电信运营企业营业网点办理开户登记手续，利用无线接入话机，采用 PHS/PAS 制式，通过无线通信方式接入公众电话网、占用固定电话号码资源的电话用户，即通常所说的小灵通用户。

公用电话用户是指装设在街道、宾馆、机场、车站等公共场所以及电信营业厅等地，供人民群众共同使用，并按照公用电话登记注册和收费的电话用户。包括安装在街道等公共场所的智能网专用接入终端用户。

移动电话用户

是指报告期末在电信企业营业网点办理开户登记手续，通过移动电话交换机进入移动电话网，占用移动电话号码的各类电话用户。包括各类签约用户、智能网预付费用户、无线上网卡用户。计量单位：户。

3G 移动电话用户是指在计费系统拥有使用信息，占用 3G 网络资源的在网用户。

4G 移动电话用户是指在计费系统拥有使用信息，占用 4G 网络资源的在网用户。

互联网拨号用户

是指报告期末通过 PSTN、N-ISDN 等，采用拨号方式接入公众互联网的用户。包括已在电信企业营业网点（或代理商及与电信企业合作经营的 ISP、ICP）办理开户登记手续的、使用个人账号接入公众互联网的全部注册拨号用户；使用公用账号拨通上网特服号接入公众互联网的全部主叫电话号码用户；使用电信企业发行的各种上网储值卡、（银行与本电信企业签有协议的）银行卡等接入公众互联网的全部卡式用户。计量单位：户。

互联网宽带接入用户

是指报告期末在电信企业登记注册，通过 *x*DSL、FTT*x*+LAN、FTTH/O 及其他宽带接入方式和普通专线接入公众互联网的用户。计量单位：户。

***x*DSL 用户**是指在电信企业登记注册通过 *x*DSL 方式接入公众互联网的用户。包括 *x*DSL 虚拟拨号用户和 *x*DSL 专线用户。

LAN 用户是指在电信企业登记注册，通过 FTT*x*+LAN 方式接入公众互联网的用户。包括 FTT*x*+LAN 业务终端方式用户、FTT*x*+LAN 业务专线方式用户。

FTTH/O 用户是指报告期末在电信企业登记注册，通过 FTTH 或 FTTO 方式接入公众互联网的用户。

城市宽带接入用户是指行政区划属于中央直辖市、省辖市、地级市、县级市的市区、市郊区及县城区范围内的宽带接入用户，还包括分布在农村地区的县团级以上建制的独立工矿区、林区、驻军的宽带接入用户。

农村宽带接入用户是指行政区划属于城市范围以外的乡（镇）、村宽带接入用户。

卫星移动通信系统用户

是指报告期末在电信企业已办理注册登记手续，通过移动电话交换机进入卫星移动电话网，占用卫星移动电话号码的电话用户。计量单位：户。

固定电话通话量

本地电话通话时长是指电信企业固定电话用户作主叫，拨打本地网内的所有去话通话时长。包括拨打本地网内本电信企业或其他电信企业的固定或移动电话用户，经本电信企业或其他电信企业固定或移动本地电路接续的全部去话通话时长。包括本地网内区间电话通话时长、本地网内区内电话通话时长和本地网内拨号上网通话时长。计量单位：分钟。

固定长途电话通话时长是指电信企业固定电话用户作主叫，拨打本地网以外的所有去话通话时长。包括国内长途电话通话时长、国际电话去话通话时长和港澳台电话去话通话时长，包括固定 IP 电话通话时长。计量单位：分钟。

“分钟”按计费通话时长（6 秒为一个计费单元）累计后折合为分钟数统计。

移动电话通话量

是指移动电话用户在移动电话网上发生的所有通话量。包括移动电话用户在非漫游和漫游出访状态下发生的本地、国内长途、国际及港澳台的主、被叫通话量。计量单位：分钟。

“分钟”按计费通话时长（本地电话 1 分钟为一个计费单元；国内长途、国际及港澳台电话 6 秒为一个计费单元）累计后折合为分钟数统计。

移动电话去话通话时长是指电信企业移动电话用户作主叫，在非漫游、漫游出访状态下拨打其他电话用户的所有去话通话时长。漫游来访的异地移动电话用户去话通话时长由计收话费的电信企业统计。根据漫游状态的不同分为移动非漫游去话通话时长、移动国内漫游去话通话时长、移动国际漫游去话通话时长、移动港澳台漫游去话通话时长。

移动电话来话通话时长是指电信企业移动电话用户在非漫游、漫游出访状态下接听其他电话用户的所有来话通话时长。

移动短信业务量

是指移动电话用户通过移动通信网络短信平台使用短信业务的通信量。计量单位：条。

点对点短信量是指电信企业移动电话用户经过短消息中心发送成功的点对点短信条数。包括本电信企业移动电话用户成功发送给本电信企业或其他电信企业移动电话用户和无线市话用户的短信息业务量。

移动彩信业务量

是指电信企业移动电话用户通过移动通信网络彩信平台使用移动彩信业务的通信量。计量单位：条。

点对点彩信量是指电信企业移动电话用户经过彩信网关发送成功的点对点彩信条数。包括电信企业移动电话用户成功发送给本电信企业或其他电信企业移动电话用户的彩信业务量。

固定电话互联互通通话时长

是指从电信企业固定电话网内发起的经网间关口局疏通的去往其他电信企业固定或移动电话网的电话通话时长。计量单位：分钟。

移动电话互联互通通话时长

是指从本电信企业移动电话网内发起的经网间关口局疏通的去往其他电信企业固定或移动电话网的通话时长。计量单位：分钟。

移动短信互联互通业务量

是指本电信企业固定或移动电话用户发起，通过短信互通网关发送到其他电信企业固定或移动电话用户的各类短信通信量。计量单位：条。

长途光缆

是指由一定数量的光纤按照一定方式组成缆心，外包有护套，用以实现光信号传输的一种用于长途通信的通信线路，包括架空、直埋、管道、水底、海底的光缆。分别按长途光缆线路长度、长途光缆纤芯长度统计。

长途光缆线路长度是指长途光缆线路的实际长度，架空的光缆按实际杆路长度统计，埋设地下、水底、海底的光缆按沟长统计。计量单位：公里。

长途光缆纤芯长度是指长途光缆纤芯数与长途光缆长度的乘积。计量单位：芯公里。

本地网中继光缆

是指本地网内各业务节点（如局用交换机、远端模块、数据通信节点机等）之间的光缆，包括本地电话网内本地电话交换机至长途电话交换机之间、各本地电话交换机之间及各业务节点之间的架空、直埋、管道、水底等光缆。分别按本地网中继光缆线路长度、本地网中继光缆纤芯长度统计。

本地网中继光缆线路长度是指本地网内各业务节点之间从起点至终点所经由的光缆线路实际长度。架空光缆按实际杆路长度统计，埋设地下、水底的光缆按埋设光缆的沟长统计。计量单位：公里。

本地网中继光缆纤芯长度是指本地网光缆纤芯数与光缆长度的乘积。计量单位：芯公里。

接入网光缆

是指本地网内各业务节点（如局用交换机、远端模块、数据通信节点机等）至用户节点（光终端设备）之间的光缆。分别按接入网光缆线路长度、接入网光缆纤芯长度统计。

接入网光缆线路长度是指本地网内各业务节点至用户节点之间的光缆杆路或沟长的实际长度。计量单位：公里。

接入网光缆纤芯长度是指接入网光缆纤芯数与光缆长度的乘积。计量单位：芯公里。

长途电话交换机容量

是指电信企业用于接入长途电话网的电话交换机的设备额定容量。计量单位：路端。

局用交换机容量

是指安装在电信企业内用于接续本地固定电话的电话交换机容量，包括接入网设备容量（安装在电信运营企业用于连接语音用户的远端节点的设备容量）。计量单位：门。

移动电话交换机容量

是指移动电话交换机根据一定话务模型和交换机处理能力计算出来的最大同时服务用户的数量。按报告期末已割接入网正式投入使用的设备实际容量统计。计量单位：户。

移动电话基站

是指为小区服务的无线收发信设备，处理基站与移动台之间的无线通信，在移动交换机与移动台之间起中继作用，监视无线传输质量的全套设备。计量单位：个。

3G 基站数是指报告期末本电信企业 3G 移动通信网络上实际使用的 Node-B 数量。

移动电话话音信道数

是指基站发射和接收移动电话信号的无线传输通道数。按报告期末已割接入网投入使用的设备实际信道数统计。计量单位：个。

移动短消息中心容量

是指本电信企业短消息中心一小时内，处理短信息最大条数。计量单位：条。

互联网宽带接入端口

是指用于接入互联网用户的各类实际安装运行的接入端口的数量，包括 *x*DSL 用户接入端口、LAN 接入端口、FTTH/O 端口及其他类型接入端口等，不包括窄带拨号接入端口。计量单位：个。

电信业务收入

是指电信企业经营基础电信业务和增值电信业务所取得的资费收入，以及电信企业之间网间互联电信业务的结算收入。计量单位：元。

电信业务成本

是指电信企业在通信生产过程中实际发生的与通信生产直接相关的各项费用支出。包括直接从事通信生产人员的工资、职工福利费、折旧费、修理费、低值易耗品摊销、业务费、电路及网元租赁费等，不包括管理人员和营销人员工资。计量单位：元。

电信利润总额

是指电信企业在生产经营过程中，通过销售过程将商品卖给购买方，实现收入，收入扣除当初的投入成本以及其他一系列费用，再加减非经营性质的收支及投资收益，即为企业的利润总额。计量单位：元。

统计方法：利润总额＝营业利润＋投资收益（减投资损失）＋补贴收入＋营业外收入－营业外支出。

增加值

是指电信行业在核算期内从事生产经营或劳务的最终成果，即电信行业在核算期内为国家和社会新创造的价值总额。电信行业增加值采用“收入法”计算。计量单位：元。

资产总额

是指过去的交易或事项形成并由电信企业拥有或控制的所有资源，该资源预期会给企业带来经济利益，按其流动性分为流动资产和非流动资产。计量单位：元。

固定资产原值

是指电信企业在建造、购置、安装、改建、扩建、技术改造某项固定资产时所支出的全部货币总额。它一般包括买价、包装费、运杂费和安装费等。计量单位：元。

固定资产净值

是指固定资产原值扣除历年已提折旧额后的净额。计量单位：元。

固定资产投资完成额

是指以货币形式表现的在一定时期内建造和购置固定资产的工作量以及有关的费用总称。包括用于电信通信枢纽以及电信房屋、设备及线路等建设的投资。主要分为：

固定通信投资是指专门用于固定通信网络建设的投资，包括无线市话网投资，不包括数据通信网投资。

移动通信投资是指专门用于移动通信网络建设的投资。

互联网及数据通信投资是指用于互联网和数据业务网络的投资，包括 IP 数据网投资和基础数据网投资，包括核心路由器、边缘路由器、服务路由器（SR）和 BAS 的投资和其他投资。

创新及增值平台投资是指用于承载网、业务网和增值平台等方面的投资。

业务支撑系统投资是指用于信令网、智能网、同步网、BOSS、MIS、OA 等网络的设备和软件投资。

传输投资是指专门用于传输网建设的投资，如管道、光缆、传输系统及其他投资，包括传输设备、光缆线路、微波投资。

局房及营业场所投资是指用于生产用房、办公经营用房和营业厅的投资。

电信其他投资是指用于管理、共用等不属于上述方面的其他投资。

移动电话漫游国家和地区

是指在移动电话用户出国（境）时，可以用原有的手机和 SIM 卡，并且沿用在中国的电话号码，在当地继续接听来电并随时随地打出电话的国家和地区，即统计期末所有与本企业签署漫游协议，提供漫游服务的国家和地区。计量单位：个。

固定电话普及率

是指报告期行政区域总人口中，平均每百人拥有的固定电话用户数（不包括专用通信网电话和接入用户交换机的电话）。计量单位：部 / 百人。

计算公式：

$$\text{固定电话普及率}=\frac{\text{固定电话话机总数（部）}}{\text{行政区域总人口数（人）}}\times 100\%$$

注：人口数取自国家统计局统计资料。

城市固定电话普及率

是指报告期城市行政区域总人口中，平均每百人拥有的固定电话用户数（不包括专用通信网电话和接入用户交换机的电话）。计量单位：部 / 百人。

计算公式：

$$\text{城市固定电话普及率}=\frac{\text{城市固定电话话机总数（部）}}{\text{城市辖区内人口总数（人）}}\times 100\%$$

注：人口数取自公安部公布的人口资料。

移动电话普及率

是指报告期行政区域总人口中，平均每百人拥有的移动电话数。计量单位：部 / 百人。

计算公式：

$$\text{移动电话普及率}=\frac{\text{移动电话用户总数（部）}}{\text{行政区域总人口数（人）}}\times 100\%$$

注：人口数取自国家统计局统计资料。

二、增值电信业务

增值电信企业

是指在中国大陆境内经营全国或区域性增值电信业务的服务商。计量单位：个。

国有控股企业是指在企业全部资本中，国家资产投资或持股比例超过 50%，且以国有控股企业性质注册增值电信业务经营许可的企业，包括国有独资企业。

外商投资企业是指外国投资者同中国投资者在中国境内依法以中外合资经营形式，共同投资设立的企业，且以外商投资企业性质注册增值电信业务经营许可的企业。

民营控股企业是指除国有控股、外商投资增值电信企业以外，以民营控股企业性质注册增值电信业务经营许可的企业。

港、澳、台投资企业是指企业工商登记注册类型为港、澳、台商投资的增值电信企业。包括与港澳台商合资经营、合作经营，港澳台商独资经营以及港澳台商投资股份有限公司的企业。

因特网数据中心业务（IDC）企业是指利用相应的机房设施，以外包出租的方式为用户的服务器等因特网或其他网络的相关设备提供放置、代理维护、系统配置及管理服务，以及提供数据库系统或服务器等设备的出租及其存储空间的出租、通信线路和出口带宽的代理租用和其他应用服务的服务商。

存储转发类业务企业是指利用存储转发机制为用户提供信息发送业务的服务商。存储转发类业务包括语音信箱、X.400 电子邮件、传真存储转发等业务。

呼叫中心业务企业是指受企事业单位委托，利用与公用电话网或因特网连接的呼叫中心系统和数据库技术，经过信息采集、加工、存储等建立信息库，通过固定网、移动网或因特网等公众通信网络向用户提供有关该企事业单位的业务咨询、信息咨询和数据查询等服务的服务商。呼叫中心业务还包括呼叫中心系统和话务员座席的出租服务。

因特网接入服务业务（ISP）企业是指利用接入服务器和相应的软硬件资源建立业务节点，并利用公用电信基础设施将业务节点与因特网骨干网相连接，为各类用户提供接入因特网的服务的服务商。因特网接入服务业务包括为因特网信息服务业务（ICP）经营者等利用因特网从事信息内容提供、网上交易、在线应用等提供接入因特网的服务，以及为普通上网用户等需要上网获得相关服务的用户提供接入因特网的服务。

信息服务业务企业是指通过信息采集、开发、处理和信息平台的建设，通过固定网、移动网或因特网等公众通信网络直接向终端用户提供语音信息服务（声讯服务）或在线信息和数据检索等信息服务的业务的服务商。信息服务的类型主要包括内容服务、娱乐 / 游戏、商业信息和定位信息等服务。面向的用户可以是固定通信网络用户、移动通信网络用户、因特网用户或其他数据传送网络的用户。

（1）统计范围：根据《电信业务分类目录》，增值电信业务企业包括在线数据处理与交易处理业务企业、国内多方通信服务业务企业、国内因特网虚拟专用网业务企业、因特网数据中心业务企业等第一类电信增值业务企业；存储转发类业务企业、呼叫中心业务企业、因特网接入服务业务企业、信息服务业务企业等第二类增值电信业务企业；以及无线寻呼业务企业、国内甚小口径终端地球站（VSAT）通信业务企业等比照增值电信业务管理的基础电信业务企业。

（2）注意事项：a. 增值电信企业包括在工业和信息化部电信管理局领取跨地区经营许可证的增值电信企业和在省（区、市）通信管理局领取本省（区、市）内经营许可证的增值电信企业。不包括同时经营增值电信业务的三家基础电信企业。b. 在统计增值电信企业总数时，对于一个企业拥有多项增值电信业务经营许可的情况，只计算为一个企业，不重复计算。增值电信企业总数应小于或等于各分类业务的企业数量之和。c. 各分类业务的企业数的统计，按拥有该分类业务经营许可的情况计算。对于拥有同一个业务分类中的多项业务经营许可的情况，只计算为一个企业，不重复计算。

增值电信业务收入

是指增值电信企业经营各项增值电信业务所获得的业务收入总和。计量单位：元。

注意事项：不包括增值电信企业从事非增值电信业务所获得的收入。

因特网数据中心业务收入是指增值电信企业经营因特网数据中心业务所获得的业务收入。计量单位：万元。

呼叫中心业务收入是指增值电信企业经营呼叫中心业务所获得的业务收入。

存储转发类业务收入是指增值电信企业经营存储转发类业务所获得的业务收入。

因特网接入服务业务收入是指增值电信企业经营因特网接入服务所获得的业务收入。

信息服务业务收入是指增值电信企业经营信息服务业务所获得的业务收入。包括固定网信息服务业务收入、移动网信息服务业务收入和因特网信息服务业务收入。

其中，**SMS 短信业务收入**是指增值电信企业经营 SMS 短信业务所获得的业务收入。

其中，**WAP 业务收入**是指增值电信企业经营 WAP 业务所获得的业务收入。

其中，**个性化回铃音业务收入**是指增值电信企业经营个性化回铃音业务所获得的业务收入。计量单位：万元。

其中，**网络广告业务收入**是指增值电信企业经营网络广告业务所获得的业务收入。

其中，**网络游戏业务收入**是指增值电信企业经营网络游戏业务所获得的业务收入。

其中，**搜索引擎业务收入**是指增值电信企业对互联网上的信息资源进行搜集整理，为用户提供互联网上信息检索服务所获得的收入。包括搜索引擎广告收入、网址导航收入、提供搜索引擎技术服务所获得的收入等。

其中，**网络视频业务收入**指增值电信企业在运营的视频网站上，向互联网用户提供在线视频服务所取得的收入。包括点播、下载、包月等各项业务收费所得收入。

增值电信企业从业人数

是指增值电信企业中直接从事增值电信业务的员工数。计量单位：人。

注意事项：不包括增值电信企业中从事非增值电信业务的员工。

三、专用通信网

本地电话用户

是指在报告期末接入区域专用电话网上的电话用户。

住宅电话用户是指安装在居民住宅并按照私人或住宅电话用户管理的各类电话用户。

注意：a. 普通电话按正机数统计；b. 住宅电话用户不包括安装在居民住宅，属于经营性的电话用户。

互联网拨号用户

是指在报告期末通过本专用通信网接入国内、国际因特网，享用因特网上的丰富资源和各种服务的用户。

统计范围：包括报告期末在本专用网上连接的所有用户。

宽带接入用户

是指在报告期末通过 *x*DSL、FTT*x*+LAN、WLAN 等方式接入本专用宽带网上的用户。

统计范围：包括报告期末在本专用网上连接的所有用户。

长途光缆线路

长途光缆线路是指由一定数量的光纤按照一定方式组成的缆心，外包有护套，用以实现光信号传输的一种用于长途通信的通信线路，包括架空、直埋、管道、水底的光缆。

长途光缆线路长度是指长途光缆线路的实际长度。架空的光缆按实际杆路长度统计，埋设地下、水底的光缆按沟长统计。

本地线路

本地网中继光缆线路长度是指区域网（本地网）内各业务节点之间起点至终点所经由的光缆线路实际长度。

接入网光缆线路长度是指区域网（本地网）内各业务节点至用户节点之间的光缆杆路或沟长的实际长度。

统计范围：a. 区域网（本地网）中继光缆包括专用电话网内本地电话交换机至长途电话交换机之间、各本地电话交换机之间及各业务节点之间的架空、直埋、管道、水底等光缆。b. 接入网光缆包括本地网内各业务节点（如局用交换机、远端模块、数据通信节点机等）至用户节点（光终端设备）之间的光缆，分为有线接入和无线接入两种。

本地电话交换机容量

是指安装在本专用网上用于接续本地固定电话的电话交换机容量。

统计范围：a. 包括人工或自动交换机（含远端模块）以及接入网局用交换机的全部容量。b. 包括虽没有建立固定资产账户已经交付业务部门使用的局用交换机，但不包括工程虽已竣工但尚未交付使用业务部门使用的局用交换机。c. 不包括仅作汇接用，不向用户开放的交换机容量。d. 分期投产的设备，按实际交付使用的用户设备容量统计；拆去或加装用户设备的交换机，按实际设备用户容量统计。e. 与长途电话交换机合用的交换机，产权明确的，按产权归属统计，产权不明确的，按主要用途统计。

注意：a. 程控交换机按用户板容量统计；b. 人工电话交换机按空塞或号牌统计；c. 机械式自动交换机容量按用户机键统计。

固定资产原值

是指专用网在建造、购置、安装、改建、扩建、技术改造某项固定资产时所支出的全部货币总额。它一般包括买价、包装费、运杂费和安装费等。

固定资产净值

是指固定资产原值扣除历年已提折旧额后的净额。

通信从业人员

是指在报告期末专用网内从事通信的在岗职工人数。

固定资产完成投资额

固定资产投资是指为了建造、购置或更新改造固定资产而进行的经济活动。

固定资产投资完成额是以货币形式表现的在一定时期内建造和购置固定资产的工作量以及有关的费用总称。它是固定资产投资统计的主要指标，是反映固定资产投资规模、结构和发展速度的综合指标，又是观察工程进度和考核投资效果的重要依据。

四、国际电联统计指标

电话主线运营数

是指将用户终端设备与公众交换网进行连接的并在电话交换设备上拥有专门端口的（固定）电话线。该术语与通信文件中常用的主站或直接交换线（DEL）为同义词术语。电话主线可能不同于接入线或用户线。该指标中涵盖综合业务数字网（ISDN）通道的数量。固定无线用户也应包括其中。

蜂窝移动电话用户数

是指使用蜂窝技术向公众交换电话网（PSTN）提供接入的公众移动电话业务的便携式电话签约付费用户，其中可以包括模拟和数字蜂窝系统。这些用户还包括 IMT-2000（第三代，3G）用户。公众移动数据业务或无线寻呼业务的用户不应包括其中。

互联网网民数

是指通过定期调查进行估算的互联网上网人数。通常而言，调查会说明某一特定年龄组人口的百分比（如，15 ～ 74 岁）。应提供该年龄组的互联网网民总数，而非由人口总数乘以该年龄组互联网网民的百分比。在没有调查数据的情况下，可以根据用户数量推算出一个估算数字。

中华人民共和国
2015 年国民经济和社会发展统计公报[1]

中华人民共和国国家统计局

2016 年 2 月 29 日

2015 年，面对错综复杂的国际形势和艰巨繁重的国内改革发展稳定任务，党中央、国务院团结带领全国各族人民，按照“五位一体”总体布局和“四个全面”战略布局的总要求，牢固树立和贯彻落实创新、协调、绿色、开放、共享的发展理念，适应经济发展新常态，坚持改革开放，坚持稳中求进工作总基调，坚持稳增长、调结构、惠民生、防风险，不断创新宏观调控思路与方式，深入推进结构性改革，扎实推动大众创业万众创新，努力促进经济保持中高速增长、迈向中高端水平，转型升级步伐加快，改革开放不断深化，民生事业持续进步，经济社会发展迈上新台阶，实现了“十二五”圆满收官，为“十三五”经济社会发展、决胜全面建成小康社会奠定了坚实基础。

一、综合

初步核算，2015 年全年国内生产总值[2]676 708 亿元，比 2014 年增长 6.9%。其中，第一产业增加值 60 863 亿元，增长 3.9%；第二产业增加值 274 278 亿元，增长 6.0%；第三产业增加值 341 567 亿元，增长 8.3%（见图 1）。第一产业增加值占国内生产总值的比重为 9.0%，第二产业增加值比重为 40.5%，第三产业增加值比重为 50.5%，首次突破 50%（见图 2）。2015 年全年人均国内生产总值 49 351 元，比 2014 年增长 6.3%。2015 年全年国民总收入[3]673 021 亿元。

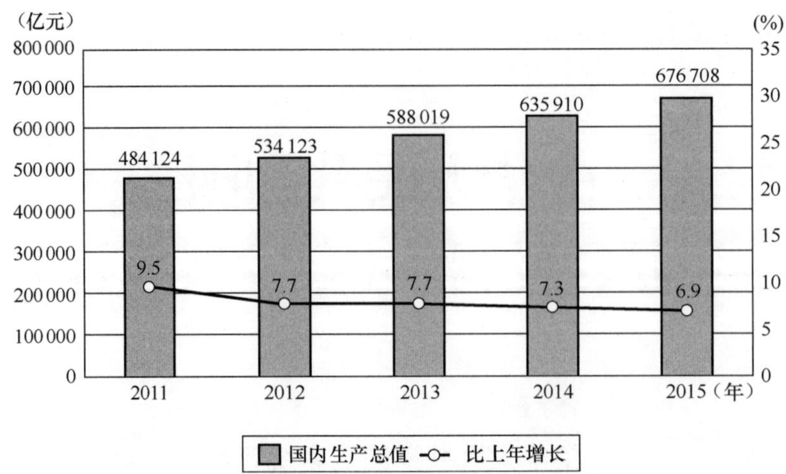

图 1　2011—2015 年国内生产总值及其增长速度

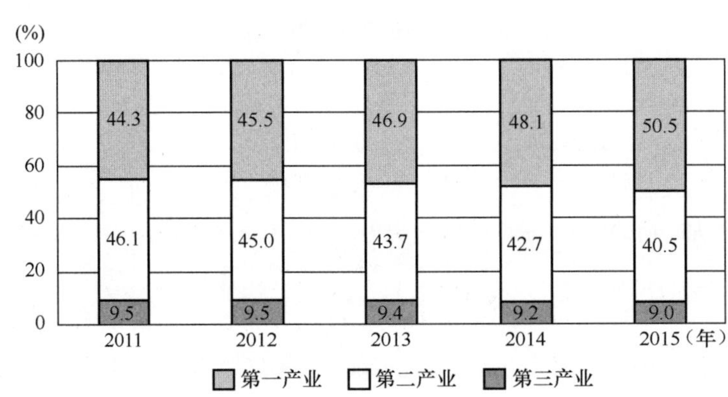

图 2　2011—2015 年三次产业增加值占国内生产总值比重

2015 年年末全国大陆总人口 137 462 万人，比 2014 年年末增加 680 万人，其中城镇常住人口 77 116 万人，占总人口比重（常住人口城镇化率）为 56.10%，比 2014 年年末提高 1.33 个百分点。2015 年全年出生人口 1 655 万人，出生率为 12.07‰；死亡人口 975 万人，死亡率为 7.11‰；自然增长率为 4.96‰。全国人户分离的人口[4]2.94 亿人，其中流动人口[5]2.47 亿人。人均预期寿命 76.34 岁。2015 年年末人口数及其构成如表 1 所示。

表 1　2015 年年末人口数及其构成

指标	年末数（万人）	比重（%）
全国总人口	137 462	100.0
其中：城镇	77 116	56.10
乡村	60 346	43.90

（续表）

指标	年末数（万人）	比重（%）
其中：男性	70 414	51.2
女性	67 048	48.8
其中：0—15岁（含不满16周岁）[6]	24 166	17.6
16—59岁（含不满60周岁）	91 096	66.3
60周岁及以上	22 200	16.1
其中：65周岁及以上	14 386	10.5

2015 年年末全国就业人员 77 451 万人，其中城镇就业人员 40 410 万人。2015 年全年城镇新增就业 1 312 万人（见图 3）。2015 年年末城镇登记失业率为 4.05%。全国农民工[7]总量 27 747 万人，比 2014 年增长 1.3%。其中，外出农民工 16 884 万人，增长 0.4%；本地农民工 10 863 万人，增长 2.7%。

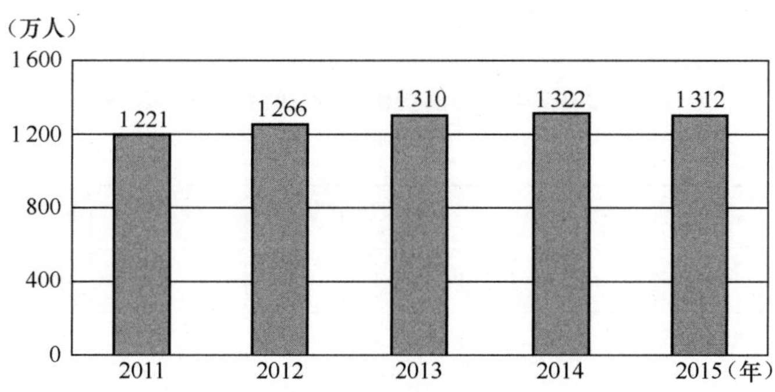

图 3　2011—2015 年城镇新增就业人数

2015 年全年全员劳动生产率[8]为 76 978 元 / 人，比 2014 年提高 6.6%，如图 4 所示。

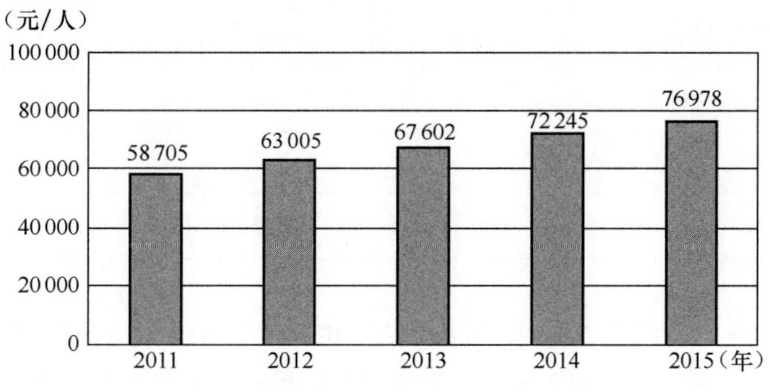

图 4　2011—2015 年全员劳动生产率

2015 年全年居民消费价格比 2014 年上涨 1.4%。其中食品价格上涨 2.3%。固定资产投资价格下降 1.8%。工业生产者出厂价格下降 5.2%。工业生产者购进价格下降 6.1%。农产品生产者价格 [9] 上涨 1.7%。2015 年居民消费价格月度涨跌幅度如图 5 所示。

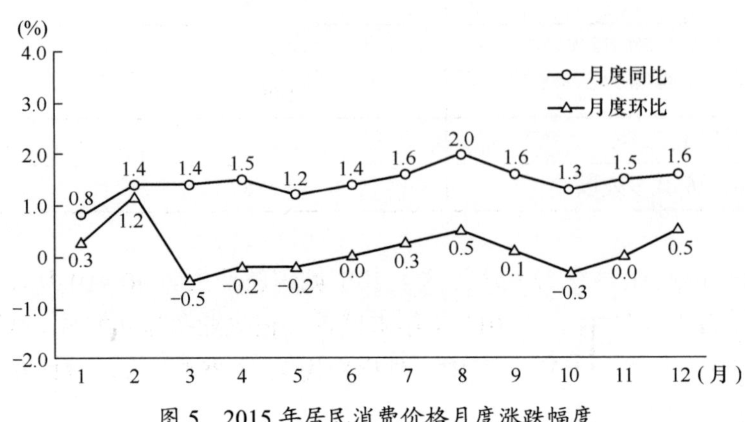

图 5　2015 年居民消费价格月度涨跌幅度

2015 年居民消费价格比 2014 年涨跌幅度如表 2 所示。

表 2　2015 年居民消费价格比 2014 年涨跌幅度

（单位：%）

指　标	全　国		城　市	农　村
居民消费价格	1.4	1.5	1.3	
其中：食品	2.3	2.3	2.4	
烟酒及用品	2.1	2.0	2.3	
衣着	2.7	2.8	2.3	
家庭设备用品及维修服务	1.0	1.0	0.9	
医疗保健和个人用品	2.0	1.9	2.3	
交通和通信	−1.7	−1.6	−1.9	
娱乐教育文化用品及服务	1.4	1.4	1.4	
居住[10]	0.7	1.0	-0.3	

2015 年年末 70 个大中城市新建商品住宅销售价格月同比上涨的城市个数为 21 个，比年初增加 20 个；下降的为 49 个，减少 20 个。2015 年新建商品住宅月同比价格上涨、持平、下降城市个数变化情况如图 6 所示。

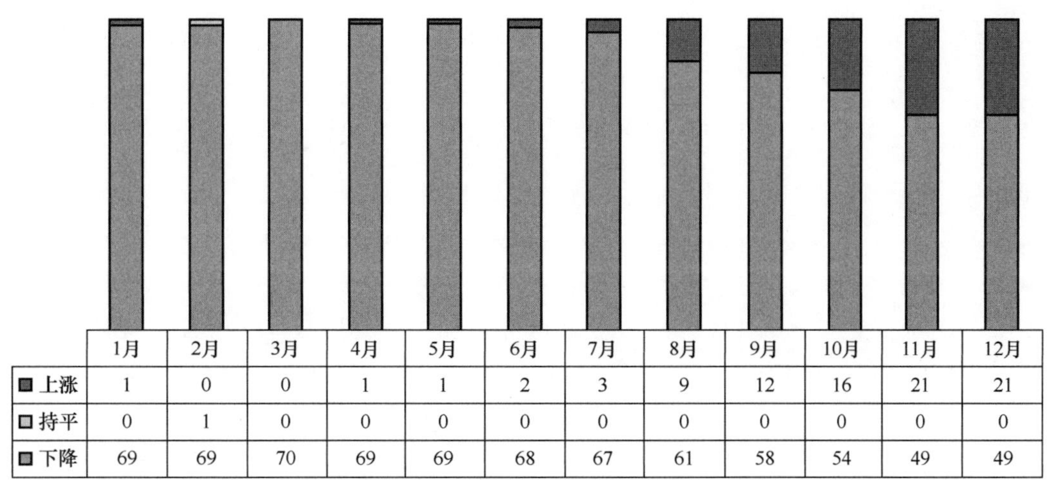

	1月	2月	3月	4月	5月	6月	7月	8月	9月	10月	11月	12月
■ 上涨	1	0	0	1	1	2	3	9	12	16	21	21
□ 持平	0	1	0	0	0	0	0	0	0	0	0	0
■ 下降	69	69	70	69	69	68	67	61	58	54	49	49

图 6 2015 年新建商品住宅月同比价格上涨、持平、下降城市个数变化情况

2015 年全年全国一般公共预算收入 152 217 亿元，比 2014 年同口径[11] 增加 8 324 亿元，增长 5.8%，其中税收收入 124 892 亿元，增加 5 717 亿元，增长 4.8%（见图 7）。

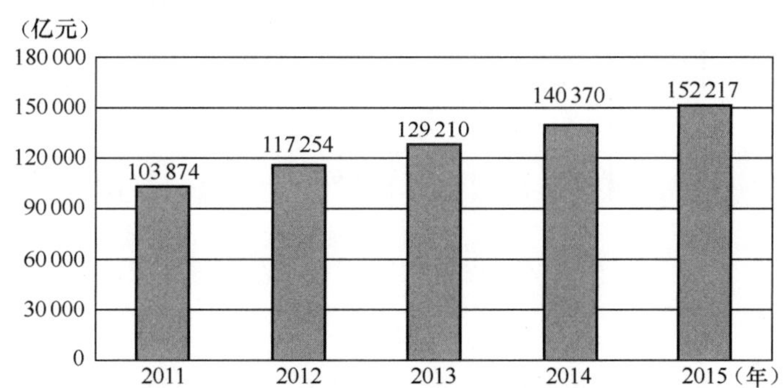

注：图中 2011 年至 2014 年数据为全国一般公共预算收入决算数，2015 年为执行数。

图 7 2011—2015 年全国一般公共预算收入

2015 年年末国家外汇储备 33 304 亿美元（见图 8），比 2014 年年末减少 5 127 亿美元。2015 年全年人民币平均汇率为 1 美元兑 6.228 4 元人民币，比 2014 年贬值 1.4%。

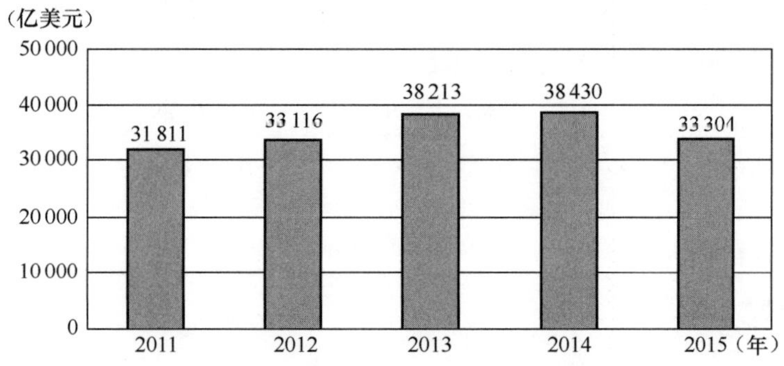

图 8 2011—2015 年年末国家外汇储备

二、农业

2015 年全年粮食种植面积 11 334 万公顷，比 2014 年增加 62 万公顷。棉花种植面积 380 万公顷，减少 42 万公顷。油料种植面积 1 406 万公顷，增加 1 万公顷。糖料种植面积 174 万公顷，减少 16 万公顷。

2015 年全年粮食产量 62 144 万吨，比 2014 年增加 1 441 万吨，增产 2.4%（见图 9）。其中，夏粮产量 14 112 万吨，增产 3.3%；早稻产量 3 369 万吨，减产 0.9%；秋粮产量 44 662 万吨，增产 2.3%。2015 年全年谷物产量 57 225 万吨，比 2014 年增产 2.7%。其中，稻谷产量 20 825 万吨，增产 0.8%；小麦产量 13 019 万吨，增产 3.2%；玉米产量 22 458 万吨，增产 4.1%。

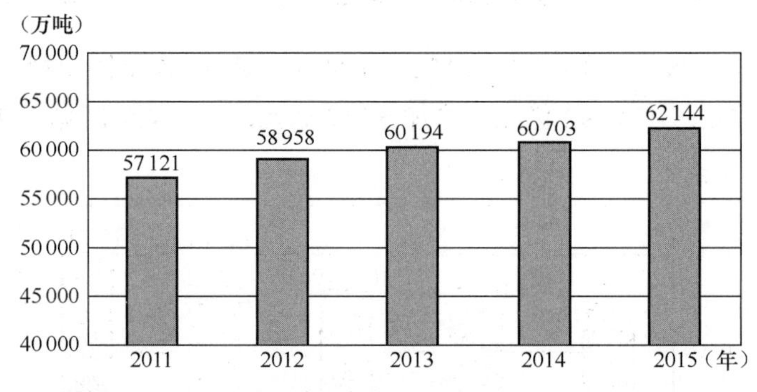

图 9　2011—2015 年粮食产量

2015 年全年棉花产量 561 万吨，比 2014 年减产 9.3%。油料产量 3 547 万吨，增产 1.1%。糖料产量 12 529 万吨，减产 6.2%。茶叶产量 224 万吨，增产 6.9%。

2015 年全年肉类总产量 8 625 万吨，比 2014 年下降 1.0%。其中，猪肉产量 5 487 万吨，下降 3.3%；牛肉产量 700 万吨，增长 1.6%；羊肉产量 441 万吨，增长 2.9%；禽肉产量 1 826 万吨，增长 4.3%。禽蛋产量 2 999 万吨，增长 3.6%。牛奶产量 3 755 万吨，增长 0.8%。年末生猪存栏 45 113 万头，下降 3.2%；生猪出栏 70 825 万头，下降 3.7%。

2015 年全年水产品产量 6 690 万吨，比 2014 年增长 3.5%。其中，养殖水产品产量 4 942 万吨，增长 4.1%；捕捞水产品产量 1 748 万吨，增长 0.5%。

2015 年全年木材产量 6 832 万立方米，比 2014 年下降 17.0%。

2015 年全年新增耕地灌溉面积 158 万公顷，新增节水灌溉面积 254 万公顷。

三、工业和建筑业

2015 年全年全部工业增加值 228 974 亿元，比 2014 年增长 5.9%。规模以上工业增加值增长 6.1%（见图 10）。在规模以上工业中，分经济类型看，国有控股企业增长 1.4%；集体企业增长 1.2%，股份制企业增长 7.3%，外商及港澳台商投资企业增长 3.7%；私营企业增长 8.6%。分门类看，采矿业增长 2.7%，制造业增长 7.0%，电力、热力、燃气及水生产和供应业增长 1.4%。

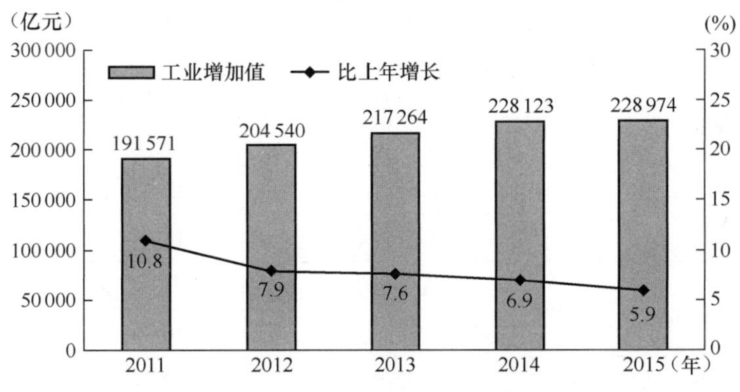

图 10　2011—2015 年全部工业增加值及其增长速度

2015 年全年规模以上工业中，农副食品加工业增加值比 2014 年增长 5.5%，纺织业增长 7.0%，化学原料和化学制品制造业增长 9.5%，非金属矿物制品业增长 6.5%，黑色金属冶炼和压延加工业增长 5.4%，通用设备制造业增长 2.9%，专用设备制造业增长 3.4%，汽车制造业增长 6.7%，电气机械和器材制造业增长 7.3%，计算机、通信和其他电子设备制造业增长 10.5%，电力、热力生产和供应业增长 0.5%。六大高耗能行业[12]增加值比 2014 年增长 6.3%，占规模以上工业增加值的比重为 27.8%。高技术制造业[13]增加值增长 10.2%，占规模以上工业增加值的比重为 11.8%。装备制造业[14]增加值增长 6.8%，占规模以上工业增加值的比重为 31.8%。2015 年主要工业产品产量及其增长速度如表 3 所示。

表 3　2015 年主要工业产品产量及其增长速度

产品名称	单　位	产　量	比2014年增长（%）
纱	万吨	3 538.0	4.7
布	亿米	892.6	−0.1
化学纤维	万吨	4 831.7	10.1
成品糖	万吨	1 474.1	−10.3
卷　烟	亿支	25 890.7	−0.8
彩色电视机	万台	14 475.7	2.5
其中：液晶电视机	万台	14 391.9	3.8
其中：智能电视	万台	8 383.5	14.9
家用电冰箱	万台	7 992.8	−9.1

（续表）

产品名称	单　位	产　量	比2014年增长（%）
房间空气调节器	万台	14 200.4	−1.8
一次能源生产总量	亿吨标准煤	36.2	0.0
原　煤	亿吨	37.5	−3.3
原　油	万吨	21 455.6	1.5
天然气[15]	亿立方米	1 346.1	3.4
发电量	亿千瓦小时	58 105.8	0.3
其中：火电	亿千瓦小时	42 420.4	−2.7
水电	亿千瓦小时	11 264.2	5.0
核电	亿千瓦小时	1 707.9	28.9
粗　钢	万吨	80 382.5	−2.2
钢　材[16]	万吨	112 349.6	−0.1
十种有色金属	万吨	5 155.8	6.8
其中：精炼铜（电解铜）	万吨	796.2	4.2
原铝（电解铝）	万吨	3 141.0	8.8
水　泥	亿吨	23.6	−5.3
硫　酸（折100%）	万吨	8 975.7	0.8
烧　碱（折100%）	万吨	3 020.7	−1.4
乙　烯	万吨	1 714.6	1.1
化　肥（折100%）	万吨	7 432.0	8.1
发电机组（发电设备）	万千瓦	12 431.4	−17.4
汽　车	万辆	2 450.4	3.3
其中：基本型乘用车（轿车）	万辆	1 163.0	−6.8
运动型多用途乘用车（SUV）	万辆	602.4	48.0
其中：新能源汽车	万辆	32.8	161.2
大中型拖拉机	万台	68.8	6.9
集成电路	亿块	1 087.2	7.1
程控交换机	万线	1 880.3	−12.5
移动通信手持机	万台	181 261.4	7.8
其中：智能手机	万台	139 943.1	11.3
微型计算机设备	万台	31 418.7	−10.4
工业机器人	台（套）	32 996.0	21.7

2015年年末全国发电装机容量150 828万千瓦，比2014年年末增长10.5%。其中[17]，火电装机容量99 021万千瓦，增长7.8%；水电装机容量31937万千瓦，增长4.9%；核电装机容量2 608万千瓦，增长29.9%；并网风电装机容量12 934万千瓦，增长33.5%；并网太阳能发电装机容量4 318万千瓦，增长73.7%。

2015年全年规模以上工业企业实现利润63 554亿元，比2014年下降2.3%。分经济类型看，国有控股企业实现利润10 944亿元，比2014年下降21.9%；集体企业508亿元，下降2.7%，股份制企业42 981亿元，下降1.7%，外商及港澳台商投资企业15 726亿元，下降1.5%；私营企业23 222亿元，增长3.7%。分门类看，采矿业实现利润2 604亿元，比2014年下降58.2%；制造业55 609亿元，增长2.8%；电力、热力、燃气及水生产和供应业5 341亿元，增长13.5%。

2015年全年全社会建筑业增加值46 456亿元，比2014年增长6.8%（见图11）。全国具有资质等级的总承包和专业承包建筑业企业实现利润6 508亿元，增长1.6%，其中国有控股企业1 676亿元，增长6.0%。

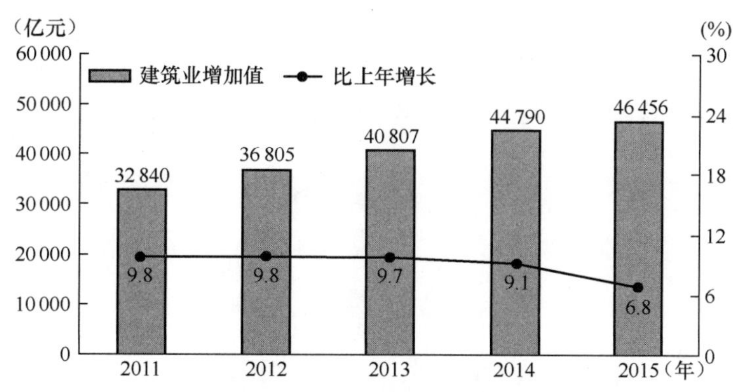

图11　2011—2015年建筑业增加值及其增长速度

四、固定资产投资

2015年全年全社会固定资产投资562 000亿元，比2014年增长9.8%（见图12），扣除价格因素，实际增长11.8%。其中，固定资产投资（不含农户）551 590亿元，增长10.0%。分区域看[18]，东部地区投资232 107亿元，比2014年增长12.4%；中部地区投资143 118亿元，增长15.2%；西部地区投资140 416亿元，增长8.7%；东北地区投资40 806亿元，下降11.1%。

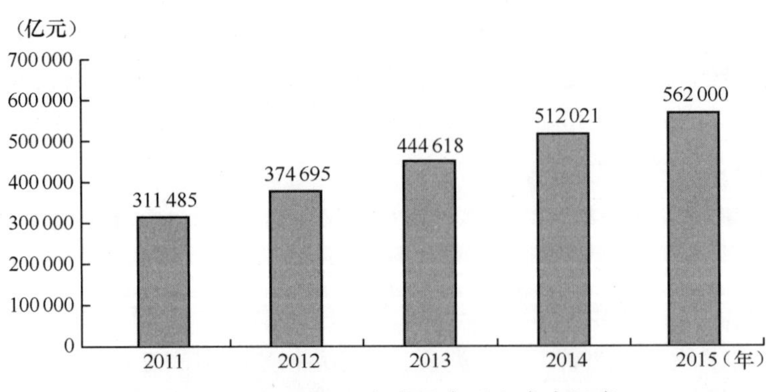

图 12　2011—2015 年全社会固定资产投资

在固定资产投资（不含农户）中，第一产业投资 15 561 亿元，比 2014 年增长 31.8%；第二产业投资 224 090 亿元，增长 8.0%；第三产业投资 311 939 亿元，增长 10.6%。基础设施投资[19]101 271 亿元，增长 17.2%，占固定资产投资（不含农户）的比重为 18.4%。民间固定资产投资[20]354 007 亿元，增长 10.1%，占固定资产投资（不含农户）的比重为 64.2%。高技术产业投资[21]32 598 亿元，增长 17.0%，占固定资产投资（不含农户）的比重为 5.9%。2015 年按领域分固定资产投资（不含农户）及其占比如图 13 所示，2015 年分行业固定资产投资（不含农户）及其增长速度如表 4 所示，2015 年固定资产投资新增主要生产与运营能力如表 5 所示。

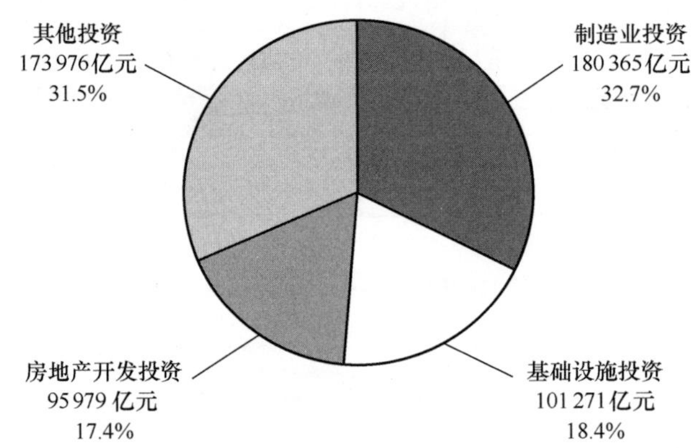

图 13　2015 年按领域分固定资产投资（不含农户）及其占比

表 4　2015 年分行业固定资产投资（不含农户）及其增长速度

行业	投资额（亿元）	比 2014 年增长（%）
总　计	551 590	10.0
农、林、牧、渔业	19 061	30.8
采矿业	12 971	−8.8
制造业	180 365	8.1
电力、热力、燃气及水生产和供应业	26 621	16.6

（续表）

行业	投资额（亿元）	比 2014 年增长（%）
建筑业	4 895	10.2
批发和零售业	18 682	20.1
交通运输、仓储和邮政业	48 972	14.3
住宿和餐饮业	6 504	5.1
信息传输、软件和信息技术服务业	5 517	34.5
金融业	1 367	0.3
房地产业[22]	126 674	2.5
租赁和商务服务业	9 436	18.6
科学研究和技术服务业	4 752	12.6
水利、环境和公共设施管理业	55 673	20.4
居民服务、修理和其他服务业	2 628	15.5
教育	7 723	15.2
卫生和社会工作	5 175	29.7
文化、体育和娱乐业	6 724	8.9
公共管理、社会保障和社会组织	7 851	9.1

表 5　2015 年固定资产投资新增主要生产与运营能力

指标	单　位	绝对数
新增220千伏及以上变电设备	万千伏安	21 785
新建铁路投产里程	公里	9 531
其中：高速铁路[23]	公里	3 306
增、新建铁路复线投产里程	公里	7 647
电气化铁路投产里程	公里	8 694
新建公路里程	公里	71 401
其中：高速公路	公里	11 265
港口万吨级码头泊位新增吞吐能力	万吨	38 487
新增民用运输机场	个	8
新增光缆线路长度	万公里	441

2015 年全年房地产开发投资 95 979 亿元，比 2014 年增长 1.0%（见表 6）。其中，住宅投资 64 595 亿元，增长 0.4%；办公楼投资 6 210 亿元，增长 10.1%；商业营业用房投资 14 607 亿元，增长 1.8%。

2015 年全年全国城镇保障性安居工程基本建成住房 772 万套，新开工 783 万套，其中棚户区改造开工 601 万套。

表 6 2015 年房地产开发和销售主要指标及其增长速度

指 标	单 位	绝对数	比2014年增长（%）
投资额	亿元	95 979	1.0
其中：住宅	亿元	64 595	0.4
其中：90平方米及以下	亿元	24 646	21.2
房屋施工面积	万平方米	735 693	1.3
其中：住宅	万平方米	511 570	−0.7
房屋新开工面积	万平方米	154 454	−14.0
其中：住宅	万平方米	106 651	−14.6
房屋竣工面积	万平方米	100 039	−6.9
其中：住宅	万平方米	73 777	−8.8
商品房销售面积	万平方米	128 495	6.5
其中：住宅	万平方米	112 406	6.9
本年到位资金	亿元	125 203	2.6
其中：国内贷款	亿元	20 214	−4.8
其中：个人按揭贷款	亿元	16 662	21.9

五、国内贸易

2015 年全年社会消费品零售总额 300 931 亿元，比 2014 年增长 10.7%（见图 14），扣除价格因素，实际增长 10.6%。按经营地统计，城镇消费品零售额 258 999 亿元，增长 10.5%；乡村消费品零售额 41 932 亿元，增长 11.8%。按消费类型统计，商品零售额 268 621 亿元，增长 10.6%；餐饮收入额 32 310 亿元，增长 11.7%。

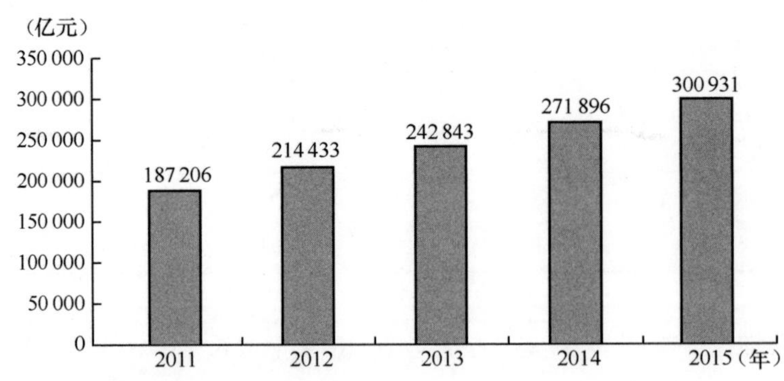

注：2011—2014 年数据根据第三次经济普查结果进行修订。

图 14 2011—2015 年社会消费品零售总额

在限额以上企业商品零售额中，粮油、食品、饮料、烟酒类零售额比 2014 年增长 14.6%，服装、鞋帽、针纺织品类增长 9.8%，化妆品类增长 8.8%，金银珠宝类增长 7.3%，日用品类增长 12.3%，家用电器和音像器材类增长 11.4%，中西药品类增长 14.2%，文化办公用品类增长 15.2%，家具类增长 16.1%，通信器材类增长 29.3%，建筑及装潢材料类增长 18.7%，汽车类增长 5.3%，石油及制品类下降 6.6%。

2015 年全年网上零售额[24]38 773 亿元，比 2014 年增长 33.3%，其中网上商品零售额 32 424 亿元，增长 31.6%。在网上商品零售额中，吃类商品增长 40.8%，穿类商品增长 21.4%，用类商品增长 36%。

六、对外经济[25]

2015 年全年货物进出口总额 245 741 亿元，比 2014 年下降 7.0%（见图 15、表 7）。其中，出口 141 255 亿元，下降 1.8%；进口 104 485 亿元，下降 13.2%。货物进出口差额（出口减进口）36 770 亿元，比 2014 年增加 13 244 亿元。2015 年主要商品进出口数量、金额及其增长速度，对主要国家和地区货物进出口额及其增长速度分别如表 8 ～表 10 所示。

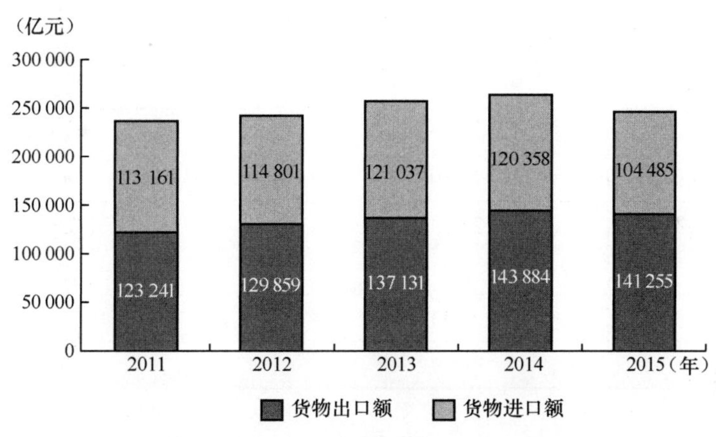

图 15　2011—2015 年货物进出口总额

表 7　2015 年货物进出口总额及其增长速度

指　标	金额（亿元）	比 2014 年增长（%）
货物进出口总额	245 741	−7.0
货物出口额	141 255	−1.8
其中：一般贸易	75 456	2.1
加工贸易	49 553	−8.8

（续表）

指　标	金额（亿元）	比 2014 年增长（%）
其中：机电产品	81 421	1.1
高新技术产品	40 737	0.4
货物进口额	104 485	−13.2
其中：一般贸易	57 323	−15.9
加工贸易	27 772	−13.7
其中：机电产品	50 111	−4.5
高新技术产品	34 073	0.6
货物进出口差额（出口减进口）	36 770	—

表 8　2015 年主要商品出口数量、金额及其增长速度

商品名称	单位	数量	比2014年增长（%）	金额（亿元）	比2014年增长（%）
煤（包括褐煤）	万吨	533	−7.1	31	−27.7
钢材	万吨	11 240	19.9	3 890	−10.6
纺织纱线、织物及制品	—	—	—	6 796	−1.3
服装及衣着附件	—	—	—	10 819	−5.5
鞋类	万吨	447	−8.4	3 319	−3.9
家具及其零件	—	—	—	3 277	2.6
自动数据处理设备及其部件	万台	171 508	−10.6	9 461	−15.2
手持或车载无线电话	万台	134 342	2.4	7 711	8.8
集装箱	万个	272	−10.1	475	−14.2
液晶显示板	万个	229 344	−6.4	1 923	−1.5
汽车	万辆	72	−19.4	696	−9.5

表 9　2015 年主要商品进口数量、金额及其增长速度

商品名称	数量（万吨）	比 2014 年增长（%）	金额（亿元）	比 2014 年增长（%）
谷物及谷物粉	3 270	67.6	582	52.4
大豆	8 169	14.4	2 157	−12.8
食用植物油	676	4.1	311	−14.5
铁矿砂及其精矿	95 272	2.2	3 574	−37.7
氧化铝	465	−11.8	101	−14.2
煤（包括褐煤）	20 406	−29.9	749	−45.2
原油	33 550	8.8	8 333	−40.5

（续表）

商品名称	数量（万吨）	比 2014 年增长（%）	金额（亿元）	比 2014 年增长（%）
成品油	2 990	−0.3	886	−38.5
初级形状的塑料	2 610	2.9	2 793	−11.8
纸浆	1 984	10.4	792	6.9
钢材	1 278	−11.4	889	−19.2
未锻轧铜及铜材	481	−0.3	1 804	−17.4

表 10　2015 年对主要国家和地区货物进出口额及其增长速度

国家和地区	出口额（亿元）	比2014年增长（%）	进口额（亿元）	比2014年增长（%）
欧盟	22 096	−3.0	12 985	−13.6
美国	25 425	4.5	9 238	−5.4
东盟	17 221	3.1	12 097	−5.4
中国香港	20 589	−7.7	797	2.8
日本	8 424	−8.3	8 881	−11.4
韩国	6 291	2.1	10 847	−7.1
中国台湾	2 785	−2.0	8 904	−4.6
印度	3 612	8.5	831	−17.2
俄罗斯	2 161	−34.5	2 066	−19.1

2015 年全年服务进出口[26]总额 7 130 亿美元，比 2014 年增长 14.6%。其中，服务出口 2882 亿美元，增长 9.2%；服务进口 4 248 亿美元，增长 18.6%。服务进出口逆差 1 366 亿美元。

2015 年全年吸收外商直接投资（不含银行、证券、保险）新设立企业 26 575 家，比 2014 年增长 11.8%（见表 11）。实际使用外商直接投资金额 7 814 亿元（折 1 263 亿美元），增长 6.4%。其中“一带一路”[27]沿线国家吸收外商直接投资新设立企业 2 164 家，增长 18.3%；实际使用外商直接投资金额 526 亿元（折 85 亿美元），增长 25.3%。

表 11　2015 年外商直接投资（不含银行、证券、保险）及其增长速度

行业	企业数（家）	比 2014 年增长（%）	实际使用金额（亿元）	比 2014 年增长（%）
总　计	26 575	11.8	7 13.5	6.4
其中：农、林、牧、渔业	609	−15.3	94.8	1.3
制造业	4 507	−13.0	2 452.3	0.0
电力、燃气及水生产和供应业	264	26.9	139.4	3.1
交通运输、仓储和邮政业	449	19.4	259.7	−5.0
信息传输、计算机服务和软件业	1 311	33.6	237.1	40.1

（续表）

行业	企业数（家）	比 2014 年增长（%）	实际使用金额（亿元）	比 2014 年增长（%）
批发和零售业	9 156	14.8	744.0	28.0
房地产业	387	−13.2	1 789.8	−15.9
租赁和商务服务业	4 465	12.7	623.3	−18.8
居民服务和其他服务业	217	19.9	44.4	0.8

2015 年全年对外直接投资额（不含银行、证券、保险）7 351 亿元，按美元计价为 1 180 亿美元，比 2014 年增长 14.7%（见表 12）。其中，我国对“一带一路”沿线国家对外直接投资额达 148 亿美元，增长 18.2%。

表 12　2015 年对外直接投资额（不含银行、证券、保险）及其增长速度

行业	对外直接投资金额（亿美元）	比2014年增长（%）
总　计	1 180.2	14.7
其中：农、林、牧、渔业	20.5	17.8
采矿业	108.5	−43.9
制造业	143.3	105.9
电力、热力、燃气及水生产和供应业	27.9	51.6
建筑业	45.0	−35.9
批发和零售业	160.2	−7.2
交通运输、仓储和邮政业	30.9	5.5
信息传输、软件和信息技术服务业	57.8	240.0
房地产业	90.6	193.2
租赁和商务服务业	416.7	11.9

2015 年全年对外承包工程业务完成营业额 9 596 亿元，按美元计价为 1 541 亿美元，比 2014 年增长 8.2%。对外劳务合作派出各类劳务人员 53 万人，下降 5.7%。

七、交通[28]、邮电和旅游

2015 年全年货物运输总量 417 亿吨，比 2014 年增长 0.2%（见表 13）。货物运输周转量 177 401 亿吨公里，下降 1.9%。全年规模以上港口完成货物吞吐量 114.3 亿吨，比 2014 年增长 1.6%，其中外贸货物吞吐量 35.9 亿吨，增长 1.1%。规模以上港口集装箱吞吐量 20 959 万标准箱，增长 4.1%。

表 13　2015 年各种运输方式完成货物运输量及其增长速度

指　标	单位	绝对数	比2014年增长（%）
货物运输总量	亿吨	417.1	0.2
铁路	亿吨	33.6	−11.9
公路	亿吨	315.0	1.2
水运	亿吨	61.4	2.5
民航	万吨	625.3	5.2
管道	亿吨	7.1	1.7
货物运输周转量	亿吨公里	177 400.7	−1.9
铁路	亿吨公里	23 754.3	−13.7
公路	亿吨公里	57 955.7	2.0
水运	亿吨公里	91 344.6	−1.2
民航	亿吨公里	207.3	10.4
管道	亿吨公里	4 138.8	6.6

2015 年全年旅客运输总量 194.3 亿人次，比 2014 年下降 4.4%；旅客运输周转量 30 047 亿人公里，增长 4.9%(见表 14)。

表 14　2015 年各种运输方式完成旅客运输量及其增长速度

指　标	单位	绝对数	比 2014 年增长（%）
旅客运输总量	亿人次	194.3	−4.4
铁路	亿人次	25.3	10.0
公路	亿人次	161.9	−6.7
水运	亿人次	2.7	2.8
民航	亿人次	4.4	11.1
旅客运输周转量	亿人公里	30 047.0	4.9
铁路	亿人公里	11 960.6	6.4
公路	亿人公里	10 742.7	−2.3
水运	亿人公里	73.1	−1.7
民航	亿人公里	7 270.7	14.8

2015 年年末全国民用汽车保有量达到 17 228 万辆（包括三轮汽车和低速货车 955 万辆），比 2014 年年末增长 11.5%，其中私人汽车保有量 14 399 万辆，增长 14.4%。民用轿车保有量 9 508 万辆，增长 14.6%，其中私人轿车 8 793 万辆，增长 15.8%。

2015 年全年完成邮电业务总量 [29]28 220 亿元，比 2014 年增长 29.2%。其中，邮政行业业务总量 5 079 亿元，增长 37.4%；电信业务总量 23 142 亿元，增长 27.5%。邮政业全年完成邮政函件业务 45.8 亿件，包裹业务 0.4 亿件，快递业务量 206.7 亿件（见图 16）；快递业务收入 2770 亿元。电信业全年新增移动电话交换机容量[30]6 529 万户，达到 211 066 万户。2015 年年末全国电话用户总数达到 153 673 万户，其中移动电话用户 130 574 万户。移动电话普及率上升至 95.5 部 / 百人。固定互联网宽带接入用户[31]21 337 万户，比 2014 年增加 1 289 万户；移动宽带用户[32]78 533 万户，增加 20 279 万户（见图 17）。移动互联网接入流量 41.9 亿 GB，比 2014 年增长 103%。互联网上网人数 6.88 亿人，增加 3 951 万人，其中手机上网人数[33]6.20 亿人，增加 6 303 万人。互联网普及率达到 50.3%。软件和信息技术服务业[34]完成软件业务收入 43 249 亿元，比 2014 年增长 16.6%。

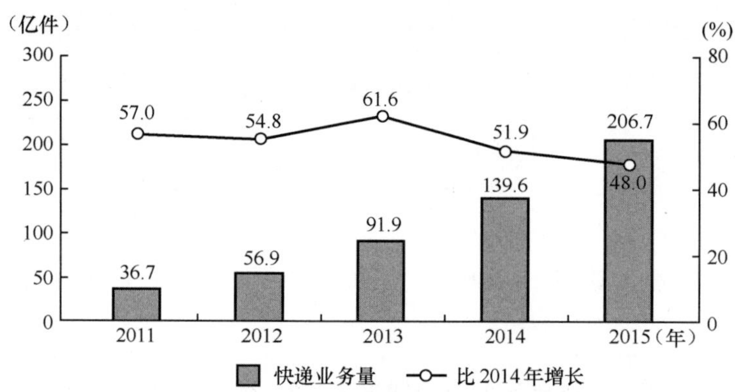

图 16　2011—2015 年快递业务量及其增长速度

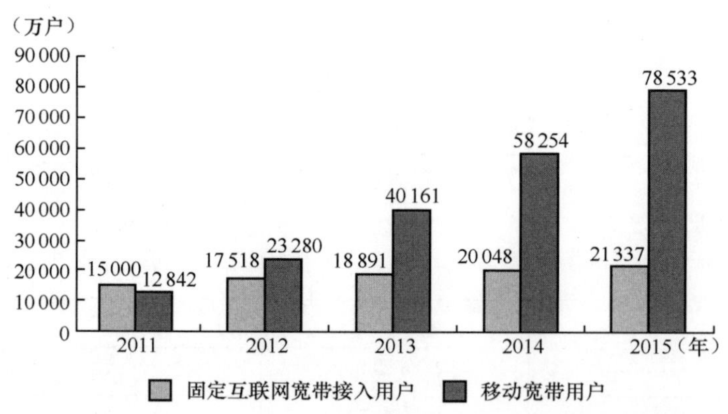

图 17　2011—2015 年固定互联网宽带接入用户和移动宽带用户数

2015 年全年国内游客 40 亿人次，比 2014 年增长 10.5%，国内旅游收入 34 195 亿元，增长 13.1%。入境游客 13 382 万人次，增长 4.1%。其中，外国人 2 599 万人次，下降 1.4%；香港、澳门和台湾同胞 10 783 万人次，增长 5.6%。在入境游客中，过夜游客 5 689 万人次，增长 2.3%。国际旅游收入 1 137 亿美元，增长 7.8%。国内居民出境 12 786 万人次，增长 9.7%。其中因私出境 12 172 万人次，增长 10.6%；赴港澳台出境 8 588 万人次，增长 4.4%。

八、金融

2015 年年末广义货币供应量（M2）余额 139.2 万亿元，比 2014 年年末增长 13.3%；狭义货币供应量（M1）余额 40.1 万亿元，增长 15.2%；流通中货币（M0）余额 6.3 万亿元，增长 4.9%。

2015 年全年社会融资规模增量[35]15.4 万亿元，按可比口径计算，比 2014 年少 4 675 亿元。2015 年年末全部金融机构本外币各项存款余额 139.8 万亿元（见表 15），比 2015 年年初增加 15.3 万亿元，其中人民币各项存款余额 135.7 万亿元，增加 15.0 万亿元。全部金融机构本外币各项贷款余额 99.3 万亿元，增加 11.7 万亿元，其中人民币各项贷款余额 94.0 万亿元，增加 11.7 万亿元。

表 15　2015 年年末全部金融机构本外币存贷款余额及其增长速度

指标	年末数（亿元）	比2014年年末增长（%）
各项存款余额	1 397 752	12.4
其中：住户存款	551 929	8.9
其中：人民币	546 078	8.7
非金融企业存款	455 209	13.7
各项贷款余额	993 460	13.4
其中：境内短期贷款	366 684	7.3
境内中长期贷款	538 924	14.2

2015 年年末主要农村金融机构（农村信用社、农村合作银行、农村商业银行）人民币贷款余额 120 321 亿元，比年初增加 13 433 亿元。全部金融机构人民币消费贷款余额 189 520 亿元，增加 35 869 亿元。其中，个人短期消费贷款余额 41 008 亿元，增加 8 497 亿元；个人中长期消费贷款余额 148 512 亿元，增加 27 373 亿元。

2015 年全年上市公司通过境内市场累计筹资 29 814 亿元，比 2014 年增加 21 417 亿元。其中，首次公开发行 A 股 220 只，筹资 1 579 亿元；A 股再筹资（包括配股、公开增发、非公开增发[36]、认股权证）6 711 亿元，增加 2 546 亿元；上市公司通过发行可转债、可分离债、公司债、中小企业私募债筹资 21 524 亿元，增加 17 961 亿元。2015 年全年首次公开发行创业板股票 86 只，筹资 309 亿元。

2015 年全年发行公司信用类债券[37]6.72 万亿元，比 2014 年增加 1.57 万亿元。

2015 年全年保险公司原保险保费收入[38]24 283 亿元，比 2014 年增长 20.0%。其中，寿险业务原保险保费收入 13 242 亿元，健康险和意外伤害险业务原保险保费收入 3 046 亿元，财产险业务原保险保费收入 7 995 亿元。支付各类赔款及给付 8 674 亿元。其中，寿险业务给付 3 565 亿元，健康险和意外伤害险赔款及给付 915 亿元，财产险业务赔款 4 194 亿元。

九、人民生活和社会保障

2015 年全年全国居民人均可支配收入 21 966 元，比 2014 年增长 8.9%，扣除价格因素，实际增长 7.4%（见图 18）；全国居民人均可支配收入中位数[39]19281 元，增长 9.7%。按常住地分，城镇居民人均可支配收入 31 195 元，比 2014 年增长 8.2%，扣除价格因素，实际增长 6.6%；城镇居民人均可支配收入中位数为 29 129 元，增长 9.4%。农村居民人均可支配收入 11 422 元，比 2014 年增长 8.9%，扣除价格因素，实际增长 7.5%；农村居民人均可支配收入中位数为 10 291 元，增长 8.4%。2015 年全年农村居民人均纯收入为 10 772 元。全国农民工人均月收入 3 072 元，比 2014 年增长 7.2%。全国居民人均消费支出 15 712 元，比 2014 年增长 8.4%，扣除价格因素，实际增长 6.9%。按常住地分，城镇居民人均消费支出 21 392 元，增长 7.1%，扣除价格因素，实际增长 5.5%；农村居民人均消费支出 9 223 元，增长 10.0%，扣除价格因素，实际增长 8.6%。2015 年全国居民人均消费支出及其构成如图 19 所示。

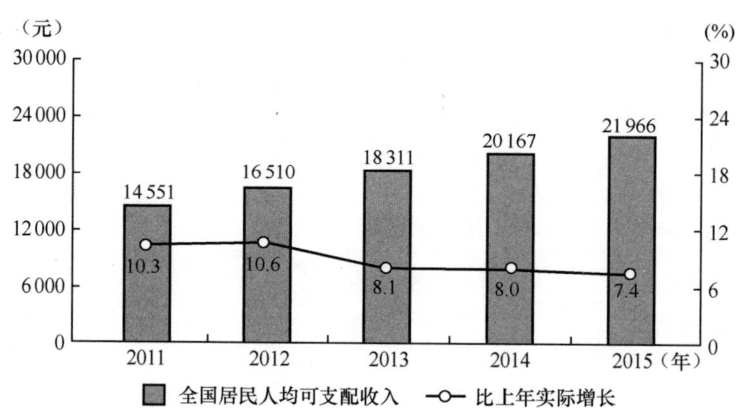

图 18　2011—2015 年全国居民人均可支配收入及其增长速度

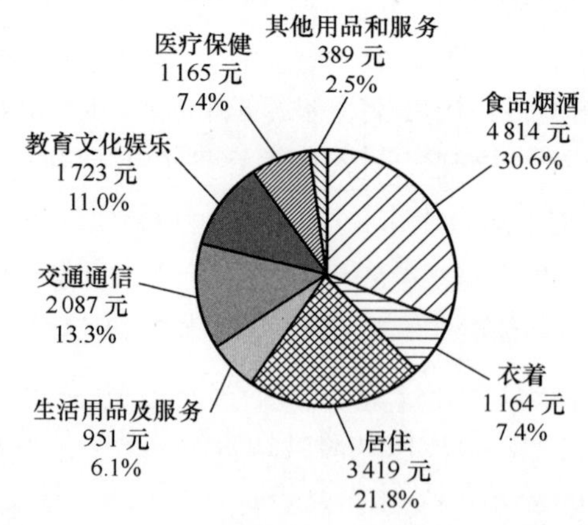

图 19　2015 年全国居民人均消费支出及其构成

2015年年末全国参加城镇职工基本养老保险人数35 361万人，比2014年年末增加1 236万人。参加城乡居民基本养老保险人数50 472万人，增加365万人。参加城镇基本医疗保险人数66 570万人，增加6 823万人。其中，参加职工基本医疗保险人数28 894万人，增加598万人；参加城镇居民基本医疗保险人数37 675万人，增加6 225万人。参加失业保险人数17 326万人，增加283万人。2015年年末全国领取失业保险金人数227万人。参加工伤保险人数21 404万人，增加765万人，其中参加工伤保险的农民工7 489万人，增加127万人。参加生育保险人数17 769万人，增加730万人。2015年年末全国共有1 708.0万人享受城市居民最低生活保障，4 903.2万人享受农村居民最低生活保障，农村五保供养[40]517.5万人。2015年全年资助5 910.3万城乡困难群众参加基本医疗保险。按照每人每年2 300元（2010年不变价）的农村扶贫标准计算，2015年农村贫困人口5 575万人，比2014年减少1 442万人。

十、教育、科学技术和文化体育

2015年全年研究生教育招生64.5万人，在学研究生191.1万人，毕业生55.2万人。普通本专科招生737.8万人，在校生2 625.3万人，毕业生680.9万人；中等职业教育[41]招生601.2万人，在校生1 656.7万人，毕业生567.9万人；普通高中招生796.6万人，在校生2 374.4万人，毕业生797.6万人（见图20）。初中招生1 411.0万人，在校生4 312.0万人，毕业生1 417.6万人。普通小学招生1 729.0万人，在校生9 692.2万人，毕业生1 437.2万人。特殊教育招生8.3万人，在校生44.2万人，毕业生5.3万人。学前教育在园幼儿4 264.8万人。九年义务教育巩固率为93.0%，高中阶段毛入学率为87.0%。

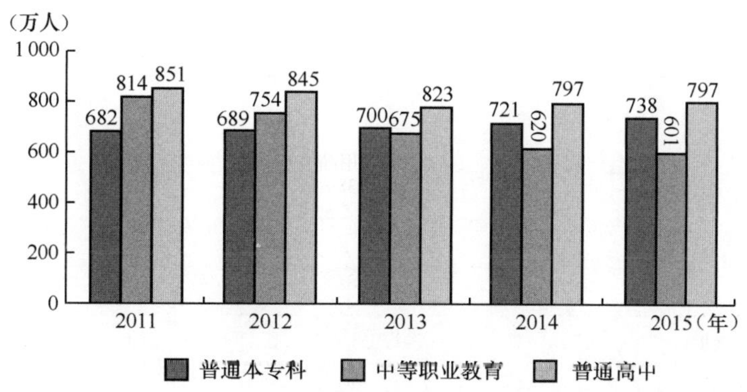

图20 2011—2015年普通本专科、中等职业教育及普通高中招生人数

2015年全年研究与试验发展（R&D）经费支出14 220亿元（见图21），比2014年增长9.2%，与国内生产总值之比为2.10%，其中基础研究经费671亿元。2015年全年国家安排了3 574项科技支撑计划课题，2 561项“863”计划课题。截至2015年年底，累计建设国家工程研究中心132个，国家工程实验室158个，国家认定企业技术中心1 187家。国家新兴产业创投计划[42]累计支

持设立 206 家创业投资企业，资金总规模 557 亿元，投资创业企业 1 233 家。全年受理境内外专利申请 279.9 万件，授予专利权 171.8 万件（见表 16）。截至 2015 年年底，有效专利 547.8 万件，其中境内有效发明专利 87.2 万件，每万人口发明专利拥有量 6.3 件。全年共签订技术合同 30.7 万项，技术合同成交金额 9 835 亿元，比 2014 年增长 14.7%。

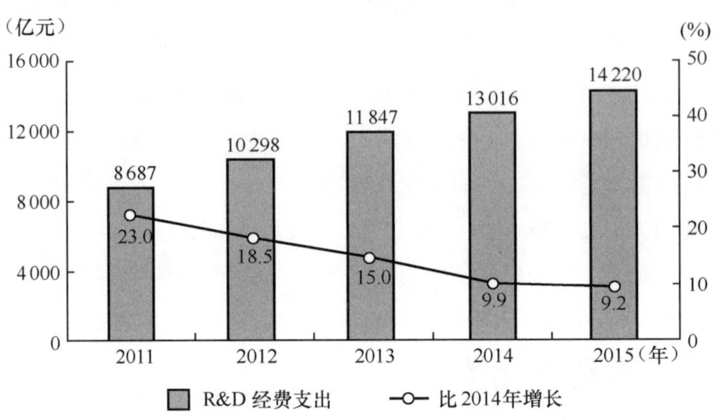

图 21　2011—2015 年研究与实验发展（R&D）经费支出

表 16　2015 年专利申请受理、授权和有效专利情况

指　标	专利数（万件）	比2014年增长（%）
专利申请受理数	279.9	18.5
其中：境内专利申请受理	261.7	19.7
其中：发明专利申请受理	110.2	18.7
其中：境内发明专利	95.7	21.2
专利申请授权数	171.8	31.9
其中：境内专利授权	157.8	32.4
其中：发明专利授权	35.9	54.1
其中：境内发明专利	25.6	62.5
年末有效专利数	547.8	18.0
其中：境内有效专利	467.4	19.3
其中：有效发明专利	147.2	23.1
其中：境内有效发明专利	87.2	31.4

2015 年全年成功完成 19 次宇航发射。长征六号、长征十一号新型运载火箭成功首飞；地球静止轨道分辨率最高的遥感卫星高分四号成功发射；完成 4 颗新一代北斗导航卫星发射，北斗卫星导航系统全球组网稳步推进；国产首架大飞机 C919 成功总装下线。

2015 年年末全国共有产品检测实验室 31 768 个，其中国家检测中心 641 个。全国现有产品质量、体系认证机构 221 个，已累计完成对 136 780 个企业的产品认证。全国共有法定计量技术机构 3 830 个，2015 年全年强制检定计量器具 7 354 万台（件）。2015 年全年制定、修订国家标准 1 931 项，其中新制定 1 330 项。2015 年全年中央气象台和省级气象台共发布气象预警信号 5 939 次，警报 6 107 次。全国共有地震台站 1 687 个，区域地震台网 32 个。全国共有海洋观测站（点）[43]124 个。测绘地理信息部门公开出版地图 2 003 种。

2015 年年末全国文化系统共有艺术表演团体 2 052 个，博物馆 2 956 个。全国共有公共图书馆 3 136 个，总流通 [44]58 339 万人次；文化馆 3 315 个。有线电视用户 2.39 亿户，其中有线数字电视用户 2.02 亿户。2015 年年末广播节目综合人口覆盖率为 98.2%，电视节目综合人口覆盖率为 98.8%。全年生产电视剧 395 部 16 560 集，电视动画片 134 011 分钟。2015 年全年生产故事影片 686 部，科教、纪录、动画和特种影片 [45]202 部。出版各类报纸 440 亿份，各类期刊 30 亿册，图书 81 亿册（张），人均图书拥有量 [46]5.91 册（张）。2015 年年末全国共有档案馆 4 196 个，已开放各类档案 13 294 万卷（件）。

2015 年全年我国运动员在 25 个运动大项中获得 127 个世界冠军，共创 12 项世界纪录。2015 年全年我国残疾人运动员在 34 项国际赛事中获得 395 个世界冠军。

十一、卫生和社会服务

2015 年年末全国共有医疗卫生机构 990 248 个，其中医院 27 215 个，乡镇卫生院 36 869 个，社区卫生服务中心（站）34 588 个，诊所（卫生所、医务室）195 866 个，村卫生室 644 751 个，疾病预防控制中心 3 492 个，卫生监督所（中心）3 097 个。卫生技术人员 803 万人（见图 22），其中执业医师和执业助理医师 300 万人，注册护士 328 万人。医疗卫生机构床位 708 万张，其中医院 534 万张，乡镇卫生院 121 万张。

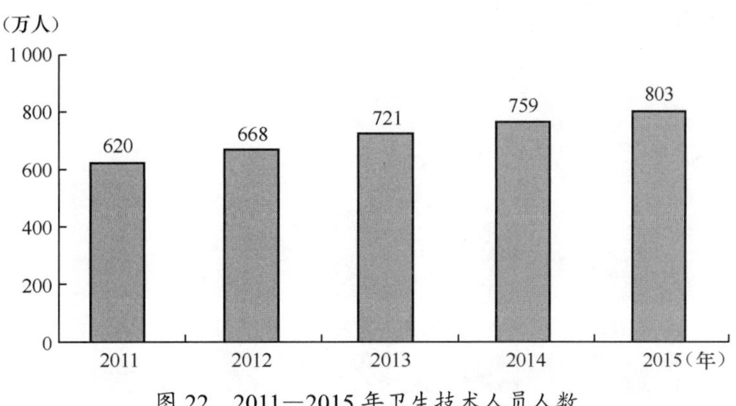

图 22　2011—2015 年卫生技术人员人数

2015 年年末全国各类提供住宿的社会服务机构 3.2 万个，其中养老服务机构 2.8 万个。社会服务床位[47]676.3 万张，其中养老床位 669.8 万张。2015 年年末共有社区服务中心 2.4 万个，社区服务站 12.5 万个。

十二、资源、环境和安全生产

2015 年全年全国国有建设用地供应总量[48]53 万公顷，比 2014 年下降 12.5%。其中，工矿仓储用地 12 万公顷，下降 15.2%；房地产用地[49]12 万公顷，下降 20.9%；基础设施等其他用地 29 万公顷，下降 7.1%。

2015 年全年水资源总量 28 306 亿立方米。2015 年全年平均降水量 644 毫米。2015 年年末全国监测的 614 座大型水库蓄水总量 3 645 亿立方米，与 2014 年末蓄水量基本持平。2015 年全年总用水量 6 180 亿立方米，比 2014 年增长 1.4%。其中，生活用水增长 3.1%，工业用水增长 1.8%，农业用水增长 0.9%，生态补水增长 1.7%。万元国内生产总值用水量[50]104 立方米，比 2014 年下降 5.1%。万元工业增加值用水量 58 立方米，下降 3.9%。人均用水量 450 立方米，比 2014 年增长 0.9%。

2015 年全年完成造林面积 632 万公顷，其中林业重点生态工程完成造林面积 242 万公顷，占全部造林面积的 38.2%。截至 2015 年年底，自然保护区达到 2 740 个，其中国家级自然保护区 428 个。新增水土流失治理面积 5.4 万平方公里，新增实施水土流失地区封育保护面积 2.0 万平方公里。

2015 年全年平均气温为 10.5℃，共有 6 个台风登陆。

初步核算，2015 年全年能源消费总量 43.0 亿吨标准煤，比 2014 年增长 0.9%。煤炭消费量下降 3.7%，原油消费量增长 5.6%，天然气消费量增长 3.3%，电力消费量增长 0.5%。煤炭消费量占能源消费总量的 64.0%，水电、风电、核电、天然气等清洁能源消费量占能源消费总量的 17.9%（见图 23）。全国万元国内生产总值能耗下降 5.6%（见图 24）。工业企业吨粗铜综合能耗下降 0.79%，吨钢综合能耗下降 0.56%，单位烧碱综合能耗下降 1.41%，吨水泥综合能耗下降 0.49%，每千瓦时火力发电标准煤耗下降 0.95%。

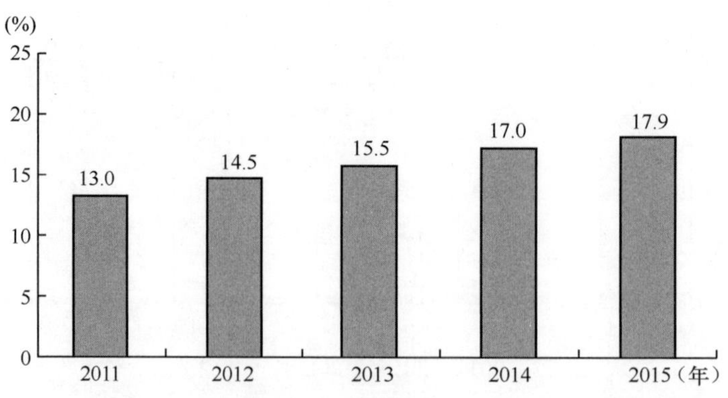

图 23　2011—2015 年清洁能源消费量占能源消费总量的比重

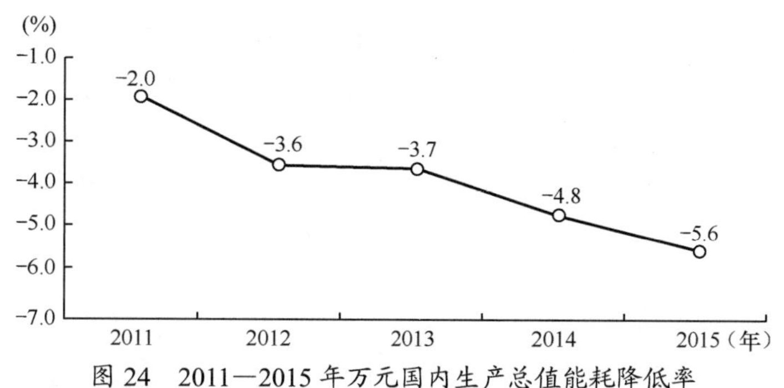

图 24　2011—2015 年万元国内生产总值能耗降低率

十大流域[51]的 700 个水质监测断面中，Ⅰ～Ⅲ类水质断面比例占 72.1%，劣Ⅴ类水质断面比例占 8.9%。十大流域水质总体为轻度污染，水质保持稳定。

近岸海域 301 个海水水质监测点中，达到国家Ⅰ、Ⅱ类海水水质标准的监测点占 70.4%，Ⅲ类海水占 7.6%，Ⅳ类、劣Ⅳ类海水占 21.9%。

在监测的 338 个城市中，城市空气质量达标的城市占 21.6%，未达标的城市占 78.4%。

在监测的 321 个城市中，城市区域声环境质量好的城市占 4.0%，较好的占 68.5%，一般的占 26.2%，较差的占 0.9%，差的占 0.3%。

2015 年年末城市污水处理厂日处理能力达到 13 784 万立方米，比 2014 年年末增长 5.3%；城市污水处理率达到 91.0%，提高 0.8 个百分点。城市生活垃圾无害化处理率达到 92.5%，提高 0.7 个百分点。城市集中供热面积 64.2 亿平方米，增长 5.1%。城市建成区绿地面积 189 万公顷，增长 3.7%；建成区绿地率达到 36.3%，提高 0.05 个百分点；人均公园绿地面积 13.16 平方米，增加 0.08 平方米。

2015 年全年农作物受灾面积 2 177 万公顷，其中绝收 223 万公顷。2015 年全年因洪涝和地质灾害造成直接经济损失 920 亿元，因旱灾造成直接经济损失 486 亿元，因低温冷冻和雪灾造成直接经济损失 89 亿元，因海洋灾害造成直接经济损失 72 亿元。2015 年全年大陆地区共发生 5 级以上地震 14 次，成灾 12 次，造成直接经济损失 180 亿元。2015 年全年共发生森林火灾 2936 起，森林火灾受害森林面积 1.3 万公顷。

2015 年全年各类生产安全事故共死亡 66 182 人。亿元国内生产总值生产安全事故死亡人数 0.098 人，比 2014 年下降 8.4%；工矿商贸企业就业人员 10 万人生产安全事故死亡人数 1.071 人，下降 19.4%；道路交通事故万车死亡人数 2.1 人，下降 4.5%；煤矿百万吨死亡人数 0.162 人，下降 36.5%。

注释：

[1] 本公报中数据均为初步统计数。各项统计数据均未包括香港特别行政区、澳门特别行政区和台湾省。部分数据因四舍五入的原因，存在着与分项合计不等的情况。

[2] 国内生产总值、各产业增加值和人均国内生产总值绝对数按现价计算，增长速度按不变价格计算。

[3] 国民总收入原称国民生产总值，是指一个国家或地区所有常住单位在一定时期内所获得的初次分配收入总额。它等于国内生产总值加上来自国外的净要素收入。

[4] 人户分离的人口是指居住地与户口登记地所在的乡镇街道不一致且离开户口登记地半

年及以上的人口。

[5] 流动人口是指人户分离人口中扣除市辖区内人户分离的人口。市辖区内人户分离的人口是指一个直辖市或地级市所辖区内和区与区之间，居住地和户口登记地不在同一乡镇街道的人口。

[6]2015 年年末，0—14 岁（含不满 15 周岁）人口为 22 715 万人，15—59 岁（含不满 60 周岁）人口为 92 547 万人。

[7] 年度农民工数量包括年内在本乡镇以外从业 6 个月及以上的外出农民工和在本乡镇内从事非农产业 6 个月及以上的本地农民工两部分。

[8] 全员劳动生产率为国内生产总值（以 2010 年价格计算）与全部就业人员的比率。

[9] 农产品生产者价格是指农产品生产者直接出售其产品时的价格。

[10] 居住类价格包括建房及装修材料、住房租金、自有住房和水电燃料等价格。

[11] 按照完善政府预算体系的要求，2015 年将政府性基金中用于提供基本公共服务以及主要用于人员和机构运转等方面的 11 项基金转列一般公共预算。为此，需扣除 11 项政府性基金转列一般公共预算影响，计算同口径增幅。

[12] 六大高耗能行业包括石油加工、炼焦和核燃料加工业，化学原料和化学制品制造业，非金属矿物制品业，黑色金属冶炼和压延加工业，有色金属冶炼和压延加工业，电力、热力生产和供应业。

[13] 高技术制造业包括医药制造业，航空、航天器及设备制造业，电子及通信设备制造业，计算机及办公设备制造业，医疗仪器设备及仪器仪表制造业，信息化学品制造业。

[14] 装备制造业包括金属制品业，通用设备制造业，专用设备制造业，汽车制造业，铁路、船舶、航空航天和其他运输设备制造业，电气机械和器材制造业，计算机、通信和其他电子设备制造业，仪器仪表制造业。

[15] 天然气包括气田天然气、油田天然气（分为油田气层气、油田伴生溶解气）和煤田天然气（也称煤层气）。

[16] 钢材产量数据中含企业之间重复加工钢材约 34 400 万吨。

[17] 少量发电装机容量（如地热等）文中未列出。

[18] 固定资产投资按东部、中部、西部和东北地区计算的合计数据小于全国数据，是因为有部分跨地区的投资未计算在地区数据中。其中，东部地区是指北京、天津、河北、上海、江苏、浙江、福建、山东、广东和海南 10 省（市）；中部地区是指山西、安徽、江西、河南、湖北和湖南 6 省；西部地区是指内蒙古、广西、重庆、四川、贵州、云南、西藏、陕西、甘肃、青海、宁夏和新疆 12 省（区、市）；东北地区是指辽宁、吉林和黑龙江 3 省。

[19] 基础设施投资是指建造或购置为社会生产和生活提供基础性、大众性服务的工程和设施的支出。本文中的基础设施投资包括交通运输、邮政业，电信、广播电视和卫星传输服务业，互联网和相关服务业，水利、环境和公共设施管理业投资。

[20] 民间固定资产投资是指具有集体、私营、个人性质的内资企事业单位以及由其控股（包括绝对控股和相对控股）的企业单位建造或购置固定资产的投资。

[21] 高技术产业投资包括医药制造、航空航天器及设备制造等六大类高技术制造业投资和

信息服务、电子商务服务等九大类高技术服务业投资。

[22] 房地产业投资除房地产开发投资外，还包括建设单位自建房屋以及物业管理、中介服务和其他房地产投资。

[23] 高速铁路是指最高营运速度达到 200 公里 / 小时及以上的铁路。

[24] 网上零售额是指通过公共网络交易平台（包括自建网站和第三方平台）实现的商品和服务零售额。其中，网上零售额包括的服务类商品，以及少部分用于生产经营用或被转卖的商品不统计在社会消费品零售总额中。

[25] 货物贸易、吸收外资采用人民币计价。服务贸易、对外投资和对外承包工程由于技术原因仍主要沿用美元计价。

[26] 服务进出口按照《国际收支手册（第六版）》标准统计，不含政府服务，增速按可比口径计算。

[27] “一带一路”是指“丝绸之路经济带”和“21 世纪海上丝绸之路”。

[28] 2015 年公路客货运量、周转量数据的核算方法和统计口径发生变化，增速按可比口径计算。

[29] 邮电业务总量按 2010 年价格计算。

[30] 移动电话交换机容量是指移动电话交换机根据一定话务模型和交换机处理能力计算出来的最大同时服务用户的数量。

[31] 固定互联网宽带接入用户是指报告期末在电信企业登记注册，通过 *x*DSL、FTT*x*+LAN、FTTH/O 以及其他宽带接入方式和普通专线接入公众互联网的用户。

[32] 移动宽带用户是指报告期末在计费系统拥有使用信息，占用 3G 或 4G 网络资源的在网用户。

[33] 手机上网人数是指过去半年通过手机接入并使用互联网的 6 周岁及以上中国居民数量。

[34] 软件和信息技术服务业包括软件开发，信息系统集成服务，信息技术咨询服务，数据处理和存储服务，集成电路设计服务和其他信息技术服务等行业。

[35] 社会融资规模增量是指一定时期内实体经济从金融体系获得的资金总额。

[36] 非公开增发又叫定向增发，不含资产认购部分。

[37] 公司信用类债券包括非金融企业债务融资工具、企业债券以及公司债、可转债等。

[38] 原保险保费收入是指保险企业确认的原保险合同保费收入。

[39] 人均收入中位数是指将所有调查户按人均收入水平从低到高（或从高到低）顺序排列，处于最中间位置调查户的人均收入。

[40] 农村五保供养是指老年、残疾和未满 16 周岁的村民，无劳动能力、无生活来源又无法定赡养、抚养、扶养义务人，或者其法定赡养、抚养、扶养义务人无赡养、抚养、扶养能力的村民，在吃、穿、住、医、葬方面得到的生活照顾和物质帮助。

[41] 中等职业教育包括普通中专、成人中专、职业高中和技工学校。

[42] 国家新兴产业创投计划是指中央财政专项资金通过与地方政府资金、社会资本共同发起设立创业投资企业，或以股权投资模式直接投资创业企业等方式，培育和促进新兴产业发展的活动。

[43] 海洋观测站（点）是指依托岸基、岛屿（或海上固定平台）进行海洋水文、气象观测，获取具有充分代表性的长期、定点、连续海洋环境观测资料的场所，部分海洋观测站存在多个观测点的情况。

[44] 总流通人次是指本年度内到图书馆场馆接受图书馆服务的总人次，包括借阅书刊、咨询问题以及参加各类读者活动等。

[45] 特种影片是指那些采用与常规影院放映在技术、设备、节目方面不同的电影展示方式，如巨幕电影、立体电影、立体特效（4D）电影、动感电影、球幕电影等。

[46] 人均图书拥有量是指在一年内全国平均每人能拥有的当年出版图书册数。

[47] 社会服务床位数除收养性机构外，还包括救助类机构、社区类机构以及军休所、军供站等机构的床位。

[48] 国有建设用地供应总量是指报告期内市、县人民政府根据年度土地供应计划依法以出让、划拨、租赁等方式将土地使用权提供给单位或个人使用的国有建设用地总量。

[49] 房地产用地是指商服用地和住宅用地的总和。

[50] 万元国内生产总值用水量、万元工业增加值用水量和万元国内生产总值能耗按 2010 年价格计算。

[51] 十大流域包括长江、黄河、珠江、松花江、淮河、海河、辽河、浙闽片河流、西北诸河和西南诸河。

资料来源：

本公报中城镇新增就业、登记失业率、社会保障数据来自人力资源社会保障部；财政数据来自财政部；外汇储备、汇率、货币金融、公司信用类债券数据来自人民银行；水产品产量数据来自农业部；木材产量、林业、森林火灾数据来自林业局；灌溉面积、水资源数据来自水利部；发电装机容量、新增 220 千伏及以上变电设备数据来自中电联；新建铁路投产里程、增新建铁路复线投产里程、电气化铁路投产里程、铁路运输数据来自铁路总公司；新建公路里程、港口万吨级码头泊位新增吞吐能力、公路运输、水运、港口货物吞吐量数据来自交通运输部；新增民用运输机场、民航数据来自民航局；新增光缆线路长度、电话交换机容量、电话用户、宽带用户、移动互联网接入流量、上网人数、软件业务收入等数据来自工业和信息化部；保障性住房、城市污水处理、城市集中供热面积、建成区绿地率数据来自住房城乡建设部；货物进出口数据来自海关总署；服务进出口、外商直接投资、对外直接投资、对外承包工程、对外劳务合作等数据来自商务部；管道数据来自中石油、中石化、中海油；民用汽车、交通事故数据来自公安部；邮政业务数据来自邮政局；旅游数据来自旅游局、公安部；上市公司数据来自证监会；保险业数据来自保监会；城乡低保、五保供养、社会服务、农作物受灾面积、洪涝地质灾害造成直接经济损失、旱灾造成直接经济损失、低温冷冻和雪灾造成直接经济损失来自民政部；教育数据来自教育部；安排科技计划课题、技术合同等数据来自科技部；国家工程研究中心、企业技术中心、新兴产业创投等数据来自发展改革委；专利数据来自知识产权局；宇航发射数据来自国防科工局；质量检验、国家标准制定修订等数据来自质检总局；气象预警、平均气温、登陆台风数据来自气象局；地震数据来自地震局；海洋观测站（点）、海洋灾害造成直接经济损失数据来自海洋局；测绘数据来自测绘地信局；艺术表演团体、博物馆、公共图书馆、文化馆数据来自文化部；广播电视、电影、报纸、期刊、图书数据来自新闻出版广电总局；档案数据来自档案局；体育数据来自体育总局；残疾人运动员数据来自中国残联；卫生数据来自卫生计生委；国有建设用地供应数据来自国土资源部；自然保护区、环境监测数据来自环境保护部；安全生产数据来自安全监管总局；其他数据均来自国家统计局。